谨以本书贺杨振宁先生百岁寿辰

百年科学往事

杨振宁
访谈录

季理真　王丽萍　编著

华东师范大学出版社
·上海·

图书在版编目（CIP）数据

百年科学往事：杨振宁访谈录 / 季理真, 王丽萍编著 . -- 上海：华东师范大学出版社, 2021
ISBN 978-7-5760-2003-8

Ⅰ . ①百… Ⅱ . ①季… ②王… Ⅲ . ①杨振宁（1922-）- 访问记 Ⅳ . ① K826.11

中国版本图书馆 CIP 数据核字 (2021) 第 147407 号

百年科学往事
——杨振宁访谈录

编　　著	季理真　王丽萍
特约策划	吴　向
策划编辑	王　焰
责任编辑	朱华华　彭　程
特约审读	王小双
责任校对	王丽平　时东明
装帧设计	卢晓红
出版发行	华东师范大学出版社
社　　址	上海市中山北路 3663 号　邮编　200062
网　　址	www.ecnupress.com.cn
电　　话	021-60821666
行政传真	021-62572105
客服电话	021-62865537
门市（邮购）电话	021-62869887
地　　址	上海市中山北路 3663 号华东师范大学校内先锋路口
网　　店	http://hdsdcbs.tmall.com/
印 刷 者	上海雅昌艺术印刷有限公司
开　　本	787×1092　16 开
插　　页	6
印　　张	28.25
字　　数	361 千字
版　　次	2021 年 9 月第 1 版
印　　次	2022 年 11 月第 3 次
书　　号	ISBN 978-7-5760-2003-8
定　　价	89.80 元
出 版 人	王　焰

（如发现本版图书有印订质量问题，请寄回本社客服中心调换或电话 021-62865537 联系）

上：杨武之、杨光诺和杨振宁，1957年摄于日内瓦
（照片如无其他说明，均由杨振宁先生提供，下同）

下：李政道和杨振宁，1957年摄

上：陈省身获得纽约州大石溪分校之荣誉学位，左起：张守廉、陈省身、杨振宁，1985年摄
下：杨振宁到医院看望病中的邓稼先（左），1986年6月摄于北京

上：杨振宁与罗伯特·米尔斯（Robert Mills，右），1999年5月22日摄于石溪
下：杨振宁与罗德尼·巴克斯特（Rodney Baxter，右），1999年5月22日摄于石溪

上：杨振宁与爱德华·泰勒 (Edward Teller，右)，1992 年摄
下：杨振宁与张首晟（右），2004 年摄

杨振宁雕塑，2007年10月18日摄于香港中文大学

"科学与文学的对话"节目,左起:杨振宁、范曾、莫言,摄于2013年5月15日

杨振宁与西蒙斯(Jim Simons,左),2017年2月2日摄于清华工字厅前

形骸已与流年老,诗句犹争造化功

振宁杨教授垂诵放翁此句壬申新岁值七十揽揆之辰,书以奉申祝嘏 南开大学持赠 启功书

启功墨宝

杨振宁简介

1922年10月1日,生于安徽合肥。父亲杨武之获芝加哥大学数学博士学位,师从名家伦纳德·尤金·迪克森。他的论文《华林问题的各种推广》启发了华罗庚在解析数论方面最初的成果,引领华罗庚开启了辉煌的数学生涯。

1938年夏,以高二学历报名参加统一招生考试,以出色的成绩被西南联大录取。

1942年,毕业于国立西南联合大学,本科论文导师为北京大学吴大猷教授,后考入该校研究院理科研究所物理学部(清华大学物理研究所)读研究生。

1944年,国立西南联合大学研究生毕业,硕士论文导师为清华大学王竹溪教授。

1945年,获庚子赔款奖学金,赴美国芝加哥大学就读。

1948年,获芝加哥大学哲学博士学位,博士论文导师为爱德华·泰勒教授。随后一年留在芝加哥大学做恩里科·费米的助手。

1949年,进入普林斯顿高等研究所进行博士后研究工作,开始同李政道合作。同年,与恩里科·费米合作,提出基本粒子第一个复合模型。

1952年,获得普林斯顿高等研究所终身教职,1955年成为正式教授,一直任职到1965年。

1954年,在布鲁克海文国家实验室(Brookhaven National Laboratory)时,和罗伯特·劳伦斯·米尔斯提出了一个称为非阿贝尔规范场的理论结构。

1956年,和李政道共同发表了一篇文章,推翻了物理学的中心信息之一——宇称守恒基本粒子和它们的镜像的表现是完全相同的。

1957年,与李政道因共同提出宇称不守恒理论而获得诺贝尔物理学奖,是最早获得诺贝尔奖的华人。

1958年,当选台湾地区"中央研究院"院士。

1964年,加入美国国籍,成为美国公民。

1965年,当选美国国家科学院院士。

1965年起,任纽约州立大学石溪分校爱因斯坦讲座教授,理论物理研究所成立,兼任所长。

1971年夏,回国访问,是美籍知名学者访问新中国的第一人。

1977年,和梁恩佐等人在波士顿创办了"全美华人协会",促进中美关系。

1980年,获拉姆福德奖(Rumford Prize)。

1982年,担任香港中文大学物理系荣誉讲座教授。

1986年,获美国国家科学奖章。同年,参加台湾地区中研院院士会议,出任香港中文大学博文讲座教授。

1993年,当选英国皇家学会会员。同年获本杰明·富兰克林(Benjamin Franklin)奖章。

1994年,当选中国科学院外籍院士。

1994年,荣获美国费城富兰克林学院颁发的鲍尔奖(Bower Award and Prize for Achievement in Science)。

1994年,与首位华人菲尔兹奖(Fields Medal)得主丘成桐教授创立香港中文大学数学科学研究所,两人同任所长。

1995年,应聘担任华侨大学名誉教授。

1996年,获清华大学、上海交通大学颁授荣誉博士学位。同年获玻戈留玻夫奖(N. Bogoliubov Prize)。

1997年,创办了清华大学高等研究中心。同年,获颁香港中文大学荣誉理学博士学位。

1997年5月,国际小行星中心根据中科院紫金山天文台提名申报,将该台于1975年11月26日发现、国际编号为3421号的小行星正式命名为"杨振宁星"。

1999年5月,正式退休,纽约州立大学石溪分校将理论物理研究所命名为"杨振宁理论物理研究所";被该校授予一等荣誉博士学位。同年获昂萨格奖(Lars Onsager Prize)。

2001年,获费萨尔国王国际奖(King Faisal Prize)。

2002年,担任邵逸夫奖评审委员会主席。

2003年底,回北京定居。

2004年11月,受聘海南大学特聘教授。

2009年,兼任广东东莞理工学院名誉校长。

2015年3月,被台湾大学授予名誉理学博士学位,被澳门大学授予2014年度荣誉博士学位。

2017年2月,放弃美国国籍,加入中国国籍,正式转为中国科学院院士。

2019年,获求是终身成就奖。

目录

前言 / 1

第一次访谈（2016年8月4日） / 1

密歇根大学物理系最好的时光 / 3
弦理论 / 5
博雷尔和紧致化 / 6
Yang-Baxter 方程 / 9
杨振宁对翻译和出版的建议 / 11
克莱因、索菲斯·李以及他们之间的冲突 / 12
克莱因和庞加莱有关紧致黎曼曲面单值化的著名之争 / 15
杨振宁和柯朗以及柯朗儿子之间的故事 / 16
康斯坦丝·瑞德和希尔伯特的传记 / 18
黎曼手稿 / 19
赫尔曼·外尔在普林斯顿的房子 / 20
普林斯顿高等研究所研究员的房子 / 21
博雷尔：一位严肃的学者 / 22
Morse 理论和物理 / 23
外尔不喜欢华罗庚 / 24

外尔、嘉当和李群整体理论　／ 25

杨振宁有关外尔和对称的文章　／ 26

外尔、阿贝尔规范场论和非阿贝尔规范场论　／ 27

杨振宁第一次接触对称的概念　／ 27

朗兰兹纲领和对称　／ 29

朗兰兹的演讲水平　／ 30

杨振宁和安德烈·韦伊的第一次见面　／ 31

安德烈·韦伊的高标准要求和强势个性　／ 32

安德烈·韦伊的妹妹和他们在巴黎的房子　／ 33

陈省身和安德烈·韦伊为什么是好朋友？　／ 33

陈省身如何得到 Gauss-Bonnet 定理的内蕴证明　／ 34

蒙哥马利和安德烈·韦伊发起的普林斯顿之争　／ 35

普林斯顿高等研究所的政治堪比短暂的爱情　／ 37

米尔诺和普林斯顿的学术政治　／ 37

婚姻失败和学术生涯的关系　／ 38

杨振宁和冯·诺依曼　／ 39

杨振宁和乌拉姆　／ 41

氢弹：泰勒和乌拉姆　／ 42

朗道的伟大和霸道　／ 44

马克·卡克和杨振宁　／ 45

Feynman-kac 公式　／ 48

费曼和他对加州理工学院的影响　／ 49

杨振宁和塞尔伯格　／ 51

塞尔伯格自认是业余数学家　／52

保罗·埃尔德什和塞尔伯格之争　／53

哈里什-钱德拉的故事　／54

哈里什-钱德拉和陈省身　／54

为何哈里什-钱德拉没有获得菲尔兹奖？　／55

华罗庚和陈省身在昆明的时光　／56

杨振宁的健康秘密　／57

杨振宁的传记　／58

第二次访谈（2017年3月1日）　／61

什么是青春　／63

多数总是错的　／64

莫尔斯与拓扑第一次在理论物理的应用　／65

在国外获得博士学位的中国数学家的人数估计　／66

中国数学与欧洲数学对比　／67

法捷耶夫与费曼图　／68

弗拉基米尔·I.阿诺德　／69

杨振宁和外尔在普林斯顿高等研究所　／70

为何外尔没有发现非阿贝尔规范场理论？　／71

为何杨振宁发现了非阿贝尔规范场理论？　／72

纤维丛在物理学中的重要性　／73

如何读书和学习　／74

中国教育和西方教育的对比 / 76

杨振宁学习规范场论的动力 / 77

弗里曼·戴森对场论的探索 / 78

诺贝尔奖背后的一些政治 / 79

为何博雷尔说科学奖有伤害？ / 81

费曼其人其事 / 82

费曼对戴森不友好 / 83

费曼最重要的贡献 / 84

狭义相对论：爱因斯坦、洛伦兹和庞加莱 / 85

卡伦·乌伦贝克的公公 / 87

爱因斯坦和广义相对论 / 89

如何训练一流的学生 / 90

如何比较盖尔范德和冯·诺依曼 / 93

杨振宁与单位圆定理 / 94

乌拉姆和冯·诺依曼 / 97

杨振宁和没有成名前的拉乌尔·博特 / 98

数学家和物理学家的不同 / 100

中国的数学家不怎么古怪 / 100

中国和西方的价值观 / 102

爱因斯坦的为人 / 104

第三次访谈(2017年3月6日) / 107

讨论椭圆函数和模函数 / 109

朗兰兹和其他数学家的著作　/ 110

杨振宁选集和评论的学术价值　/ 112

杨振宁和费曼　/ 113

杨振宁的出书计划　/ 113

数学和物理学的重要区别之一　/ 114

数学的永恒美和物理学变迁的价值　/ 114

杨振宁的主要工作和朗道的十大工作　/ 116

朗道的强硬和刻薄　/ 117

费米和杨振宁的合作　/ 118

弦论的重要性　/ 119

弦论的猜想没法用实验去验证　/ 120

威滕和朗兰兹纲领　/ 121

杨振宁的哲学和宗教观点　/ 122

生命中最重要的是什么？　/ 124

生命的意义和邓小平　/ 125

如何理解生命的意义？　/ 127

知识爆炸并不是真正意义上的爆炸　/ 128

物理学的大突破和最伟大的物理学家　/ 129

量子力学领域的五大顶尖物理学家　/ 130

物理学的重要方向　/ 132

固态物理学和半导体　/ 132

固态物理学中的超导性　/ 133

超导性和数学　/ 138

《第二次握手》和吴健雄 / 141

诺贝尔奖为什么没有数学奖? / 142

诺贝尔和他的女朋友们 / 143

吴健雄为何没有获得诺贝尔奖? / 147

西方的犹太科学家 / 148

最重要的数学家们 / 149

华罗庚和西格尔是否有竞争? / 154

安德烈·韦伊在普林斯顿高等研究所的政治 / 155

安德烈·韦伊和格罗滕迪克的矛盾 / 157

被格罗滕迪克骂过的人不但没有沮丧反而觉得很荣耀 / 159

物理学家之争为何要少于数学家? / 160

不寻常的斯梅尔 / 162

第四次访谈(2017 年 7 月 4 日) / 165

数学与宇宙同时产生,又独立于宇宙 / 167

晶族的个数 / 167

居里夫人和对称 / 169

爱因斯坦和对称 / 169

外尔、维格纳和李群表示论应用于物理 / 170

群表示和基本粒子 / 173

李群和 Yang-Mills 理论的初始障碍 / 176

物理学家和数学家的收获年龄 / 177

Yang-Mills 理论初始障碍的解决和重整化群的关系　/ 178

　　对称破缺　/ 181

　　标准模型和诺特尔在对称方面的工作　/ 182

　　杨振宁和维格纳　/ 183

　　Jordan 代数是以物理学家命名的　/ 185

第五次访谈(2018 年 7 月 30 日)　/ 187

　　吴健雄传记的写作过程　/ 190

　　点评华罗庚传记　/ 191

　　《杨振宁传》简体版的敏感问题　/ 192

　　出版挣钱吗？　/ 193

　　西南联大历史　/ 193

　　南开大学被比成美国的斯沃斯莫尔学院　/ 194

　　华罗庚和杨振宁父亲的博士论文　/ 196

　　陈省身和华罗庚在西南联大的竞争与冲突　/ 198

　　华罗庚和外尔的冲突　/ 198

　　李政道和哥伦比亚大学物理系　/ 199

　　陈省身和华罗庚之争对中国数学的影响　/ 200

　　陈省身数学研究所为什么不在北京？　/ 201

　　西南联大和徐利治　/ 204

第六次访谈（2018年8月8日） / 207

    人物传记翻译的困难 / 209

    张纯如和《南京大屠杀》 / 211

    王希季和杨振宁 / 212

    许渊冲和王希季 / 213

    王希季和西南联大 / 214

    西南联大教师的学术水准 / 214

    钟开莱的脾气 / 216

    美国数学会樊畿基金 / 216

    西南联大数学系的优秀学生 / 217

    王懿荣、甲骨文和王宪钟 / 217

    许宝騄和西南联大其他学生 / 220

    杨振宁和女同学张景昭 / 220

    张景昭和许宝騄 / 222

    林徽因、梁思成和金岳霖 / 223

    清华教授的太太们 / 223

    西南联大毕业生的好时光 / 225

    杨振宁对张景昭的感情做了了断 / 225

    西南联大物理系学生 / 226

    西南联大学生获过的国家科学奖 / 231

    华罗庚是天才 / 231

菲尔兹奖和诺贝尔奖质量每况愈下 / 232

诺贝尔奖的一些问题 / 234

杨振宁为何没有第二次获得诺贝尔奖？ / 235

Yang-Mills 理论与杨振宁获得诺贝尔奖的工作的对比 / 235

杨振宁的一个数学问题 / 236

杨振宁说如果可以从头来，他要学习数学 / 238

数学和物理学的差异 / 239

第七次访谈(2019 年 3 月 6 日) / 241

华东师范大学出版社计划出版的新书系列 / 244

华罗庚对数学的热爱 / 246

阿蒂亚评论数学和数学家直言无讳 / 247

陈省身与安德烈·韦伊关于 Gauss-Bonnet 公式的工作 / 249

杨振宁在高等研究所的邻居们及他们的工作 / 250

爱因斯坦以及其他物理学家对数学的观点 / 252

杨振宁对阿蒂亚、塞尔等一些数学家的印象 / 255

陆启铿与杨振宁 / 257

阿蒂亚与辛格 / 258

阿蒂亚的 70 位伟大的数学家名单 / 259

安德烈·韦伊对阿蒂亚的劝阻 / 261

狄拉克最重要的工作 / 265

李政道的 CUSPEA 与陈省身 Program / 267

美丽的错误　/ 269

物理学家的孩子　/ 269

华罗庚和陈省身　/ 270

周炜良和陈省身谁是更好的数学家？　/ 272

杨振宁的父亲对华罗庚的影响　/ 273

吴文俊和他的数学工作　/ 275

王浩与彭罗斯瓷砖　/ 277

第八次访谈（2019年6月20日）　/ 283

张首晟其人其事　/ 285

周炜良、他的家庭和工作　/ 290

塞尔和周炜良的数学工作　/ 292

华罗庚和陈省身：不一样的风格与数学成就　/ 294

数学和物理学的差别及顶尖物理学家名单　/ 295

为何诺贝尔奖是最成功的奖项？　/ 296

著名奖项的影响力　/ 299

求是奖的建立　/ 301

邵逸夫奖的建立　/ 304

一个诺贝尔奖获得者可能博士学位都不够格　/ 311

重整化和诺贝尔奖　/ 312

诺贝尔奖获得者和宗教　/ 317

年轻的中国数学家　/ 319

2002年北京数学家大会上的菲尔兹奖获得者　／ 321

附录　／ 325
　　父亲和我　／ 327
　　杨振宁在诺贝尔奖颁奖典礼上的致辞　／ 342
　　弱相互作用中的宇称守恒质疑　／ 345
　　Conservation of Isotopic Spin and Isotopic Gauge Invariance　／ 360

人名注释　／ 377

人名译名对照表　／ 413

前言

前言

中国有句谚语：人生七十古来稀。这句话或许不太适合于如今的年代，但是能长命百岁仍然不是件常见事情。尤其是如此高龄还能保持睿智、机敏，且能侃侃而谈数小时，分享他对生活和科学的感悟，展示其伟大的洞察力和智慧，那更是少见。对于多数人而言，年轻的时候学习新东西要么出于责任，要么对此感兴趣。但是你是否能够想象，一个年近百岁的老人，还能保持旺盛的学习热情，不断开拓新的领域？如此高寿本身就很不寻常，但就是这样一位长者，他还对科学，尤其是对人类理解宇宙结构做出了非常巨大的贡献，那就更不寻常了。此外，他还总是很和蔼，愿意和不知名的年轻人交谈，倾听他们的想法，尽管他自己在全世界都享有很高的名望和成就。找到这样的人容易吗？应该很难。事实上，这样的人在科学史上是非常罕见的。牛顿虽然活到 84 岁，但很早就离开了科学界。科学史上其他伟人的寿命还要短一些，例如，爱因斯坦 76 岁去世，高斯 77 岁去世。我们非常荣幸能遇见这样一个人并与之进行深度的交谈，那就是伟大的物理学家杨振宁。

从 2016 年开始，我们每年和杨先生相约，因此我们有机会聆听他的讲话，和他进行深度的沟通。从数学到物理学以及社会科学，从数学家到物理学家，从他们的伟大工作到他们的浪漫生活，从快乐的成就到悲伤的事件甚至悲剧，从学术上的亲密合作到互生嫌隙等等，话题无所不含。当然出于某些考虑，部分话题和观点本书不适宜出版，也许到合适的机会再公之于众。通过这一系列访谈，我们学到了许多关于科学的故事，也对科学家有了更全面的认识：他们是如何工作、如何生活的；他们虽然取得了伟大的成就，但科学家也是人，他们又是如何表现得像普通人一样，而有哪些地方又表现出特别个性的一面！与杨先生这么些年的访谈经历自然引发了一个简单的问题：什么是青春。似乎塞缪尔·厄尔曼*下面的这首诗给出了最好的答案，也是对杨先生一生最完美的写照：

> Youth is not a time of life; it is a state of mind; it is not a matter of rosy cheeks, red lips and supple knees; it is a matter of the will, a quality of the imagination, a vigor of the emotions; it is the freshness of the deep springs of life.

> 青春不是韶华，青春是心境；青春不是桃面、朱唇、柔膝，而是坚定的信念、恢宏的想象、炙热的爱情；青春是生命之泉喷涌不息。

> Youth means a temperamental predominance of courage over timidity, of the appetite for adventure over the love of ease. This often exists in a man of 60 more than a boy of 20. Nobody grows old merely by a number of years. We grow old by deserting our ideals.

> 青春是勇敢战胜懦弱，是冒险取代安逸。六十老叟常而有之，二十小生自叹不如。人并非年老而色衰，是放弃追逐梦想让我们失去了色彩。

---

* 正文中出现的重要的外国人名原名及简介可在附录"人名注释"中查到，下同。——编者

Years may wrinkle the skin, but to give up enthusiasm wrinkles the soul. Worry, fear, self-distrust bows the heart and turns the spirits back to dust. Whether 60 or 16, there is in every human being's heart the lure of wonder, the unfailing childlike appetite of what's next and the joy of the game of living. In the center of your heart and my heart there is a wireless station: so long as it receives messages of beauty, hope, cheer, courage and power from men and from the Infinite, so long are you young.

岁月会在皮肤上留下烙印,但放弃激情将使灵魂枯萎。忧虑和恐惧、缺乏自信必定心灵扭曲,意气如灰。无论年届花甲,抑或二八芳华,每个人的心中都充满着好奇,孩童般对未知的渴望,以及生活游戏的乐趣。你我的内心都有一架天线:只要它接收到来自人类和苍穹的美丽、希望、欢愉、勇气和力量,你将青春永驻。

When the aerials are down, and your spirit is covered with snows of cynicism and the ice of pessimism, then you are grown old, even at 20, but as long as your aerials are up, to catch waves of optimism, there is hope you may die young at 80.

倘若天线一旦坍塌,玩世不恭的雪、悲观主义的冰将会冰冷你的心,即使年方二八,实已垂垂而暮。但只要你竖起天线,捕捉乐观的信号,你就有望在八十高龄告别尘寰时仍觉年轻。

当然，对于杨振宁先生的成就，有一点需要强调。毫无疑问，杨先生最重要的贡献是Yang-Mills理论（杨-米尔斯理论），这是物理学中基本粒子标准模型基础理论的绝对基石。也许人们不太清楚的是，Yang-Mills理论也启发了西蒙·唐纳森（菲尔兹奖获得者）和卡伦·乌伦贝克（阿贝尔奖获得者）以及其他许多人最著名的工作。

本书记录了2016年至2019年的八次访谈。在这八次访谈中，通过杨振宁先生的独特视角，为读者揭示了过去的100年里，世界数学和物理学的发展以及数学和物理学之间的相互影响。杨振宁虽然是物理学家，但他在很多场合提及他作为数学家的父亲，称向他父亲学到了很多数学，这对他的学术有很大帮助。中国数学界和物理学界是一个热闹的大家庭，包括已经功成名就的杨振宁、李政道、陈省身、华罗庚、周炜良、丘成桐、田刚等著名的数学家和物理学家，还有一批年轻的学者，如张首晟、张伟、恽之玮、许晨阳等，也做出了杰出的工作，而老一辈学者对他们的影响是明确的、看得见的。这还是一个硕果累累、辛勤工作的大家庭，对中国科学的发展有着深远的影响。当然，这也是一个有趣的大家庭，有自己的遗产和故事。可以说，这是真正的中国特色。另外，本书还收录了杨振宁先生几篇重要的文章。包括《父亲和我》，从杨振宁本人的角度来体会杨振宁父亲对他的影响。还包括杨振宁和李政道的诺贝尔奖获奖论文，以及杨振宁关于Yang-Mills理论的重要文章等，读者可以从中部分了解杨振宁先生的科学成就。

我们希望和杨振宁先生的访谈能够一直继续下去，但是2020年全球流行的新冠疫情中断了我们的计划。2021年10月1日是杨先生100虚岁生日，我们将这本书作为生日礼物献给他，祝他身体健康，永远幸福快乐！同时我们希望这场疫情能够在全球尽快结束，让我们的访谈能在未来继续下去,从而能从杨先生身上学到更多。

"君子多识前言往行已畜其德,故能刚健笃实,辉光日新。"宋神宗赵顼为《资治通鉴》作序说,才德出众的人差不多都熟悉前代所发生的事情,以此砥砺自己的品德,从而磨练得像天道一样刚健、山性一样厚实,因此他们每天神采四射,在道德、文学、艺术等各个方面都有长进。自然,我们希望本书的读者能感受到杨振宁先生对科学和生命的热爱,学习和欣赏他生命中积累的智慧。通过他超乎寻常的漫长一生,从一个不寻常的角度了解到数学、物理学及其在宇宙中的互动。我们也相信本书能够提供独特的方式来理解一位有趣的杨振宁先生,并从一个全新的角度来触及一位杰出智者的思想。最重要的是,我们希望读者可以沉浸在与一位伟大的科学家和睿智的长者的务实对话中,并因此会喜欢这本书。

记录所有这些对话并整理成文字出版是一项非常艰巨的任务,特别是与杨先生的对话交杂着大量的外文人名和科学术语。我们首先要感谢华东师范大学出版社的彭程编辑,对她刻苦细致的工作表示感谢。由于访谈中提到了诸多著名的科学家,为了让读者对他们有更多的了解,彭程、唐铭和朱华华三位编辑特意制作了人名注释表,在此一并感谢。我们也感谢高等教育出版社原副总编辑吴向,他细致的编辑工作,以及一切可能的支持,使得本书出版成为可能。我们还要感谢杨振宁先生及其秘书许晨老师,为本书精心挑选部分杨先生的珍贵照片。许晨老师还特意帮我们联系到了本书封面照片的摄影师高远先生,我们也对高远先生的欣然授权予以感谢。自然,我们还要感谢华东师范大学出版社王焰社长,没有她的亲切支持,本书也不可能及时出版。

最后,作为本书的编者,需要声明的是,由于八次访谈整理成文字的篇幅很长,杨振宁先生还没有机会详细阅读全书。鉴于将口头非正式对话转化成书面文字,难免会有一些错误,我们对由此产生的任何错误以及由此产生的误会负责。

季理真　王丽萍[①]

2021 年 3 月 3 日

[①] 季理真邮箱:lji@umich.edu;王丽萍邮箱:wlplaw@163.com

第一次访谈

访谈时间：2016 年 8 月 4 日
访谈地点：清华大学高等研究院
采访人：季理真
录音记录：王丽萍
整理：林开亮　王丽萍

2016年8月4日，本书的编者季理真、王丽萍和林开亮在清华大学高等研究院采访了杨振宁先生。杨振宁先生长期在物理和数学的交叉领域工作并取得极高的成就，他认识并熟知很多世界上顶尖的数学家和物理学家，我们采访他的目的之一就是想通过杨先生了解到数学家和物理学家以及他们之间交融的故事。另一方面，季理真曾在普林斯顿高等研究所待过一年，认识不少数学家如阿尔芒·博雷尔，他们与杨先生有过不少交集。季教授想了解杨先生当时与那些数学家们之间的故事。采访期间，我们惊叹于杨先生惊人的记忆力和精力。整个采访不间断持续了两个小时，气氛非常融洽，信息量很大。以下就是那次采访的真实记录。

第一次访谈

密歇根大学物理系最好的时光

杨振宁：你说你在密歇根大学？那你知不知道物理系的乔治·乌伦贝克①和塞缪尔·古德斯米特？

季理真：不知道，您给讲讲？

杨振宁：乔治·乌伦贝克和塞缪尔·古德斯米特都是荷兰物理学家，都是保罗·埃伦费斯特的博士生。因为美国当时有更多的大学职位，所以他们得了学位后就去了美国找工作，并且以后都留在了美国。他们1925年的文章最早讲电子的1/2自旋。他们去了美国以后，因为那个时候美国量子力学还没有人，所以他们就把量子力学新的东西引到美国去。特别是，每年夏天开一个暑期班，这个暑期班开了很多年，对于量子力学传到美国去，有决定性的影响。比如其中有几个是很有名的，一个我觉得是40年代②，请恩里科·费米去讲了一夏天，那是个非常重要的演讲，我对于量子电动力学的了解，就与他的文章③很有关系，那篇文章就是那个夏天他的演讲的记录。然后晚一些年，他们又请费米去演讲，这一次讲的是 β 衰变理论，也是当时非常重要的，而且 β 衰变理论等于就是从那个时

---

① 乔治·乌伦贝克曾指导两名中国学生，为著名女物理学家王明贞(1906—2010)和王承书(1912—1994)。
② 事实上是1930年，费米第一次造访美国，就是去密歇根访问乔治·乌伦贝克。
③ E. Fermi(1932). Quantum Theory of Radiation. *Reviews of Modern Physics* 4:87-132. 杨振宁在《几位物理学家的故事》(收入《杨振宁文集》《杨振宁演讲集》)关于费米的一节中也讲到了这个故事。

候开始的。作为这一个系列，1948年他们请的是朱利安·施温格，是讲重整化。施温格本来是哈佛的教授，后来获得了诺贝尔奖。在1948年的时候，施温格还很年轻，可已被公认是那时最重要的年轻的理论物理学家。所以我去那儿，就是去听他的演讲。一块儿去听的还有我从前认识的弗里曼·戴森，他懂了施温格的方法以后，回去在半年之内就写出来一篇极为重要的文章，把施温格跟理查德·费曼所做的重整化给连在一起了。到了50年代，密歇根物理暑期班的影响渐渐没那么大了，因为那个时候美国各个地方引进了很多搞这些东西的人，所以最终有一年就结束了，那一年是1954年，那年是请我主讲①。

季理真：您讲了最后一讲。

杨振宁：我讲了以后，他们就取消了这个讲座。一部分原因也是因为乌伦贝克和古德斯米特年纪都比较大了，他们不搞这事情了。

季理真：噢，没有精力了，我都不知道我们物理系有这么辉煌的传统，他们都没有跟我说。

杨振宁：你也许跟物理系的人接触不多。

季理真：我们基本上不怎么来往。

杨振宁：你在那儿的时候，你知道密歇根大学物理系当时最重要的人叫做马丁纽斯·J.G.韦尔特曼吧，后来他得了诺贝尔奖。

季理真：对。前几年在他们大楼外面还挂了一个他的像，后来就去掉了。

杨振宁：他后来退休，回到荷兰去了。

---

① 题目是 Introduction to High Energy Physics（高能物理简介），即杨振宁的论文［54d］。

季理真：对，得诺贝尔奖的时候，他的像在外面放了一下，好像过了两年就拿走了。好像密歇根是不是有个做弦论五维空间的什么人？叫克莱因什么的，我忘记了。

杨振宁：我对搞弦论的人不熟悉，他们都比较晚。

季理真：是比较早期的，是他第一个提出五维，我忘记了。

林开亮：奥斯卡·克莱因。

季理真：奥斯卡·克莱因，我有这么一个印象，因为以前他们好像说起过的，因为我对物理完全不熟，我也不学弦论。这个人是不是在密歇根？

杨振宁：奥斯卡·克莱因是一个很老的人，已经不在了。

季理真：对，是很久很久以前的人。

杨振宁：他是瑞典人，他是尼尔斯·玻尔的助手。我还见过他，他大概比我年长至少 20 岁[1]。我在普林斯顿高等研究所的时候，有一年（1949—1950 年）他还来了，所以我认识他。我想他是那个时代瑞典最重要的理论物理学家。

季理真：那我大概搞错了[2]，因为我对物理不怎么熟，很不熟。

弦理论

杨振宁：可是，我知道你为什么问这个，因为现在搞弦论的人要搞到

---

[1] 奥斯卡·克莱因（1894—1977）比杨振宁大 28 岁。杨振宁是 1988 年首届奥斯卡·克莱因奖章得主，并做了奥斯卡·克莱因纪念演讲（Oskar Klein Memorial Lecture）。此外，1957 年，杨振宁与李政道获得诺贝尔物理学奖，奥斯卡·克莱因在颁奖典礼上宣读了颁奖词，见 http://www.nobelprize.org/nobel-prizes/physics/laureates/1957/press.html.
[2] 事实上，奥斯卡·克莱因 1923—1925 年在密歇根大学当教授。

高维空间。

季理真：对，第一次有这个想法的是奥斯卡·克莱因。

杨振宁：还有一个数学家叫特奥多尔·卡卢察。卡卢察和克莱因在30年代就讲空间不是四维的而是五维的，五维中间有一维取消掉以后，就变成四维的。他那个最早原始思想的道理我可以给你解释，很清楚。你知道物理学有个电磁场，写出来就是4×4的矩阵，这是一、二、三，所以这是空间维数，那么，这三个分量就是电场，就是E_x，E_y，E_z，然后是H_z，H_y，H_x，这是磁场。卡卢察和克莱因他们说，把它再放大一下，变成5×5的矩阵。这是第五个空间，把它搬到这儿来，那就不是有四个，这四个东西他说就是向量势。所以这一来就把向量势弄进来了。换句话说，他就是说电磁场根本是从五度空间来的，所以叫做维数约化，从五度变成四度。① 那么弦论学家现在搞的是十度，要变到四度，而Calabi-Yau（卡拉比-丘）是六度，所以就把丘成桐（Yau）拉进去了。

季理真：我到了东北大学后认识了马克·戈雷斯基，然后认识了罗伯特·麦克弗森，认识了阿尔芒·博雷尔。后来我查了查博雷尔，好像您跟他挺熟悉的。

杨振宁：同事。

博雷尔和紧致化

季理真：为什么说到他，因为后来我毕业了以后，我对麦克弗森和戈

---

① 对此可参见爱德华·威滕的历史注记 A Note On Einstein, Bergmann, and the Fifth Dimension. arXiv：1401.8048，有中译文，关于爱因斯坦、伯格曼和第五维度的注记，《科学文化评论》，2017年第5期。

雷斯基就奇异空间而引入的相交上同调(intersection cohomogy)比较感兴趣,当时有一个叫做 Zucker 猜想的东西。它断言,对于 Hermite 局部对称空间,其 Baily-Borel(贝利-博雷尔)紧化是个奇异空间,其相交上同调同构于其 L^2 上同调,这个叫做 Zucker 猜想。然后博雷尔有一段时间研究这问题。因为这个关系,我对那个李群很感兴趣,后来我去了普林斯顿,认识了博雷尔。我是博雷尔的最后一个合作者,我跟他写了一本书,还写了一篇文章。

杨振宁:可是你还不是博雷尔的博士生?

季理真:不是。

杨振宁:博雷尔跟我同事很多年。

季理真:七年好像是,有七八年了。

杨振宁:他比我去得晚,而我 1966 年离开了,他还继续留在那儿,你知道他后来还到香港大学又去待了很多年。

季理真:对,他当时去的时候我也去了。我是 1997 年认识他的,后来他跟我说,他去香港大学又组织活动,就请我去。我还查了一下,因为博雷尔自己没有学生,好像没有学生。

杨振宁:他在高等研究所没有学生。

季理真:所以我把自己当作他的学生。为什么呢,因为他去世以后,我为他组织了一个很大的会,纪念会。

杨振宁:所以你等于是他的博士后。你是哪年在那儿(高等研究所)的?

季理真:我是 1994—1995 年。当时我跟他没有说过一句话。后来有一次,是 1997 年,还是 1996 年,罗伯特·朗兰兹 60 岁生日,我去了。去之前那个威廉·卡斯尔曼告诉我以前博雷尔在高等研究所组织了一个紧致化的讨论班。因为我先认识卡斯尔曼的,我告诉他我在做紧致化。后来我就去找博雷尔。我敲了门,他在里面,我进去就说,听说您对紧致化感兴趣,他没有说什么。我就跟他讲,一下讲了两个小时。后来他就很感兴趣了,他说明年要在香港组织一个活动,问我要不要来。

杨振宁:那你跟他是做哪个方向的数学?

季理真:是这个样子,欧几里得平面、双曲平面和球面都有许多对称,它们是对称空间最基本的例子。在这三个对称空间中,双曲平面的商空间提供了大多数对称空间。双曲平面的自然推广构成了非紧致的对称空间,它们也有许多商空间。其中,由算术子群的作用所给出的商空间在数论(自守形式)、代数几何、微分几何和拓扑等领域中尤其重要。对于许多应用来说,我们需要将对称空间及其非紧致的商空间紧致化。我和博雷尔的书就探讨这类问题。例如,双曲平面可以实现为复平面中的单位圆或上半平面。我们可以在扩充复平面内添加其闭包。对于对称空间,并没有如此明显的外围空间以至于我们可以直接通过取闭包得到紧致化。我了解到,局部对称空间的 Borel-Serre 紧化(博雷尔-塞尔紧化)跟 N 体问题有某种相似之处,而我记得您以前还写过一本关于 N 体问题的书[1]。为什么说这个呢,就是说现在 MIT(麻省理工学院)有一个叫理查德·梅尔罗斯的,在当代分析上,他算是一个领军人物。为什么提他这个东西呢?他现在想做的是 N 体问题,要考虑的是 Green 函数(格林函数)以及更一般的预解核在无穷远处的渐近行为。他的想法是,利用某种紧化,得到某种带尖角的流形,他可以理解这些函数的渐近行为,从而用其边界上的几何来研究 N 体问题。然后他觉得他的紧化具有与来自李群和离散群的关于局部对称空间的 Borel-Serre 紧化类似的性质。这是截

---

[1] C. N. Yang. *The Many-Body Problem*. Lectures given at Latin American School of Physics, Centro Brasileiro de Pesquisas Fisicas, Rio de Janeiro, June 27 – August 7, 1960.

然不同的两件事,可是它们有密切的关系,这是惊人的,优美的。

杨振宁：你讲的这个不是数学家搞的所谓动力系统理论。

季理真：不是。他们对 Green 函数以及更一般的预解核在无穷远处的渐近行为更感兴趣。这个与 N 体问题有关,对吧？

杨振宁：这个 N 体问题当然是物理学家最发生兴趣的,而且是从二体、三体到多体,都发生兴趣,它跟实验有密切的关系,不过这个跟数学家所谓的动力系统不发生关系,数学家的动力系统就是夏志宏的工作。夏志宏,他回到中国来了。

季理真：夏志宏,我听说他回到南方科技大学了。

杨振宁：我记得 20 年前,有一天约翰·威拉德·米尔诺跟我讲,他说现在有一个年轻的中国数学家,几乎解决了 Painlevé 猜想（庞勒维猜想）,后来我就知道是夏志宏。他在西北大学,而你是在东北大学？

季理真：西北大学比较好。

杨振宁：东北大学你认不认识伍法岳？

季理真：我没听说过,是物理系的？

杨振宁：东北大学现在物理系最重要的教授,现在是 University Professor（校聘教授）。很多年了,现在退休了,这个学校现在非常看重他,因为我想他是他们东北大学最重要的物理系教授。

季理真：物理系,那我不知道。数学系我认识滕楚莲,陈省身的博士后。哦,东北大学的物理系还不错。

Yang-Baxter 方程

杨振宁：物理系一般不行,可是他做得很好。他的这一类的理论物理,我觉得是中国人比较会做的,为什么呢? 因为非常努力,别人都做不了的,中国人还在那做,结果就做出来了。他做的东西跟 Yang-Baxter 方程(杨-巴克斯特方程)可能有密切关系①。

1999 年 5 月 22 日摄于石溪。杨振宁与罗德尼·巴克斯特(右)

季理真:另一方面,实际上是这样的,来之前我看了一下,好像对称跟您的工作非常有关系。

杨振宁:对。

季理真:因为 Yang-Baxter 方程是可积系统,有隐对称。

杨振宁:当然,因为 Yang-Baxter 方程你要问我的话,我觉得其实就是置换群的推广,不过置换群推广的时候没有一个函数在里面,而 Yang-Baxter 方程有函数在里头,这个函数跟这个置换群混在一起,就成了一个三次方程,所以这里面现在花样越来越多,现在我已经弄不清楚在搞些

---

① 伍法岳的工作可见 Fa Yueh Wu, *Exactly Solved Models: A Journey in Statistical Mechanics*, World Scientific, 2009。

什么了。你没搞这东西吧?

季理真:我没有搞,因为我只是听说 Yang-Baxter 方程跟可积系统很有关,而可积系统有很多隐对称。所以我看了一下,我刚才为什么要提这个 Borel-Serre 紧化呢?因为对称在其中起着重要作用。对梅尔罗斯而言,某种类似的结构也同样重要。梅尔罗斯主要对 Laplace 算子(拉普拉斯算子)和 Schrödinger 算子(薛定谔算子)感兴趣。自从我的学位论文起,我就对 Laplace 算子的谱理论一直有兴趣。因此,我们对 Schrödinger 方程(薛定谔方程)是理解得比较好的。总之,N 体问题背后的几何非常类似于局部对称空间的 Borel-Serre 紧化,而且对称在其中都很重要。我觉得这是很惊讶的,您之前写过一本关于 N 体问题的书,并且在高等研究所和博雷尔认识也挺久的,所以我跟您说一下。

杨振宁:我觉得是林开亮给了我一本讲马里乌斯·索菲斯·李和菲利克斯·克莱因的书[①]?序言是你写的。就是你主编的一套丛书?

季理真:对,是高等教育出版社出版的(《数学概览》丛书,由严加安院士和季理真教授主编)。

杨振宁对翻译和出版的建议

杨振宁:讲起这个我有一个建议,我建议你们尤其可以先从这套丛书开始,凡是印出来一个外国人名和地名,都把它变成斜体字。这有什么好处呢,因为比如"费米"这两个字跟普通的中文一样,显示不出这是一个

[①] 亚格洛姆,《对称的观念在 19 世纪的演变:Klein 和 Lie》,赵振江译,高等教育出版社,2016 年。

人的名字。尤其是遇到一个俄国人名字非常长的时候,我要看好几遍才搞清楚这个名字到底在什么地方结束。如果把这个名字变成斜体字,跟日本的片假名类似,它就立刻显示出来了,你就知道这是一个人名,而且我想这个应该不需要什么政府的支持,你们自己就可以做。就像你刚才讲的这本克莱因和索菲斯·李的书,里面人的名字很多,尤其是我没听说过的名字,看的时候不知道他的名字是三个字还是四个字,就要看两回,如果把名字一下子变成斜体,立刻就看出来了。另外我还有一个建议,假如你们有索引的话,不要用一划、二划、三划来排序。

王丽萍:这个我们一直没有用了,因为现在已经用拼音来排序了。

杨振宁:拼音要比这个一划、二划、三划方便得多。

王丽萍:对,现在我们用 LaTex 排版,直接用拼音字母排序了。以前在五六十年代是用一划、二划、还数不清楚。

杨振宁:对,而且你一划、二划的话,外国人的名字和中国人的名字都混在一起;而如果用字母排序的话,很自然的,中文名字和英文名字都放在里面,没有问题。

王丽萍:对,您的建议挺好,特别是第一条,我们以前没有注意到这个问题。

季理真:建议都很好。您对索菲斯·李和克莱因的工作应该很熟吧?他们发展的理论在物理里面应用很大。

克莱因、索菲斯·李以及他们之间的冲突

杨振宁:这本书其实我随便翻了一下,里面有很多东西是我不知道的。比如说,我原以为,通过埃瓦里斯特·伽罗瓦的文章,大家就把群论发展起

来了。事实上,当然大家都知道,现在都公认群论是从伽罗瓦开始的,可是使得大家懂得的,是卡米耶·约当的书。那么这个我从前就不知道。而且约当还教了索菲斯·李和克莱因。约当的书在数学界的影响非常之大。另外一个事情我从前是不知道的,就是索菲斯·李对克莱因不太满意。

季理真:所以我写得比较详细一些,这个很多人都不知道。

杨振宁:不过,我想克莱因这个人可能是不太容易对付的一个人。但这本书里面对索菲斯·李的个性好像没有讲很多。

季理真:对,我另外又写了一篇讲索菲斯·李的生平与工作的文章《数学巨人 Sophus Lie》,林开亮翻译的。林开亮到时候可以发给您。

杨振宁:在什么地方,已经发表了?

季理真:对,英文有的,中文的话,我给您看一下。

杨振宁:我从前还有一点不知道,看了这本书才知道,我以为索菲斯·李专门研究李变换群,这没有错,可是我从前不知道原来他已经有李代数的概念。就是这李代数并不是别人把李群发展成了李代数,而是他自己做的。①

季理真:对,是他很重要的一步,因为它(李代数)简化了(李群)。李代数是他一个很重要的贡献。

杨振宁:他没有能够把这个李代数像埃利·嘉当那样给它分类,这个他没有做到。

季理真:这个是威廉·基林做的。

杨振宁:后来到了基林才出来的。

季理真:对,因为这个事情,后来索菲斯·李跟基林的关系很不好。

---

① 事实上,基林也独立提出了李代数。

吴　帆：对，很不好，他们就笑话说"李要 Kill Killing（杀了基林）"。

杨振宁：（笑）基林是不是索菲斯·李的学生呢？

季理真：不是。

吴　帆：基林是魏尔施特拉斯的学生。

杨振宁：魏尔施特拉斯的学生。那他是德国人？基林为什么没有做出埃利·嘉当做的东西呢？

季理真：埃利·嘉当澄清了基林做的东西（李代数的分类）。

杨振宁：埃利·嘉当比基林晚？为什么基林没有做出埃利·嘉当的东西？

季理真：因为后来基林的数学就停掉了，然后就不做了。基林是个中学老师，当中学老师时做出这个，后来找到了一个教授的位置，数学就不做了。您看，这是我编的那本书。

杨振宁：这是一本书？

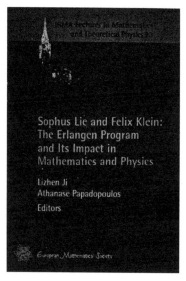

《索菲斯·李与菲利克斯·克莱因：
爱尔兰根纲领及其在数学和物理学
中的影响》

季理真：对，欧洲数学会出的。我到时候回去了寄一本给您。

杨振宁：你把这本书的名字通过 email（邮件）发给我。

季理真：好的，里面有我的两篇文章，一个是关于克莱因的序言，另外一个是关于索菲斯·李的生平。因为我对李群比较感兴趣，但对李的生平不了解，对克莱因的生平也不了解，没有找到合适的，然后我就自己写。我前年还做了另外一件奇怪的事情，我想既然克莱因的影响这么大，我就沿着克莱因工作过的地方都走一遍。我先去爱尔兰根，这是他教过书的地方；还去慕尼黑，因为克莱因在那里待过的；还去哥廷根、莱比锡，我觉得很有意思。克莱因是很了不起。

杨振宁：嗯，这个……克莱因还跟庞加莱打架？

克莱因和庞加莱有关紧致黎曼曲面单值化的著名之争

季理真：对，是有吵架。后来克莱因和庞加莱吵架。吵架的结果，就是后来克莱因的研究完全废掉了。

杨振宁：你说是吵架了以后，就证明说是庞加莱比克莱因厉害？

季理真：因为克莱因功力耗尽（exhausted）了，在他巅峰的时候，突然出现了一个年轻人。克莱因当时是全德国最好的数学家了，反正克莱因不服输，后来他一定要跟庞加莱奋力比拼。他最后的成果一发表，人立即就崩溃了。

杨振宁：我曾经看过他的一篇文章，是认为德国人的数学与法国人的数学不一样。

季理真：对，是在高等教育出版社出的，《数学在 19 世纪的发展》①里面。

杨振宁：他讲话的口气，就是讲德国的数学优越，高于法国的。我看过这篇文章。

季理真：很有意思的，克莱因和庞加莱吵架的时候写了几十封信，现在我叫林开亮找人把它翻译成中文②。

杨振宁：你说你找着这些信了？

季理真：是在庞加莱的全集里面，是庞加莱的孙子（弗朗索瓦·庞加莱）翻译的。

杨振宁：不过这些信是德文写的？

季理真：是这个样子。原来克莱因写的是德文，庞加莱的孙子翻译成法文。

杨振宁和柯朗以及柯朗儿子之间的故事

杨振宁：是这样的，他们的年纪都比我高了很多，可是有一个哥廷根的人我跟他很熟，是理查德·柯朗，他年纪大概比我大 30 岁的样子，可我跟他很熟，而且是因为我跟他的儿子很熟。他的儿子是一个非常重要的理论物理学家，叫做埃内斯特·柯朗，比我大两岁，现在还在。他贡献很大，我多次提名他为诺贝尔奖候选人，因为他发明了强聚焦原理（strong

---

① 菲利克斯·克莱因，《数学在 19 世纪的发展》，齐民友译，高等教育出版社，2010 年。
② 英译文作为附录收入亨利·波德·圣-热尔韦（Henri Paude Saint-Gervais）主编的 *Uniformization of Riemann Surfaces*，ENS Editions，Lyon，2010。

focusing principle）。什么叫强聚焦原理呢？你知道做高能物理要做大加速器，现在越做越大，在 CERN（欧洲核子研究组织）的那个（LHC）是一个地下的曲环，这个环的半径有二十几千米。这个加速器在开始做的时候，是在刚打完仗时，美国有钱，所以美国就做了最大的加速器。

这个加速器能量要大的话，它的圆圈的半径就要大，而且因为粒子在它加速的时候不稳，所以在上面会震荡。一个圈子，比如说是这个屋子有 100 米，它上面有震荡；如果你从 100 米变成 1 万米的话，它的震荡也大，所以那个真空管也要变宽。到了 50 年代，当时美国最大的一个粒子加速器叫做 Bevatron，它的一圈，我想有三四千米的直径，可是它的真空管宽到这样一个程度，人可以爬进去，半径再大的话，还要更大的真空管。换句话说，这个（真空管的）费用是半径立方的函数，因为它正面变大了，横截面也要变大，所以变成立方关系，那这样子就不可能做得很大了。

1952 年，埃内斯特·柯朗跟另外两个人写了一篇文章①，发明一个东西叫强聚焦原理。这个原理告诉你，用一个方法把震荡压缩，压缩以后，结果这个能量变大的话，你的费用就变成线性依赖于半径，而不是三次方依赖于半径。所以今天你去看 CERN（欧洲核子研究组织），它的直径三四千米，真空管却很细，就是因为他们的工作，这才可以做出来。所以我提名他为诺贝尔奖候选人时，我说要没有他们这个东西，你现在根本不能做，高能物理就要停顿了，这是非常重要的。这其实跟于尔根·莫

---

① Courant, E. D.; Livingston, M. S.; Snyder, H. S. (1952). *The Strong-Focusing Synchrotron — A New High Energy Accelerator*. Physical Review. 88（5）: 1190－1196.

泽的动力系统理论和弗拉基米尔·I.阿诺德所做的KAM理论①有密切的关系。

也可以这样说,他们把这个东西做出来以后,搞KAM理论的人非常高兴,所以埃内斯特·柯朗是非常重要的。我是先认识他的,后来就认识他父亲了。认识他父亲以后,也认识了库尔特·弗里德里希斯,还认识了那个女作家,写大卫·希尔伯特传的,叫康斯坦丝·瑞德②?

季理真:康斯坦丝·瑞德,您也认识她啊?

康斯坦丝·瑞德和希尔伯特的传记

杨振宁:你知道康斯坦丝·瑞德为什么要写希尔伯特传吗?

季理真:我不知道,是因为她是朱莉娅·鲁宾逊的姐姐吗?

杨振宁:她的妹妹是有名的数学家,在她妹妹的帮助下,她写了希尔伯特传。在写希尔伯特传时,她就去访问柯朗,访问弗里德里希斯。等到这个传记变得很成功的时候,她就想写柯朗传了。

季理真:我把她写的传记全部都念了。我因为念了她的希尔伯特传和柯朗传,就想一定要去哥廷根看看。

杨振宁:你讲话是什么口音?

季理真:温州。

---

① KAM理论以安德烈·尼古拉耶维奇·科尔莫戈罗夫(A. N. kolmogorov)、弗拉基米尔·I.阿诺德(V. I. Arnold)、于尔根·莫泽(Jürgen Morser)命名。
② 康斯坦丝·瑞德,以四本数学家传记著作而闻名:《希尔伯特》(*Hilbert*)、《柯朗——一位数学家的双城记》(*Courant in Göttingen and New York*)、《奈曼》(*Neyman*)、《朱莉娅——遨游数学的一生》(*Julia: A Life in Mathematics*)。其中前三本都有中译本。

杨振宁：温州人？

季理真：对，温州人，我口音比较重，是吧？

杨振宁：对，你说话跟谷超豪①有点像。

季理真：对，我跟他是同乡，他老说我中文说得不好，我觉得他说得也不好。

杨振宁：姓你这个"季"的人很少啊？

季理真：不多。但我们这个姓起源也是比较早的，我前几天去温州，回到我家的祠堂，我们祖先也是可以查到好几千年前就有的，我记不清楚了。

杨振宁：你是在温州长大的？

季理真：对，我是在温州长大的。

杨振宁：因为你的口音还很重。

季理真：是吗？对，我是在温州读中学，然后去杭州大学读书的。

杨振宁：你考进了杭州大学？

黎曼手稿

季理真：对，在杭州大学读书。我是比较巧的，我以前不喜欢数学，我数学是读得最差的，在数、理、化中，数学是读得最差的，反正是有一些莫名其妙的原因，后来就去读数学了。我中文说得不好，英文也说得不好，而且我中文都忘了怎么写了，我不会写中文。我就是因为看了康斯坦丝·瑞德的两本书，就想一定要去哥廷根看看，后来去了两次。上一次我去哥廷根的时候，还做了一件比较特别的事情。我说我一定要看看伯恩

---

① 谷超豪（1926—2012），浙江温州人，数学家，杨振宁先生的合作者之一。

哈德·黎曼的手稿,因为哥廷根那个历史图书馆里面有高斯和黎曼的手稿。我看到黎曼的手稿时非常惊讶,因为我们以前说黎曼的文章里很少有方程和计算,很多人说黎曼是一个用概念来思考的人,好像他坐在那思想都能想出来,很厉害啊。一页一页,他们把黎曼的大小纸片全部都收在那里。

杨振宁:还留在哥廷根?

季理真:对,哥廷根,黎曼的《论几何之根本假定》那个手稿都还在。

杨振宁:手写的?

季理真:嗯。反正去了哥廷根我觉得很激动,我也找到柯朗住的房子,也找到克莱因住的房子,也找到希尔伯特住的房子。

赫尔曼·外尔在普林斯顿的房子

杨振宁:那你晓不晓得赫尔曼·外尔?1933年,他就盖了一座房子,在普林斯顿 Mercer Street(默瑟街)。然后他 1955 年故去了,根据那个时候高等研究所的规矩,因为他的房子是盖在高等研究所的地皮上,你将来要卖的时候,必须先卖给高等研究所,所以就卖给高等研究所了。他卖给高等研究所大概是 1956 年,1957 年我就从高等研究所买来了,所以我就住在那里了。① 那座房子在 Mercer Street 第 284 号,从高等研究所可以走过去,我在里面住了 9 年,从 1957 到 1966 年。后来我就搬到纽约石溪去了。我临走的时候,就把它卖给了高等研究所。恰巧那个时候 1966 年,尤利乌斯·罗伯特·奥本海默退休了,不做所长了,而且他的癌症到

---

① 戴森在他著名的爱因斯坦公众演讲稿《飞鸟与青蛙》(网上有中译文)中写道:"外尔离开普林斯顿后不久,杨振宁从芝加哥来到普林斯顿,并住进了外尔的旧居。在我这一代的物理学家中,杨振宁作为一个领头的飞鸟接替了外尔的位置。"

第三期了,所以他要从这个所长的房子搬出来,就搬到这座房子里去了。我走了以后,过了几个月,奥本海默就搬进去了。他在里面只住了半年,就在里头去世了。那以后,那房子又卖还给高等研究所,后来有一阵是一个叫做马歇尔·罗森布卢特的物理学家住在里面。罗森布卢特跟我是芝加哥大学的同学,我想他是最近几十年等离子体物理学最重要的物理学家。他后来走了之后,又把这个房子卖给高等研究所。之后我每次回到普林斯顿,都到那去看看,那座房子还在那儿,不过颜色现在改了,我们那个时候,一直是黄颜色的。外尔盖的时候叫做 Art Deco(装饰派艺术),你知道这个 Art Deco 吗?是 30 年代建筑学里头非常风行的,所以他这座房子是方方的,然后窗户也是方方的,有一些特别的地方,我传一张照片给你看。

季理真:是不是博雷尔也住在 Mercer Street(默瑟街)?

普林斯顿高等研究所研究员的房子

杨振宁:因为我们附近是高等研究所的地皮,所以博雷尔就住在我的隔壁,戴森是我的紧邻。博雷尔现在不在了,我想那座房子已经卖了。

季理真:没有,他的太太还在。

杨振宁:他的太太还住那儿?他太太,我想有 90 岁了。

季理真:博雷尔 2003 年去世的时候她 80 岁,那现在 90,好像他太太还比他年纪大一些。现在肯定九十五六岁了。

杨振宁:他跟我是同一辈的人。

季理真:对,因为以前我的孩子和博雷尔还是有联系的。

外尔-杨振宁故居

博雷尔：一位严肃的学者

杨振宁：我还可以告诉你，博雷尔这个人，我不知道他跟数学家平常是怎样的，不过他平常跟我们念物理的人没有很多交谈，因为他这个人的特点是——你可以说——他太追求准确。

季理真：对，very precise（非常精确）。

杨振宁：结果60年代有一天我找他，我说，现在大家都听说在搞拓扑，搞得非常热闹，你能不能给我们几个搞物理的人解释一下到底拓扑是什么。他不肯，他说没法解释。结果后来我们好几个人拼命要求，他最后同意了。所以我们连着大概有一个礼拜，每两天晚上，就在一间屋子里，博雷尔一个人，高等研究所的三四个物理教授，就听他讲。我们发现一件事情，他动不动就搞到很高的维数。我们说，这个高维的情况我们不懂，我们没学过，你能不能把它降低到低维的情况。他不肯，他说降低到低维时，它妙的地方就都没有了。吵了半天，最后他降到最低的维数了。我记得很清楚,他第一个给我们解释的就是布劳威尔不动点定理。我从来没有听说过,而且原来我会证明这个不动点定理的,就是圆圈……这个很妙,还有什么头发(杨先生一边说一边摸自己的头)①。

季理真:对,球面上的向量场。

杨振宁:所以对于这一类的拓扑,我是第一次听到。

季理真:是很漂亮的,向量场跟代数也有关……

Morse 理论和物理

杨振宁:在刚才给你的那个文章中,我就讲了一下拓扑学在物理里头第一次应用是什么,这个故事物理学家和数学家都不晓得。

季理真:是吗,是什么?

杨振宁:Morse 理论(莫尔斯理论)。

季理真:Morse 理论? 你说是 Morse 理论来自物理? 这是拓扑学第一次在理论物理学中有一个正式的应用,就是这个 Morse 理论。Morse 理论用到哪一个维数的空间?

杨振宁:是两度跟三度的。你看文章,其实是很简单。因为那时候有一个跟我同时代的博士后,叫做莱昂·范·霍夫,他后来做了 CERN(欧洲核子研究组织)的所长。因为那时候有许多人用计算机算,算出来有些曲线有一些奇点,当时大家不懂,所以最先以为他那个计算算错了。后来范·霍夫说了,他不仅没有算错,而且必须要有奇点。他的道理就是 Morse 理论,那是我第一次听说 Morse 理论。

---

① 毛球定理(Hairy ball theorem)。它断言,二维球面不存在连续的单位向量场。

季理真：莫泽也在高等研究所嘛！

杨振宁：莫泽早就是高等研究所的教授,可是我当初并不知道,我只知道 Morse 理论很重要。

季理真：数学院的人跟自然科学院的人来往不是很多吧？那很有意思。

杨振宁：莫泽是早一代的人了。

季理真：对,他年纪比较大了。所以,您跟外尔接触比较多。

外尔不喜欢华罗庚

杨振宁：我后来就住在他的房子里头。虽然我跟外尔在高等研究所没有谈过数学跟物理,可是我曾经在聚会上跟他谈过很多。他每次看见我和我太太,就要讲华罗庚的坏话。

季理真：是吗,为什么？

杨振宁：他不喜欢华罗庚。

季理真：哦,是吗？

杨振宁：我不知道他是什么缘故,他不喜欢华罗庚。

季理真：哦,这个样子。可能华罗庚是搞解析数论？外尔可能……

杨振宁：陈省身跟华罗庚都是外尔请去研究所的,后来不晓得什么缘故,他不喜欢华罗庚了。林开亮,你上次给我看的资料中,外尔当初写信[1]推

---

[1] 1943 年 3 月 24 日,外尔写信给普林斯顿高等研究所的教授亚历山大、爱因斯坦、莫泽和奥斯瓦尔德·维布伦,推举陈省身和华罗庚前来访问：据我所见,中国最杰出的两位数学家是(昆明国立清华大学的)陈省身和华罗庚。后者对哈代-利特尔伍德-维诺格拉多夫一派的解析数论做出了重大贡献,在他最近给我的一篇手稿中,重复了卡尔·路德维希·西格尔关于辛几何的大作中的相当一部分工作。更近距离地接触西格尔对华罗庚来说很重要,但无论我们是否能邀请他来普林斯顿高等研究所,我都认为,来自中国的第二优秀的候选人,是华罗庚而不是熊全治。

荐他们两个人访问研究所的时候,他就首先指出,他觉得这两个人是中国最好的数学家,而且他那些信当时就已经讲出来了,他们两个人的作风有点不一样的地方,就是做人跟数学,都有点不一样。所以我想是在40年代初的时候,他就(预见到了)……这些信很有意思。①

季理真:那我要看看,外尔是很有意思!我看过他为埃米·诺特尔写的文章,如何评诺特尔。

杨振宁:我回头发一个邮件给你。你问林开亮。我写了一篇,就是1985年外尔诞辰100周年的时候,在苏黎世有一个纪念他的会。

季理真:我看过这本书②,里面也有博雷尔的文章③。

杨振宁:对,有博雷尔的文章,也有我的文章,你看过我那篇文章④吗?当然外尔对物理的影响很大。

季理真:我想群论也是因为外尔的工作后来变得很重要,因为索菲斯·李以前的工作是比较局部的,外尔跟埃利·嘉当将李的工作整体化。

外尔、嘉当和李群整体理论

杨振宁:外尔算这些典型群的特征标的办法,那简直奇妙无比。

季理真:他那本书你念过啊——《典型群》⑤?

---

① 参见 J. W. 理查德和袁红、华罗庚与外尔,收入"数学与人文"丛书第12辑《百年数学》,丘成桐等主编,高等教育出版社,2014年。
② Hermann Weyl, 1885 – 1985: *Centenary Lectures*, Springer-Verlag, 1986.
③ 博雷尔的文章标题是 Hermann Weyl and Lie Groups,收入上书。
④ 魏尔对物理学的贡献,收入杨振宁、翁帆《曙光集》,三联书店,2008。
⑤ *The Classical Groups: Their Invariants and Representations*, Princeton University Press, 1939.

杨振宁：他那本书我没有仔细念过，不过他用的方法后来就都知道了。

季理真：是吗，对呀，好像是很有名的一本书。我没有看，我应该也去学学看。

杨振宁有关外尔和对称的文章

杨振宁：你如果看了我关于外尔的那篇文章你就知道，他还有一个非常稀奇的事情，我那篇文章上讲了。因为他在1929年有一篇文章，里面讲了三种对称，物理里面的观念，一个是左右对称（P, parity），一个是正电子和负电子的正负共轭（C, charge conjugation），还有一个是时间反演（T, time reversal）。他把这三个对称在里头连在一起写了一段①，这是非常稀奇的一件事情。因为那个时候，没有一个物理学家会像这样。可是这稀奇的是，过了十几年以后呢，发现原来这三个是非常重要的，三个就都有了名字，叫做P,C,T。那么到了吴健雄那个实验出来的时候，CPT的重要性就出来了。所以换句话说，到1957年的时候，大家才忽然了解到，这里头有着非常深刻的东西，而在1929年外尔的文章里就已经讨论了这个问题。

季理真：那这跟您与李政道拿诺贝尔奖的宇称守恒文章有关？

杨振宁：当然，镜像对称就是外尔（编者按：同时期尤金·保罗·维格纳在1928年与之独立地提出这一观念）提的。

季理真：外尔二几年就已经提到了。

---

① 外尔在他1930年新版的《群论与量子力学》的序言中说："质子和电子的基本问题已经在它与量子定律的对称性的关系中讨论了，而这些性质是与左与右、过去与将来以及正电与负电的交换有关。现在似乎还看不到这个问题的解决；我担心，悬在这一课题上的乌云会滚动到一处，形成量子物理中的一个新的危机。"

外尔、阿贝尔规范场论和非阿贝尔规范场论

杨振宁：所以外尔这个人是这样，他既是数学家，又是哲学家。而他这个哲学很准，所以规范场是他开始的。我所做的事情，只是把他的规范场从交换推广到非交换。这个推广是非平凡的，搞了7年，做出来原来是很对、很简单。

季理真：您这个规范场非常重要，所以基本粒子全部都依赖于……

杨振宁：现在是横扫整个领域。比如说是韦尔特曼，他为什么得了诺贝尔奖呢，就是他研究规范理论，他跟他的学生赫拉尔杜斯·霍夫特证明了非交换的规范理论可以重整化，所以他们才得了（1999年的）诺贝尔物理学奖。

季理真：因为我之前就知道对称在您与米尔斯的规范场论中很重要，我昨天突然意识到它在 Yang-Baxter（杨-巴克斯特）方程中也很重要，所以，对称在您的工作里非常之重要。

杨振宁第一次接触对称的概念

杨振宁：对。我对于对称最早知道的一点认识是什么呢，是我在中学念书时候有一本杂志叫做《中学生》，开明书店出的，我想你们现在要在图书馆里找，一定还能找到。这个《中学生》有一个作者叫做刘薰宇①。

---

① 刘薰宇的科普书还影响过徐利治和谷超豪。徐利治在《谈谈我青少年时代学习数学的一些经历和感想》一文中说："刘薰宇先生的《数学趣味》使我对数学产生了浓厚的兴趣。此书是新中国成立前开明书店出版的。初中时，我读了这本书明白了数学归纳法是怎么回事。"而谷超豪回顾1937年在温州中学读书时，提到（转下页）

有一天,我想我大概是初中二年级或者是一年级,看见他写的一篇文章,解释奇置换与偶置换的分别,我看了之后觉得非常妙,我对于这个对称最早知道有一点妙的东西,就是从那篇文章了解的①。

季理真:是吗,有一些通俗阐述的文章是很重要,很启发年轻人。

杨振宁:他很会写,每过几期就有一篇文章。我不知道他是不是念数学的?

林开亮:他是。我曾经看过他的一点资料。

杨振宁:那他有没有写过大学教科书之类的。

林开亮:有可能,我要回去查一下,他好像是北京高师毕业的②。

---

① (接上页)"记得看了刘薰宇的《数学的园地》,其中有一段讲述了微积分思想,从什么是速度讲起。当时我自以为很懂得速度、加速度等概念,然而读了这本书后才发现,原来真正的速度概念要用微积分才能深入了解,于是对数学愈发地感兴趣了"。
杨振宁先生在《关于怎样学科学的一些意见》(收入《杨振宁文集》)一文中讲道:

早在中学时代,由于偶然的机会我对数学发生了兴趣,而且发现了自己的数学能力。20世纪30年代,开明书店出版了一份杂志,名叫《中学生》。我想香港的一些图书馆一定还收藏有这份杂志。这份杂志非常好,面向中学生,办得认真,内容有趣。有一位刘薰宇先生,他是位数学家,写过许多通俗易懂和极其有趣的数学方面的文章。我记得,我读了他写的关于一个智力测验的文章,才知道排列和奇偶排列这些极为重要的数学概念。你们也可能见过这个智力测验题。它是把一个盒子分成16个正方形格子,其中15个格子都填上一个方块,一个是空的。你可以来回移动这些方块。这些方块开始是杂乱无章的,要求你把它们移动成某一特殊状态。这是一个非常有趣的难题。我相信你们见到过,而且一定在香港流传很普遍。但是,如何移动以及是否能从最初的状态达到所要求的状态,就需要运用奇偶排列的概念进行数学上的分析。如果某人有数学天才并且喜欢解决这种问题,那是很幸运的。他或她应该尽可能广泛深入地钻研下去,从而培养这种兴趣。

这个游戏叫15-puzzle,在陈景润《组合数学简介》第二章有介绍。

② 刘薰宇和杨振宁的父亲杨武之是北京高师(今天的北京师范大学)的同班同学,后来去了贵阳中学当老师,西南联大期间,曾在联大的师范学院任教。他写了不少优秀的科普书,名气很大,有影响的有《马先生谈算学》《数学趣味》和《数学的园地》,徐利治、谷超豪、齐民友、丰子恺(据说还有吴文俊)都是他的读者。他还编写过一本微积分的教材。

季理真：说到对称，我上次看那个索菲斯·李的传记，他一直觉得他活着的时候，好像世界没有人认可他。后来他就想"我坚信我做的东西以后会被人家认可的"。

朗兰兹纲领和对称

杨振宁：这个……我听说现在不是有一个纲领叫朗兰兹纲领吗？你懂不懂朗兰兹纲领是个什么东西？跟对称是不是有密切的关系？

季理真：对，有非常重要的关系。

杨振宁：什么关系？

季理真：数论里面很重要的一个问题是解方程，解方程的话，就是个域扩张，等价于一个伽罗瓦群。以前利奥波德·克罗内克和海因里希·韦伯给出了一个非常漂亮的解释说：每给定一个域扩张，就有个群，因为方程有群，域扩张也有个群。克罗内克和韦伯的定理说，如果这个群是交换的时候，有个很好的结构理论。那现在大家都想知道的是，如果这个群是非交换那时候怎么办，如果这个伽罗瓦群是非交换的，如何描述这个域扩张呢？

杨振宁：那这个为什么又跟紧致化有关系呢？

季理真：是这个样子，如何了解这种伽罗瓦扩张的，给定了这个以后，他们有一个叫 L 函数，因为它是描写就是说素数……

杨振宁：你是说 L 函数是 zeta 函数的推广？

季理真：对。所以，每给定一个域扩张，就有一个伽罗瓦群，有一个表示，就有一个 L 函数。朗兰兹说，在分析上，对局部对称空间，用模形式也可以构造出一个 L 函数，他断定，这两个 L 函数是相等的，于是有这个定义（朗兰兹纲领①）。因为有了这个定义的话，数论的东西比较难，就可以用分析来做，分析的东西，也可以用数论来做。朗兰兹为什么学这个东西呢，他好像说……

哦，对了，我们为朗兰兹出了一本文集，他就给我们写了一篇回忆性的文章，有三十来页。他说，他当时刚去了普林斯顿，好像是萨洛蒙·博赫纳鼓励他教一门课，与数论有关，类域论。朗兰兹从来也没学过，后来硬着头皮去教，教着教着就会了。

朗兰兹的演讲水平

杨振宁：但朗兰兹不会演讲。

季理真：他的演讲比较难懂。

杨振宁：因为我很多年参与邵逸夫奖，有一年他得了邵逸夫奖。

季理真：他讲得怎么样？

杨振宁：所有得过邵逸夫奖的，都要给一个钟头的通俗演讲，就给了他一个钟头，他是所有我听过的11个邵逸夫数学奖演讲里讲得最蹩脚的一个。你根本就不知道他讲什么，而且他有一个习惯，喜欢用笔在一个犄角旮旯写几个字，在他还挡着的时候，就把它擦了。

季理真：习惯不好。

杨振宁：你问他问题，他根本不知道你的问题是什么意思。

季理真：对，而且他写的句子也很长，也很难念。

---

① 关于朗兰兹纲领的一个通俗介绍，可见爱德华·弗伦克尔的科普书中译本《爱与数学》，2016年。

杨振宁：听说,朗兰兹纲领最初是出现在他给安德烈·韦伊写的一封信里。

季理真：有,马上翻成中文了。

杨振宁：翻成中文？

季理真：对。是德文写的。

杨振宁：用德文写的？ 你说他用德文写给安德烈·韦伊？

季理真：对,后面的是德文,前面是不是英文,我得查查看。可能是德文写的。

杨振宁：那他可能是受了黎曼的影响？

季理真：他这个人脾气比较怪,现在他在学中文,学得比较慢,而且他好像还用土耳其文写过东西,因为他喜欢尝试不同的东西。朗兰兹写给安德烈·韦伊的信,他当初提出朗兰兹纲领的一些文章,然后解释如何应用的文章,还有他的生平,收集成一本书,翻成中文,大部分都翻好了,可能明年年初会出吧[1]。

安德烈·韦伊是很有意思的一个人。

杨振宁和安德烈·韦伊的第一次见面

杨振宁：安德烈·韦伊我很熟悉。为什么呢,因为他在芝加哥大学做教授,后来在1960年左右,他跟陈省身两个人,一个人到东边去,一个人到西边去,而且他跟陈先生说,我知道为什么我到东边（编者按：普林斯

---

[1] 《Langlands 纲领和他的数学世界》,季理真选文,黎景辉等译,高等教育出版社,2018年。

顿高等研究所)去、你到西边(编者按:加州大学伯克利分校)去——因为东边离法国比较近,西边离中国比较近。

季理真:哈哈,很好的解释!

杨振宁:然后他听陈先生讲,有一个人叫杨振宁的,所以他就到高等研究所来找我。他来找我,我大吃一惊。他跟我谈了大概一个钟头,在我办公室,我就发现他最主要的一点,是说高等研究所历史学院有一个教授,叫做安德鲁·E. Z. 奥尔弗尔迪,他说这人不行,我们联合起来把他踢出去。

季理真:是吗,为什么?

安德烈·韦伊的高标准要求和强势个性

杨振宁:我就大吃一惊,我们跟历史学院的人,我都不知道奥尔弗尔迪是做什么的。我想,他如果在高等研究所,一定是做得不坏的。他好好的,为什么要把他踢出去呢?我不跟他做这个合作。安德烈·韦伊后来做了些什么事情,我不知道。不过,他喜欢管闲事,结果呢,就跟奥本海默发生冲突,大冲突。他跟奥本海默大冲突后,我们学物理的人都帮助奥本海默,所以安德烈·韦伊就不喜欢我了。

季理真:是吗?很有意思。我前不久,看了一本她女儿西尔维·韦伊写的书①。他的女儿说,做他的女儿很不容易。

杨振宁:他这人很奇怪。

吴　帆:是英文的,朗兰兹写给安德烈·韦伊的信是英文的。后面

---

① Sylvie Weil, *At Home with André and Simone Weil*, translated by Benjamin Ivry; Northwestern University Press, 2010.

的信是德文的。

杨振宁：他写给谁的？

吴　帆：写给安德烈·韦伊的信，是用英文写的。

杨振宁：他的女儿给他写的？

吴　帆：不是，是朗兰兹写给安德烈·韦伊的，解释朗兰兹的猜想。

季理真：对，后来八几年又写了一个，是德文的。

杨振宁：你说这是朗兰兹写的，所以是英文版？哦，你（吴帆）把这个发邮件给我。

安德烈·韦伊的妹妹和他们在巴黎的房子

季理真：我搞错了，他后来有一个是德文写的。我前不久去了巴黎，去了安德烈·韦伊小时候长大的房子，房子的外面挂了一个铜做的东西，有安德烈·韦伊妹妹西蒙娜·韦伊的信息，而对安德烈·韦伊竟然一字未提。

杨振宁：他妹妹比他有名。

季理真：好像他心里不舒服，还告诉他父母。

陈省身和安德烈·韦伊为什么是好朋友？

杨振宁：陈先生跟我讲，在数学家里面，恐怕他是安德烈·韦伊最好的朋友。[1] 然后陈先生说在他晚年的时候，起先他们一两个月就通一次

---

[1] 当斯普林格出版陈省身先生的文集时，安德烈·韦伊写了一篇精彩的序，杨振宁先生后来亲自把这篇序翻译成中文，见《我的朋友——几何学家陈省身》，《自然杂志》1979年第8期。

电话,后来不行了,因为两个人的耳朵都不好。电话打不清楚所以后来就写信。我想恐怕陈先生是他在数学界里头,很少的几个朋友之一。

季理真:对,他好像对人很严厉(harsh)。

杨振宁:他们在埃利·嘉当还在的时候就认识,当时一定就是,因为陈先生这个人比较有中国人的处人作风,所以容易跟人相处——外尔写的信上就讲得很清楚——所以安德烈·韦伊跟陈先生很快就熟悉了。陈先生1943年去了普林斯顿,那时候安德烈·韦伊在理海大学(Lehigh University),他为什么在理海大学呢?

季理真:他找不到工作。

陈省身如何得到 Gauss-Bonnet 定理的内蕴证明

杨振宁:因为那个时候,高等研究所跟美国的大学都不留他,所以他一生都对美国非常不高兴,后来虽然美国请了他做教授,但是他还是不满意。所以他在理海时,陈先生有时候去看他,他就把他那个文章给了陈先生看。我猜想,陈先生为什么能够几个礼拜之内就写出来不到6页的文章呢? 就是因为安德烈·韦伊的文章的证明非常复杂,可是他有一个被积表达式,用物理学家的术语来讲,就是 F 与 $\tilde{F}$ 的数量积。陈先生一直就想推广 Gauss-Bonnet 公式(高斯-波涅公式)到高维,可是他不知道四维、六维的被积表达式。当他一看到安德烈·韦伊的论文后,他就不理安德烈·韦伊是怎么证明的,他自己用了外微分形式,从而就写了一篇不到6页的论文。用英文讲就是"and created history(创造了历史)"。

其实这个故事很有意思,你可以说陈先生为什么能做出这个东西呢,因为他很早就看中了外微分形式的美妙,看中了 Gauss-Bonnet 定理(高斯-波涅定理)的美妙,在二维的时候他把这两个放在一起,所以他在昆明西南联大的时候,就会很简单地证明二维的 Gauss-Bonnet 公式。在那个时候,四维情形的问题是有名的问题,大家都在搞,陈先生也在搞。可是他不知道被积式是什么,所以等到他看到了安德烈·韦伊(和卡尔·巴尼特·艾伦多弗)文章中的被积表达式以后,立刻就做出来了。

季理真:这也是幸运了。

杨振宁:这教训是说:你得先对于一个没有解决的、可是可以解决的问题发生兴趣,有了兴趣以后,有一个适当的机会就可以解决了。①

季理真:对,就好像种田一样,土都已经准备好了,一粒种子刚好掉进去。

杨振宁:对。

季理真:很有意思!很多东西我们都不知道,这很有意思!我一直觉得我们对一些数学家、物理学家,如果对他们的人和背后的故事知道以后,对他们的理论结果也会更感兴趣,因为丰富了很多,生动了很多。

杨振宁:我因为在美国很多年,所以认识搞数学的人很多,你比如说还有迪恩·蒙哥马利。

季理真:蒙哥马利,我听说过这名字,但从来没见过。

蒙哥马利和安德烈·韦伊发起的普林斯顿之争

杨振宁:蒙哥马利很早就成为高等研究所的教授,因为他解决了希

---

① 兴趣→准备工作→突破口,是杨振宁先生在其文章《我的学习和研究经历》一文中反复强调的研究三步骤。

尔伯特第五问题。可是他这人……后来安德烈·韦伊跟他两个人合力反对奥本海默,反对得非常厉害。

季理真:是什么理由他们反对啊?是因为政治方面的原因吗?

杨振宁:他们的理由很多,我想蒙哥马利他们就觉得奥本海默不是完全做学问的人。这个说法有没有道理呢?我想是有道理的。安德烈·韦伊跟蒙哥马利,尤其是蒙哥马利,只对数学发生兴趣,对别的没有兴趣;安德烈·韦伊对许多东西都发生兴趣,可是他不去搞,他只是搞他自己的数学。奥本海默本来是搞学问的,后来他变成了原子弹计划的主任,以后变成美国重要的人物之一,所以他就常常跑到华盛顿。那么安德烈·韦伊跟蒙哥马利就非常看不起他,这是一点。第二点呢,是因为奥本海默做所长的时候,高等研究所的董事长是刘易斯·施特劳斯,是一个犹太人,在政府里头很有重要的影响。他看中了奥本海默,因为他(奥本海默)也是犹太人,所以刘易斯·施特劳斯就跟奥本海默说——这是 1947 年,奥本海默那时候在加州,他整天要从加州往华盛顿跑,因为他是搞原子弹的,所以他在那时候对于美国的原子能政策跟国防政策方面,是很重要的人物,所以经常到华盛顿去——刘易斯·施特劳斯就跟他说,你为什么不到普林斯顿高等研究所来,这样就可以坐火车到华盛顿去。奥本海默说,这个想法很好,可是我不愿意去募捐,因为通常做大学校长或者研究所所长最重要的任务就是要搞钱(募捐)。刘易斯·施特劳斯说:"没关系,我们有的是钱,不需要钱。"所以奥本海默就去了。去了普林斯顿以后,物价飞涨,而且高等研究所也慢慢在扩大,所以钱就不够了。本来高等研究所的教授薪水比美国一般的最好的大学的最好的教授要高百分之五十。

季理真:哦,那很高。

杨振宁:比如说陈先生从芝加哥到伯克利,安德烈·韦伊从芝加哥到高等研究所,他们的薪水都涨了百分之五十。可是到了50年代末,这个不行了。后来发生一件事,震惊了高等研究所的数学家,就是(编者按:1970年)高等研究所给于尔根·莫泽一个教授职位,想把他从纽约大学请来,结果莫泽没来。所以高等研究所的数学家就说,高等研究所现在没有钱了。他们就怪奥本海默,说是因为你不去募捐。可是当时你不能怪奥本海默,因为他当初说他不管募捐。

季理真:对呀,因为说好了不募捐的。

普林斯顿高等研究所的政治堪比短暂的爱情

杨振宁:于是数学家就有了一个故事。他们说这个情形就跟一个男孩子和一个女孩子谈恋爱,这个男孩子跟女孩子说,我们结婚吧,女的说很好,可是我不会做饭,那男的说,没关系。可是过了十年以后,就有关系了。这个故事是我听陈先生讲的,陈先生从数学家那里听到的。刚才我讲的,他们第一是看不起奥本海默,第二他们又不知道奥本海默对物理其实是做过重要贡献的,那么又不喜欢他到华盛顿去,又觉得他不募捐,所以矛盾很大,这中间最尖锐的冲突是关于米尔诺。

季理真:米尔诺是从普林斯顿大学挖过来的。

米尔诺和普林斯顿的学术政治

杨振宁:是,因为米尔诺当时是普林斯顿的教授,所以安德烈·韦伊他们说,我们把米尔诺请到高等研究所来。奥本海默说不行。他讲这话是有道理的。因为当初高等研究所刚成立的时候没有房子,所以就借了

Fine 大楼①，就是普林斯顿的数学系大楼。高等研究所然后赶快盖房子，盖了三年以后，后来的房子盖好了才搬过去。所以有几年高等研究所是借住在普林斯顿大学里的。那个时候就有一个君子协定，因为那时候普林斯顿知道高等研究所钱多，所以就说高等研究所不要把他们的人拉过来。那么现在到了 50 年代末，安德烈·韦伊他们要主动把米尔诺请过来，奥本海默并不是要否定米尔诺的数学本领，而是说我们有规矩，过去有不成文的口头约定。所以为这事吵得不可开交。那个时候，因为研究所所有重要的事情都是 20 个教授一起开会讨论，那么这些讨论就变得非常尖锐（bitter）。所以我有时候觉得……就很不愿意去；可是去的时候，我们的物理学家都联合起来保护奥本海默。最后安德烈·韦伊他们没有成功，所以米尔诺没有到高等研究所来。

季理真：他先去了 MIT（麻省理工学院）。

婚姻失败和学术生涯的关系

杨振宁：可是又发生了另外一件事情，那个时候米尔诺要离婚。在美国，一个人要离婚的时候，别的学校就知道这个人就可能要离开那个学校了，所以 MIT 就把他挖去了。

季理真：哦，是这个原因。

杨振宁：所以他就去了 MIT。过了一些年后，奥本海默不再是所长了，因此又把米尔诺请到高等研究所来。

---

① Fine 大楼（现在称为 Jones Hall）之命名，是为了纪念普林斯顿大学数学系的功臣亨利·伯查德·范因，他也是《范氏大代数》（民国时期一度作为中学数学教材）的作者。

季理真：哦，那我听说的是错误的，人家说高等研究所为了想请他过来，先让他去MIT转一转再过来。

杨振宁：不是。

季理真：原来不是这样的。

杨振宁：是研究所的安德烈·韦伊跟蒙哥马利没成功，而恰巧米尔诺本来也很愿意在高等研究所。他太太我也很认识。

季理真：是哪一个？

杨振宁：是那个时候的太太。现在是另外一个太太，是个数学家。

林开亮：那本《当代大数学家画传》①里面有。

季理真：玛格丽特·杜莎·麦克达夫。

杨振宁：对的。他那个时候的太太不是一个数学家，杜致礼跟她很熟。他们闹离婚，所以MIT就把他挖去了。

杨振宁和冯·诺依曼

季理真：是这个原因，我不知道，这个很有意思。还有我问您，是否跟冯·诺依曼有来往？

杨振宁：当然。

季理真：因为他后来也参与了原子弹计划。

杨振宁：他这人非常厉害，可是他死得太早了。

季理真：对，他死的时候还很年轻。我后来去高等研究所时还有一个房子，好像冯·诺依曼造电子计算机ENIAC就在那个房子里。

---

① 玛丽安娜·库克，《当代大数学家画传》，林开亮等译，上海世纪出版集团，2015年。

杨振宁：近代的大计算机,第一次做出来的,就是冯·诺依曼。在高等研究所,有一个小房子,这故事很多。① 冯·诺依曼手下有两个最重要的人,帮他做这个东西。一个是管技术的,这人叫做朱利安·比奇洛。我想你在普林斯顿,你说你是90年代在普林斯顿？

季理真：1994—1995年。

杨振宁：我想他那时候人恐怕还在,他大概跟我年纪差不多。② 他是一个工程师。我的印象是,因为冯·诺依曼自己并不会弄这些东西,所以他只是设计,真正搞技术,都是朱利安·比奇洛在做。还有管这些事情的人,是一个叫赫尔曼·戈德斯坦的人。所以和冯·诺依曼一起搞那件事情的主要就是他们两个人。可是这两个人都不能变成高等研究所的教授,因为他们的学术不够被认可。结果这个东西做出来以后,基本还没有运转,洛斯阿拉莫斯实验室着急要做氢弹,就复制了一个,所以高等研究所那个叫做 JOHNNIAC（编者按：John v. Neumann Numerical Integrator and Automatic Computer 的首字母缩写）,以纪念冯·诺依曼,复制的叫做 MANIAC（编者按：Mathematical Analyzer, Numerical Integrator, And Computer 的首字母缩写）。用那个东西计算,证明爱德华·泰勒原来的想法是不成功的,所以泰勒就另外想办法,结果就想出来了一个想法,这个想法叫做"辐射压缩"。

季理真：那么斯坦尼斯瓦夫·乌拉姆的贡献怎么样？他是一起做的,怎么样？

---

① 有兴趣的读者,可见乔治·戴森,《图灵大教堂》第4—8章,浙江人民出版社,2015年。
② 朱利安·比奇洛(1913—2003)。

杨振宁和乌拉姆

杨振宁：我跟乌拉姆也很熟。我想这个事情是这样，做不出来，就是刚才讲了，本来那个想法是做不出来的。乌拉姆跟冯·诺依曼用计算机算，表明泰勒原来的做法是做不出来的，所以另想办法。我想底下这个是乌拉姆跟他太太后来讲的故事，因此这个是可信的。有一天早上，吃饭的时候，乌拉姆跟他太太讲，他说得要压两次，氢弹的原理是用聚变材料，要压，压了以后呢，它的密度就变得更大，而且温度升高，如果密度够大温度够高的话，就可以开始聚变反应。

杨振宁与泰勒

季理真：原来是这个样子。

杨振宁：可以算出来的结果就是他本来的办法，本来的办法是什么呢，是一个椭圆形的铀料壳子，椭圆里面有两个焦点，一个焦点放了聚变材料，另一个焦点放原子弹，那个原子弹一爆炸，它这个冲击波就聚焦到另一个焦点,另外一个焦点就把它一挤。算了半天,挤是挤了,可是温度和密度都不够高,所以不行。乌拉姆那天早上突然冒出的想法,说得要再挤一次。

季理真:再挤一次就可以了,那他的贡献也挺大的。

杨振宁:可是乌拉姆不是物理学家,他不知道怎么再挤一次。他走到洛斯阿拉莫斯实验室,看见泰勒,就跟泰勒讲了,要不要再挤一次?泰勒是我的老师,他的想法多极了,于是他就想出一个办法,就是在这里头放了一种foam(泡沫),就是……

季理真:泡沫?

氢弹:泰勒和乌拉姆

杨振宁:就是很轻的东西。可是这个轻的东西里头放了很多吸收X光的分子,因为这个原子弹一爆炸的时候,除了冲击波以外,它主要的能量不是在冲击波里面,主要是辐射出去,平常都浪费掉了,或者是把它的周围变热了。泰勒的想法是,这个X光出来以后,就把那些泡沫里头的吸收X光的元素都气体化,一气体化以后,当然压强就很大,所以就压一下。这个压一下是很快的,立刻就压一下。然后这个冲击波来了,这是第二次压。而关键就是这两次压的时间间隔是不是合适,要正好产生共振。这一想法不可能是乌拉姆的,因为他不懂物理,所以这个想法是泰勒的。于是泰勒找了一个他的研究生,叫做弗雷德里克·德·霍夫曼,于是霍夫曼就算,大小应该怎么样,算出来以后,这两个之间的时间间隔正好产生共振,于是就写了一个报告。泰勒本来预备三个人的名字写在上面,但霍夫曼不肯,他说这个idea(主意)不是我的,我只是做了计算,所以这个报告应该是乌拉姆和泰勒两个人的名字写在上面。你要问我,我觉得我刚才讲的这个故事是比较合适的。因为怎么进行第二次压,这个是乌拉姆想不出来的,因为他根本不懂物理。乌拉姆这人很奇怪,你看过他的传记?

季理真:对,我们准备要翻译的。

杨振宁:就是吉安-卡洛·罗塔写的?

季理真:不是,是他的自传。

杨振宁:不是,我不是讲乌拉姆的自传。看自传不行,一定要看罗塔写的,你知道这个人吗?

季理真:对,我知道,MIT(麻省理工学院)的罗塔。您是说,罗塔写了一本乌拉姆的传记啊?

杨振宁:不是,罗塔有一本书,罗塔的文集,其中有一篇文章是讲乌拉姆的。

季理真:对,我知道了,书名是 *Indiscrete Thoughts*(非离散思想)吗?①

杨振宁:也许是,类似吧!你要想了解乌拉姆,就看那个。

季理真:我知道这本书。

杨振宁:其中有一篇是讲乌拉姆。你看了那个就知道,乌拉姆是一个非常聪明的人。可是晚年的时候,他病了一次,之后就不能做具体工作了。我看见他的时候呢,他人很有意思。他一见面就问你一个问题,这个问题可能是集合论的,也可能是组合的,甚至可能是打扑克牌的。然后你

---

① Gian-Carlo Rota, *Indiscrete Thoughts* Birkhäuser Boston, 1996. 在罗塔的另一本书 *Discrete Thoughts* 中也收入了这篇文章,篇名就叫 Ulam。

去想,跟他讨论,他就不发生兴趣了。他只发生兴趣的是……

季理真:是比较短暂的?

杨振宁:不是,就是要表演,他知道很多有意思的东西。

季理真:有一点炫耀的味道是吧?

吴　帆:他好像也是一个魔术师,他会表演杂耍。

季理真:这个我倒不知道,我很久很久以前看过他的传记,我记得很清楚,说他以前去哈佛的时候,算了一下是买车好,还是坐出租车好? 他的结论是,坐出租车比较划算一点。

杨振宁:他是很有意思的一个人,有一点奇怪,你看罗塔讲乌拉姆的文章,说他病了以后,他根本连乘法都做不出来了。

朗道的伟大和霸道

季理真:能力大减。好像朗道也是这个样子。

杨振宁:你是讲那个物理学家列夫·达维多维奇·朗道?

季理真:对,物理学家朗道,朗道-利夫希茨,是苏联的。

杨振宁:朗道是个很好的物理学家。

季理真:我只是说朗道以前……

杨振宁:不,不,我知道你讲的这个故事——是讲朗道后来撞车了,撞车以后他住在医院里,有人看见他,对他说,"听说你现在不能做物理了",他说:"不错,可我还是比利夫希茨好(强)。"

季理真:对,朗道这个人是很有意思。

杨振宁:你如果想知道朗道的故事,有一本书,是朗道的学生写的。

季理真:什么书?

杨振宁：叫做①……我不记得叫什么名字了，我下回发邮件给你这本书的名字。这书很有意思，是朗道的许多学生写的一本文集。很有意思的就是，你看了这些文章以后，就知道朗道是怎么样训练他的学生的，是非常特别的。中国人不会做这个事情，法国人、德国人、美国人都不会做这个事情。他让学生演讲，然后嘲笑他说，"你小时候你妈妈都没教过你这个吗？"

季理真：好像是苏联的传统，伊斯拉埃尔·M.盖尔范德也是这样。

杨振宁：盖尔范德跟朗道有点像，不过朗道比盖尔范德还要对学生不留情面。不过朗道的学生都非常佩服他，因为他照顾他的学生。学生毕业后，他帮他们找事情。然后他有个本子，他的一生几十个研究生，是叫什么名字，等于有一个小传，毕业以后去了什么地方，他都写在这个本子里。

马克·卡克和杨振宁

季理真：全部都记下来，那不错啊。还有一个做概率的马克·卡克，您跟他熟吗？

杨振宁：熟极了。

季理真：那您跟我们讲讲。好像他真的很有意思，我们也正在翻译他的一本自传。

杨振宁：他有本自传吗？我跟他很熟。在20世纪50年代初，他曾访问普林斯顿高等研究所，70年代末他成了洛克菲勒大学的一个教授。

---

① Khalatnikov, I. M., ed.（1989）. *Landau. The physicist and the man. Recollections of L. D. Landau.* Sykes, J. B.（trans.）. Pergamon Press.

在这两段时期,他都对统计力学感兴趣,因此我们对各种话题有过许多争辩。在他搬到加州理工学院以后我只见过他一次,在1982年为詹姆斯·W.迈耶举行的庆祝会上。在我的《杨振宁科技论文选集Ⅱ》中,有一张与他的合照。

杨振宁与卡克的合照(收入《杨振宁科技论文选集Ⅱ》)

事实上,我有个很有名的定理,叫做"单位圆定理",你知道吗?

季理真:我不清楚,您跟我们讲讲,是怎么样一个定理?

杨振宁:单位圆定理是有一类多项式,在物理里面要用的,李政道跟我写了一篇文章说,这些多项式的根都在单位圆周上,这叫单位圆定理①。

---

① 杨先生曾经在一次演讲中提到:我之所以会想到要考虑多项式的零点,是因为在我很小的时候,父亲就教给我两个漂亮的数学定理,一个是任何一个复系数多项式可以唯一分解为一次多项式的乘积(而另一个是正十七边形可用尺规作图,恰好与对称紧密相关)。它告诉我们,多项式由其零点决定,因此我那时想到考虑零点是非常自然的。这个定理好像叫做代数基本定理(历史上是高斯在博士论文中给出第一个严格的证明)。

季理真：是什么样的多项式，比较特别？

杨振宁：这个其实是我们碰上去的，这个证明与卡克有一定关系。我有篇文章上讲了，我们一开始不会证明这个定理。就是有一组多项式，次数可以很大，也可以很小，就是一个统计力学的问题。假如是一个三体的问题，那就是三次多项式，而且与维数没有关系，我们就说这个 N 次多项式的 N 个根都在单位圆周上。是我们先猜出来的，我们怎么猜出来的呢？就是先做一个简单的两个粒子的，那一看就知道，三个就不那么简单，可是也不太难，四个、五个做了以后都是，所以我们就说这一定是一个普遍结果。于是就想证明，弄了好久，而且还去找了冯·诺依曼，好像也找了阿特勒·塞尔伯格。我还记得冯·诺依曼说，这种零点分布单位圆周上的多项式有一个充分条件，哈代有一本书，说你去找那书。我们就去找那书，结果就发现，哈代说，一个多项式的全部根分别在单位圆周上，有一个充分条件，是什么呢？就是有一组不等式，可是 N 次多项式就要有 N 个不等式，这是他的定理。那对我们没用处，我们怎么能够继续不断地证明那么多的不等式呢？后来卡克来了，他对这个问题很有兴趣，因为他那时候搞那个统计力学。他说我不会证明你这个定理，可是假如你这 N 个粒子之间的相互作用都相等的话——我们那个定理考虑的相互作用是任意的——但假如相互作用都是一样的话，这个情形就变得很简单，他会证明。所以后来有一天我就一想，他这个想法很妙，怎么能够把它推广一下。结果找出来了，证明出来了。这是一个现在还认为是非常漂亮的，是你（林开亮）告诉我大卫·吕埃勒书里面有……

林开亮：我送您（季理真）的大卫·吕埃勒的那本书上有一章专门讲

这个定理,就是《数学与人类思维》①那本书。

季理真:好的,我来看看。

杨振宁:卡克还有一个很重要的贡献。在统计力学里有个很有名的,叫做 Ising 模型(伊辛模型)的昂萨格解法。拉斯·昂萨格是挪威人,他(在 1968 年)得了诺贝尔化学奖,不过他对 Ising 模型的求解,在统计力学里,公认是一个划时代的贡献。他在 1944 年把这个 Ising 模型给解了。他解了这以后,大家对 Ising 模型都发生兴趣,而刚才我讲的这个单位圆定理,也都是关于这一类的。可是在这个里头,忽然这个卡克跟一个叫做约翰·克莱夫·沃德有了一个新的办法可以得到昂萨格的解。沃德是跟我年纪差不多的一个物理学家,非常聪明。卡克跟沃德在 1952 年有了一个新的办法可以得到昂萨格的解,不经过那么多的代数运算。昂萨格原来的解法是没法能够懂的,因为它太复杂,后来经简化以后还是很复杂。卡克跟沃德的这个解法,是一个非常妙的东西。但这个到现在没有重要性,因为他后来没有新的发展,不过任何一个人看了这个都知道是很妙的。

Feynman-kac 公式

季理真:Feynman-kac(费曼-卡克)公式又是怎么做出来的?

杨振宁:那是他跟费曼……

季理真:费曼也在那儿?

杨振宁:卡克是非常聪明的人,而且是一个矮矮的、喜欢讲故事的

---

① 大卫·吕埃勒,《数学与人类思维》,林开亮、王兢、张海涛译,上海世纪出版集团,2015 年。

费曼与杨振宁 1957 年春在罗切斯特大学的一个会议上

人。他后来去了加州理工学院,跟费曼做伴。可是加州理工学院的数学一直不太行,我不知道现在怎么样。

季理真:现在也还不是特别好。

杨振宁:因为他们现在是一个叫巴里·西蒙的人在搞,这个人所做的是应用数学,所以他没有搞出重要的东西来。从 1995 年到 2000 年,巴里·西蒙教授在加州理工学院给大一新生上微积分课,他曾说"ε 和 δ 是微积分学生最锋利的武器!"一年后,在最后一节课上,学生送给他印着 ε 和 δ 的拳击手套。

费曼和他对加州理工学院的影响

季理真:对,人家告诉我加州理工学院的数学不好,因为费曼好像比较看不起数学是不是?

杨振宁：对。

季理真：费曼对加州理工学院影响很大。

杨振宁：对，费曼是非常聪明的一个人，可是他认为数学不行。物理里需要数学的，我们自己搞。

季理真：您看过费曼那本书吗，《别逗了，费曼先生！》[①]？

杨振宁：当然，那是非常有名的书。

季理真：里面讲的故事有多少是对的？

杨振宁：那本书所描写的费曼，就是费曼。

季理真：你说真的就是那个样？

杨振宁：是真的。真的就是那样。我有一篇文章是比较费曼与施温格的。

林开亮：季老师买了您的《曙光集》，里面有[②]。

杨振宁：《曙光集》里有吗？那是中文的。可是我原来是用英文写的，我送你一本英文的。

季理真：有英文的最好。我觉得您知道的这个数学家的故事很好，

[①] 有中译本，湖南科学技术出版社。
[②] 该文标题《施温格》，杨先生在文中写道：

    费曼和施温格是我们这个时代的两位伟大的物理学家。他们各自都做出了许多深刻的贡献。他们都出生于1918年。但就个性而言，他们几乎是两个截然相反的极端。我常常想，人们也许可以写一本书，标题为《施温格与费曼：一项比较研究》：

    百分之二十的情感外露的搞笑能手（impulsive clown），百分之二十的不守成规的行家（professional nonconformist），百分之六十的聪明物理学家（brilliant physicist），为了成为伟大的表演家，费曼（Feynman）所付出的努力，与他为了成为伟大的物理学家所付出的努力几乎一样多。

    腼腆，博学，用精雕细琢的优美语句演讲和写作，施温格（Schwinger）是有修养的完美主义者（cultured perfectionist）和极内向的绅士（quite inward-looking gentleman）的典范。

因为很多数学家名字我们都听说过,您的视角是不一样的。塞尔伯格怎么样,您跟塞尔伯格交往也挺多。

杨振宁和塞尔伯格

杨振宁:塞尔伯格我当然跟他很熟,2006 年我还跟他见了最后一面。

季理真:是在香港吗?

杨振宁:不是,在普林斯顿高等研究所。2006 年,我带翁帆——我的新太太——到高等研究所去看,那天是个礼拜六,没有人,我去高等研究所的数学公共休息室看,就有一个人坐在那儿,就是塞尔伯格。结果他不认识我了,我告诉他我是杨振宁,他才认出来。后来我问他你的太太怎么样了,他说有了一个新的太太。

季理真:是吗?

杨振宁:他本来的太太是挪威人,是他从挪威带来的。在我的印象中,那张照片,我有没有给你(林开亮)那张照片?那张照片以后一年他就不在了。他比我大几岁,所以我想他不在的时候,应该是九十一二岁(编者按:准确地说,90 岁)。

季理真:那年纪也算高龄了。

杨振宁:我们刚认识的时候,他们也到我们家来参加聚会,我们也到他那去,可是我记不得跟他有什么交谈,他好像对什么东西都不发生兴趣。

季理真:因为我上次和博雷尔在香港组织学术活动时,我一个夏天待了两个月,塞尔伯格有一个学生[①]在香港请他去,我们每天早上都在一

[①] 曾启文。

塞尔伯格和杨振宁

起吃饭聊天,后来他告诉我两件事情我记得很清楚。第一,他觉得他不是一个专业的数学家,他说是业余的,随便玩玩的,他觉得他没有正儿八经地学过数学。

杨振宁:你说的是谁?

塞尔伯格自认是业余数学家

季理真:塞尔伯格。他认为自己不是专业的数学家,是个业余的,因为他没有正儿八经地学过数学,是自己看看的。因为以前他爸爸①的书房里有一些斯里尼瓦瑟·拉马努金的书,他就拿来看,他的两个哥哥也读

---

① 阿特勒·塞尔伯格的父亲奥勒·迈克尔·塞尔伯格是数学家。他有四个儿子,1910年出生的双胞胎西格蒙德·塞尔伯格和阿尔内·塞尔伯格分别是数学家和工程师,1906年和1917年出生的亨里克·塞尔伯格和阿特勒·塞尔伯格也是数学家。

数学,也是数学家。

杨振宁:是吗?

季理真:对,是他自己随便看看的。我拿这话问博雷尔,博雷尔笑笑说,如果塞尔伯格认为自己不是数学家,那其他人怎么办?

杨振宁:你懂不懂他那个素数定理的初等证明?

季理真:我不知道,我只是听说过。

杨振宁:他成名就是因为那个。

季理真:对,他还因此拿了菲尔兹奖。

杨振宁:对,可是你并没去研究它?

保罗·埃尔德什和塞尔伯格之争

季理真:没有。就是因为那个原因,他才和保罗·埃尔德什吵架了,两个人有矛盾了①。然后塞尔伯格后面的数学做得挺奇妙的,因为他开始很窄,开始大部分时间只是做 zeta 函数,然后是素数定理的初等证明,后来他做李群中的离散群,Selberg 迹公式(塞尔伯格迹公式),还有 Selberg's hypothesis(塞尔伯格猜想),您看格列戈里·A. 马尔古利斯和大卫·卡日丹的工作都与那个有关。所以他的变化很妙,一开始很窄,后来一下子变得很宽。

杨振宁:我跟塞尔伯格没有什么交流,可是我可以给你讲两个关于哈里什-钱德拉的故事。

---

① 参见爱多士的传记中译本《我的大脑敞开了》第 8 章,王元、李文林译,上海译文出版社。

季理真：是吗，很有意思。

哈里什-钱德拉的故事

杨振宁：一个故事是60年代初，那个时候他刚来高等研究所，恰巧那时候斯坦福大学的保罗·科恩证明解决了那个连续统假设。所以有一天我碰到哈里什-钱德拉，就问他："这现在是个大突破，你要不要改到那里去？"他说："这个领域走进去就走不出来了。"①

另外一个故事是，他这人有点高傲，有一天跟我讲了一句话我觉得很奇怪，可是我当然不能详细问他。他忽然跟我讲，陈省身教授是个奇怪的数学家，他讲话的口气给我的印象，我觉得是负面的。

季理真：是吗？

哈里什-钱德拉和陈省身

杨振宁：哈里什-钱德拉说陈省身是很奇怪的数学家。

季理真：他们的品味（taste）不一样。

杨振宁：其实他们根本没什么关系，而且我不觉得他们的领域有密切的关系。所以他是远距离。你要让我猜想，他的数学的研究方法跟陈先生是不一样的，他不大了解陈先生的数学，又有一点妒忌，又有一点不佩服，我觉得是这样。

---

① 在杨先生给编者之一的一封英文邮件中，哈里什-钱德拉回答是"No. I do not want to become sterile."（编者按：sterile，不生育的，这里形容徒劳无功。）

季理真：对，可能是，因为哈里什-钱德拉的工作没有完全得到认可，因为人家告诉他……

杨振宁：你认识他？

季理真：我知道他，但从来没见过。

杨振宁：你去的时候他恐怕已经不在了。

季理真：已经去世了，他是在博雷尔 1983 年过 60 岁生日的时候去世的。

为何哈里什-钱德拉没有获得菲尔兹奖？

季理真：对呀。我们系里有几个印度人告诉我们，说哈里什-钱德拉被提名为菲尔兹奖时，卡尔·路德维希·西格尔是评奖人，他觉得哈里什-钱德拉做的东西太抽象，尼古拉·布尔巴基风格的，就否定掉了。而哈里什-钱德拉可能一直觉得，自己改变了整个半单李群表示领域，没有拿到奖可能比较失落(bitter)。您认识的数学人真的很多，很多人名字我都听说过，但没有见过。

杨振宁：我再讲几件事情。就是你(林开亮)给我的关于华罗庚的信中，有一个叫王元的，说外尔请陈先生跟华都去美国，不知什么缘故 1943 年陈去了，华没去，王元的解释是说，华那个时候在跟西格尔做同样的东西，他怕去了以后……

季理真：西格尔请他去的？

林开亮：怕人说他是西格尔的学生。

杨振宁：跟着西格尔学的。你(林开亮)信中是这样讲的。

林开亮：对，这是王元给出的解释①。

杨振宁：我觉得这个问题值得研究，你应该趁着王元还在的时候，再去研究。我想这个原因不那么简单，而且这个里头……我想是，当然可能王元也不完全知道细节，但王元比你比我对这个事情了解得更清楚，甚至于可能华罗庚曾经跟他讲过。那么我的印象是，那件事情是一个非常重要的工作。那是不是用群的矩阵表示这一类的问题，大概是一个新的方向，外尔、西格尔跟华罗庚他们都知道，是很重要的东西。所以，我想这个事情值得去研究。

季理真：西格尔这个人很有意思。

华罗庚和陈省身在昆明的时光

杨振宁：当然还有一个可能，恰巧那个时候、至少在昆明的时候，大家觉得是华罗庚比陈省身的贡献多。

季理真：对呀，拿奖嘛，好像博物馆里有很多对华的宣传②。

杨振宁：而且华又被人请到苏联之类的。所以还有一个可能，是他

---

① 华罗庚本人给出的理由，见他1944年1月15日写给当时的教育部长陈立夫的信：就研究方面言，罗庚与前哥廷根大学教授西格尔曾各独立发展"数阵之自守函数论"，而罗庚之理论实较其更为博广与精道（已得其本人及外尔之谬许），……诚如外尔教授所谓罗庚已获一重要结果之矿，可以经久不竭也。现西格尔在普林斯顿高研所，若罗庚前往，当深获切磋琢磨之益。但其在学术界之资望，为年龄、履历等关系而在罗庚之上，若（接受高研所之邀请）率尔前往，可能牺牲独立发明之令誉，而变为西格尔学派之可能，是以不得不先定基础再行出国也（如能不受高研所之邀而前往当更好）。且此论如能见重于世界，则示我抗战期中之一佳话也。
② 见季理真，昆明时空中的"奇点"——西南联合大学，收入"数学与人文"丛书第十二辑《百年数学》，丘成桐等主编，高等教育出版社，2014年。电子版见季理真教授的新浪博客 http://blog.sina.com.cn/s/blog_c24597bf01018te3.html。

觉得不必到美国去了,这也可能是(他延期访问高等研究所的原因)。

林开亮:从华罗庚与外尔的通信来看,有一个原因是,华罗庚觉得高等研究所给他的工资不够他养活一家人,这个经费(每年 1 500 美元)不够。

杨振宁:那他到苏联是谁出钱呢?

林开亮:可能是苏联邀请他吧①!

杨振宁:我想,苏联的这个邀请是比较跟国家有点关系的,美国高等研究所的邀请就只是研究所的。可以问一下王元。

杨振宁的健康秘密

季理真:您的记性真好啊,很久以前的事情都记得这么清楚。

杨振宁:我想我是很幸运,因为我弟弟他们比我年轻很多,都没有我现在记性这么好。

季理真:对啊,而且您精神看起来这么好。

杨振宁:我是有什么问题呢,就是这儿疼那儿疼的,睡觉要是没盖好被子,第二天就老疼。现在我也想出办法来了,睡觉的时候用一个,这是 301 医院告诉我的,用一个像是从前外国女人用的紧身胸衣(corset)。

季理真:您平常做什么锻炼吗?

杨振宁:不。

---

① 根据中国科学院自然科学史研究所王涛博士介绍的一篇资料(文名,中央研究院等为华罗庚赴苏考察研究事往来函件,《民国档案》,2007 年第 4 期),华罗庚访问苏联是他自己争取、中央研究院支持、姜立夫先生促成的。自 1941 年 3 月起,姜立夫历任中央研究院数学研究所筹备处专任研究员兼筹备主任。

季理真：您不做锻炼？

杨振宁：太懒了。

季理真：您身体真好，精神真好。

杨振宁：这个，我跟林开亮说，关于科普，还有比如说是科学家的传记，这是一个中国应该发展的领域。而且我觉得是这样的，现在每年有几百万大学毕业生，其中我想有不少人都是搞文科的，他们出来做什么事情呢？那么这个领域是可以鼓励人进取的。

季理真：很好，但当前有这样一个问题，想做这样的事情，需要有机构、单位来赞助他们。

杨振宁的传记

杨振宁：对，这话完全对。我不知道你有没有看过我的一本传记[1]，是江才健写的。

季理真：对。

杨振宁：是台湾出版的。

季理真：对，我有这本书，写得挺好的。

杨振宁：他之所以也能写那本传记，是因为台湾有一个有钱的报纸[2]的老板，是吴健雄从前的同学。吴健雄年纪大了以后，那个老板就找江才健，说是我出钱你到美国去住两年，就写《吴健雄传》，这个传写得很好。这个传的写法呢，是照现在西方的写科学传的方法。他写完《吴健雄

---

[1] 江才健，《规范与对称之美——杨振宁传》，广东省出版集团，2011年。
[2] 《中国时报》。

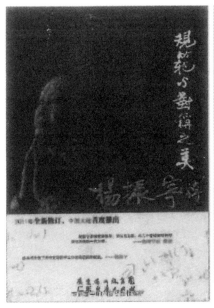 

《杨振宁传》简体与繁体版封面(江才健先生提供)

传》以后就写我的传,他的经费都是因为有人支持的……

王丽萍:现在国家正在做这个事情,在慢慢做,北京科协就正在鼓励科普创作。

杨振宁:尤其是现在搞了网,出版界也问题很多。

季理真:对。我倒是有一个想法,对称我们大家都知道,一般人只是朦朦胧胧地有点知道什么是对称,如果再多问几句,一般人就不知道了。而您的工作和对称非常有关系,能否比较通俗易懂、又比较有深度地告诉大家对称,很多你想不到的地方对称都存在,比如说,一般人知道规范场,您以前拿诺贝尔奖的工作,都与对称有关,而 Yang-Baxter(杨-巴克斯特)方程①与对称的关系,一般人就相对来说知道得少一点。夏天来北京的人很多,请行家稍微给大家点几句,算是个开头,有些年轻人一旦有点入门以后,就可以"修行靠个人"了。

---

① 2016 年 2 月 20 日,BBC Earth(前称 BBC Knowledge,是英国广播公司旗下的纪录片和资讯节目频道)推出了最美的数学公式的 12 个备选,其中 Yang-Baxter 方程位列其中,见 http://www.bbc.com/earth/story/20160120-you-decide-what-is-the-most-beautiful-equation-ever-written。

访谈时间：2017 年 3 月 1 日
访谈地点：清华大学高等研究院
采访人：季理真　王丽萍
录音记录：王丽萍
整理：彭程　王丽萍　季理真

第二次访谈

去采访杨振宁先生之前,我们准备了一个长长的问题清单。但是我们的访谈主题很快就被杨振宁先生带走,按照他所感兴趣的方向和节奏发散,涉及很多计划外的话题。

- 很多人都在谈论杨振宁先生和翁帆的婚姻,杨先生是如何看待他们之间的年龄差异的。
- 杨振宁先生最著名的当然是 Yang-Mills 理论,即非阿贝尔规范场理论,这与外尔的阿贝尔规范场理论有什么联系,外尔为何会错过它?
- 杨振宁先生对爱因斯坦和费曼等许多物理学家和数学家有何看法?
- 如何判断冯·诺依曼、戴森、盖尔范德等人的贡献和影响?
- 诺贝尔奖是如何涉及政治的?哪些人应该得到它?
- 物理学家和数学家有什么区别?
- 伟人的非学术生活是怎样的?他们之间(例如,费曼、戴森、乌拉姆和冯·诺依曼)的关系如何?

上述问题,您将在本次访谈中获得答案。

什么是青春

季理真：在历史长河中，只有少数人是真正懂得些东西，并起作用的。我觉得您是其中一个非常关键的人物。我想了想，起码有五条理由。其中第一条，您确实做了非常伟大的工作，而且做的工作有很长远的影响，不是一时的。在物理、数学领域的领袖人物，以及其他在政府各方面很重要的人物中，您见过的事情很多，眼界也很开阔，而且您还在不停地学习。最近我看到一首诗，叫《什么是青春》，这首诗是一个不怎么有名的美国人写的。后来美国驻日本的一个将军，叫麦克阿瑟的，将这首诗放在他的办公室。这个诗人后来在日本大大的出名，因为他很鼓励日本人二战以后恢复重建他们的祖国。后来好像是80年代，有一个日本人找到这个诗人。（有关该诗人和这首诗的信息，在本书的前言里。）

杨振宁：去找这个美国诗人？

季理真：嗯，是的，去找这个美国诗人。日本人找到他的房子，把房子买回来，捐款造了一个博物馆。因为日本人觉得，这位诗人鼓舞了日本一代人。这首诗的英文在这本期刊里，最近为这个事情和这首诗我写了一篇文章。

杨振宁：我看看，这是他的那首诗么？

季理真：这就是您之前要的期刊，期刊名是《数理人文》。这是最新的一期。

杨振宁：是这个期刊，我这里老是订不上，因为是台湾的杂志。它一年出四期？

季理真：对，我的这篇文章在最后一篇。我们可以看前面几句，我觉得按照他的定义您也是非常年轻的。因为他说，一个人年不年轻并不在于年龄，完全是一种心态。您看他的第一句话。我很喜欢这首诗，后来我就写了几句话。

杨振宁：你有没有他的英文原文？

季理真：有，英文在这里，中文在这里。

杨振宁：中文是你翻译的？

季理真：不是我翻译的，我不会打中文字。

杨振宁：是谁翻译的呢？

季理真：网上有很多不同版本的翻译。

杨振宁：你知道我2004年跟翁帆结婚的时候，因为我们的年龄差得很多，所以非议的人很多。那个时候就非议，现在还有人非议。不过我跟翁帆订婚的时候，我写了封信给我的兄弟姊妹，还有孩子，还有一些熟的朋友。中间就有这么一句话，是说青春不是完全由年龄决定的。我记得把那封信email一份给你看。

季理真：好，我看看。

杨振宁：很好，谢谢，这本杂志你可以留给我吗？

多数总是错的

季理真：可以的，那首诗我们就过会儿再看。另外，我刚才说过，这个世界上很重要的人就这么几个。苏格拉底几千年前就说"多数总是错的"。我可以用民主来给苏格拉底的话举一个很好的例子。一般的民主是少数服从多数,西方世界一直很骄傲他们的民主。现在一个很好的也很糟糕的例子,就是美国的总统竞选,民主的原因选出这么一个总统(特朗普)。现在不知道怎么样,至少看起来对美国、对全世界都是一个灾难。这就是一个多数是错的典型的例子。另外一个例子,现在我个人感觉,我是没有那种智能手机,上网也不是很多,但我觉得现在有个很糟糕的情况,每个人手上都拿着个手机,随时都可以发表意见,对于一些不好的话,每个人传来传去。我觉得这种人一般传的话都是不好的话,还添油加醋。我觉得第一个说的很多时候是不对的,第二个就更不可信。比如很多网上对您的说法,我觉得也不太好,这是我个人认为。数学上有个很重要的Morse(莫尔斯)理论,不知道您有没有听说过?就是给定一个流形,如何去决定它的拓扑。流形上给定一个Morse函数以后,所有的拓扑的信息,都在几个临界点(critical points)里面。某种意义上,这也反映了整个社会的结构:有一帮真的不重要,也什么都不懂的人。所以这就是我觉得,您从各方面,从做学问到经历过的事情,比我们一般人要懂的多很多。

我这次准备想和您交流的问题,第一个就是对有些我们大部分人感兴趣的问题,来听听您的评价。我基本上是这么组织的,对学生、学者来说,我觉得他们的过程有这么几步,先是读书,然后做研究,再就是事业发展,还有他们的生活。因为科学家毕竟也是人,需要有生活,我想就这方面的事情,您能给一些原则性的忠告和意见。刚才还有个问题忘记了,我想您在普林斯顿的时候应该跟 H. M. 莫尔斯有接触吧?

莫尔斯与拓扑第一次在理论物理的应用

杨振宁:有,不多,因为他年纪比较大一点。我去的时候,我是1949

年去的普林斯顿,他那时候在哈佛,后来在 50 年代他来了。他来了以后,高等研究所有七八个数学家,教授有六七个,他也是他们里头年纪比较大的。

他跟他太太有时候请大家去他家喝茶什么的。所以他跟冯·诺依曼非常不一样,他跟塞尔伯格、蒙哥马利比较要年轻多了,也很不一样。他的这个理论,我听说在数学界很重要。

季理真:非常重要。

杨振宁:因为他是拓扑的先驱者之一。我有没有告诉过你拓扑第一次在理论物理的应用跟莫尔斯有关系?

季理真:好像没有,您可以再解释一下吗?

杨振宁:你给我一支笔,我回头 email 一篇文章给你,讲莫尔斯那篇文章的。

季理真:好。我突然想到,某一种流形的拓扑与莫尔斯理论研究有点像,因为大部分人真的不懂,也不重要,随大流,一般人没有什么想法,这就是为什么觉得您的一些意见特别重要的原因。

在国外获得博士学位的中国数学家的人数估计

杨振宁:我也有个问题要问你。改革开放以来,现在到外国去得到博士学位的中国数学家,我想几百人是一定有了。

季理真:有。

杨振宁:你们有一个估计吗?我想不到一千人。

季理真:我不太清楚。

杨振宁:也没有人研究过?

季理真：没有人研究过。

杨振宁：因为有30多年，我想300人一定有。

季理真：肯定有，一个比较好统计的办法是查一下每一个美国大学数学系有几个华人教授，如果把统计概率专业的也加进去，那就更加多了。

杨振宁：你觉得全美国加起来一年是不是不止10个？

季理真：您说是拿到博士学位的？

杨振宁：中国人在美国得到博士学位。

季理真：那不止。中国人每年起码有50个拿到博士学位的，但是大部分都留不下来，拿到博士学位的很多。

杨振宁：大部分后来就去搞别的了？

季理真：对，50个不止。

杨振宁：所以几百人是没问题的？

季理真：没有问题。

中国数学与欧洲数学对比

杨振宁：你是不是觉得比起欧洲的许多国家来说，成绩不能满意？

季理真：不满意。我可以举两个例子，以色列国家很小，但他们优秀的数学家很多，法国也是。是否优秀不是以数量取胜。

杨振宁：你们有没有讨论过是什么缘故？还有俄国人，俄国人很厉害。

季理真：俄国人现在也不行了，现在远远不如以前了。

杨振宁：你说的是现在年轻的俄国人？

季理真：现在俄国本身的数学远远不如以前，这没法比。

杨振宁：怎么没法比？是因为那些老师都走掉了？

季理真：因为已经失去了这种环境。有人告诉我，以前因为政治原因，特别是犹太人，他们唯一可以学的就是数学或者其他非常理论化的学科，这是唯一的出路。而现在可以学其他东西。

法捷耶夫与费曼图

杨振宁：你晓不晓得，一个很重要的82岁的俄国数学家刚刚死掉了，叫路德维希·D.法捷耶夫。法捷耶夫主要是在物理领域，他应该得诺贝尔奖，为什么没得，大家不了解。

季理真：对，我知道，法捷耶夫，我本来邀请他到三亚数学中心开会的，后来他没来。

杨振宁：他是在圣彼得堡的。他做过很多贡献，不过其中大家都觉得他应该得到诺贝尔奖。他的贡献是什么呢，这可以简单地讲出来。你知道场论（field theory），最早是从30年代开始，把电磁学跟量子力学合在一起就变成了场论。可是到了40年代末的时候，本来场论要算一个什么东西的概率都非常困难，结果有人写书告诉你怎么算，这个人是费曼，他猜出来怎么算法。

季理真：您说费曼图吗？

杨振宁：就是费曼图，他不会证明，是猜出来的，画一个图，比如说这样，然后每一个基本部分他都写下来一个东西，凑在一起，就变成了一个公式，这个公式就等于是你要算的结果。可是他不会证明，他讲不出来他是怎么证明的。换句话说，他不是从场论里头引导出来的，是猜出来的。

后来被戴森证明,他猜的这个东西可以根据场论推导出来。所以戴森其实应该得诺贝尔奖,但戴森没得。从这以后,我跟米尔斯写出来了非阿贝尔规范场论。因为电磁场是规范的阿贝尔场,非阿贝尔这个图比它复杂,比如说是有四个在一点的,在电磁每一点只有三个动力,所以这便复杂得多。到了60年代,大家都在研究非阿贝尔规范场论的费曼图是什么,费曼自己也在研究。但研究出来的人是法捷耶夫。

季理真:是个了不起的人。

杨振宁:他是了不起,所以大家认为他应该得到诺贝尔奖。这个里头现在还有没有解决的问题。他有个学生就专门研究法捷耶夫在这方面工作的影响。

季理真:法捷耶夫后来拿到沃尔夫奖了,是吗?

杨振宁:没有,他得到了邵逸夫奖,跟阿诺德一起得的,有一年邵逸夫奖给了他们两个人。

弗拉基米尔·I. 阿诺德

季理真:阿诺德也很了不起,您认识阿诺德吗?我从来没见过他。

杨振宁:阿诺德对历史很感兴趣,好像你翻译了一本书,是不是?

季理真:是的,高教社出版了一本他的书。阿诺德反正很有意思,1994年菲尔兹奖公布了以后,他写了封信强烈反对评选的结果。有些人说是因为他看中的一个人没有选上。

杨振宁:阿诺德非常聪明。

季理真:做的工作非常有独创性,也是很有想法的一个人。您刚才说起那个 Yang-Mills 理论,我过后还有个问题要问您。昨天开会碰到一个人，他是迈克尔·F. 阿蒂亚的学生的学生。听说我要来采访您，他请我一定要问您一个问题。为什么呢，因为他在采访阿蒂亚的时候，阿蒂亚跟他在讨论您，其中有一个问题说一直很奇怪，我们过一会再讲。

　　杨振宁：这个人叫什么名字？

　　季理真：叫奥斯卡·加西亚-普拉达，是奈杰尔·希钦的学生，他采访阿蒂亚。

　　杨振宁：这是哪年的 Interview（采访），最近的？

　　季理真：是刚出的，去年的。

　　杨振宁：欧洲数学学会，是不是？

　　季理真：是的，刚发表的，采访要早一点了。

　　杨振宁：你把这个发邮件给我。

　　季理真：我把它发邮件给您，我过会儿给您看里面的东西，他们谈的问题我都已经划出来了。您现在就看看，跟您有关的这个问题。

杨振宁和外尔在普林斯顿高等研究所

　　杨振宁：这个有很多人问过我，因为我跟米尔斯写的文章是 1954 年的，外尔是……

　　季理真：1955 年去世的。

　　杨振宁：我觉得是 1956 年死掉的。

　　季理真：他这里说是 1955 年。

　　杨振宁：1955 年，OK。1954 年，我在布鲁克海文（Brookhaven），到 1954 年的秋天就回到高等研究所，那个时候，外尔多半的时间是在普林斯顿跟苏黎世之间来回跑。通常他在普林斯顿的时候,大家吃午饭在 cafeteria(普林斯顿做饭做得最好的食堂),可是物理的人跟数学的人通常都不坐在一起,而外尔年纪比较大,我没看见他去那个 cafeteria 吃午饭。不过奥本海默家里有鸡尾酒会,他都去,所以我见过他很多次。我跟外尔见过很多次都是在这个酒会上。

季理真:社交性的?

杨振宁:不是,都是在奥本海默家里的鸡尾酒会,他也很喜欢讲话。我记得他一个劲地问我认不认识华罗庚跟陈省身。我曾经写过一篇文章,关于外尔的,你有没有这篇文章?

季理真:有的,就是他那个纪念文章(memorial)。

杨振宁:就是(他诞辰)100 年的时候。

季理真:对,100 年,也有篇博雷尔的文章在里面,我有这个。

杨振宁:在那篇文章的结尾我讲,说是外尔晚年的时候还在对于这个规范场理论进行研究。规范场理论是他在 1919 年到 1929 年搞的,到 50 年代的时候,他还念念不忘这个规范场理论,所以他对规范场理论是很注意的。可是他所注意的这个规范场理论是阿贝尔的。如果跟他提一句,说要不要把你这个阿贝尔规范场理论扩充成非阿贝尔,他一定很高兴,而且他一定很快就做出来了。可是也不知道怎么着,我跟他接触,奥本海默跟他接触,泡利跟他接触,没有一个人提这件事情。

季理真:那您也没有跟他讲? 您在做的时候也没有。

为何外尔没有发现非阿贝尔规范场理论?

杨振宁:你看了他晚年的这篇文章,我的那篇关于外尔的文章引用了这篇文章，在他晚年的时候不管在什么地方，他对于这个规范场理论还是非常注意的。所以，从他的这个数学哲学的角度，他的规范场理论其实完全是在一个地方，这当然也是他了不起的地方，可是就是没有把这个做成非阿贝尔的。我讲了这么长，我说规范场跟非阿贝尔是他一生最发生兴趣的事情，然而，他没有把这两个连在一起。

季理真：是啊，所以阿蒂亚就说。

杨振宁：所以阿蒂亚和很多人说，这怎么可能呢。这个结果是我跟米尔斯从物理的方向上得到的。

季理真：是您觉得语言、想法不一样，所以你们就没有讨论。

杨振宁：因为我跟他不同，没讨论过数学，也没讨论过物理，都是鸡尾酒会上的一些无关对话。

季理真：平时也不讨论这个？

为何杨振宁发现了非阿贝尔规范场理论？

杨振宁：他那个时候，我想可能跟年轻的数学家还有一些讨论，我从来不觉得他跟物理学家有什么讨论。

那么当然还有一个问题是为什么奥本海默或者泡利没跟他讲。一部分原因是泡利、奥本海默跟我都知道，非阿贝尔规范场理论要产生无质量的粒子，而物理里头没有无质量的粒子，所以认为这个不行。因此泡利从来没有发表文章，虽然他也搞这个东西。

可是我想我做对了一件事情，我也知道我不会解决这个问题，就是为什么没有无质量的粒子。可是我觉得这个东西非常妙，所以就写出文章来了。*Physics Review*（《物理评论》）很快就接收这篇文章，连这个问题都没问,不到几个月就发表出来了。

季理真:他(奥斯卡·加西亚-普拉达)觉得也很漂亮。这个答案很好,我明天看到他就跟他说,因为他让我一定要问这个问题。

纤维丛在物理学中的重要性

杨振宁:这是50年代,结果到了60年代,你应该晓得还有一个故事,就是有一天我教广义相对论的时候,广义相对论当然用黎曼几何,黎曼几何当然有黎曼曲线,这个公式我写在黑板上。我记得非常清楚,我在黑板上写,因为那是一个很长的公式,我在一边写的时候一边就说,这个跟米尔斯和我写的那篇文章很像,因为前面有一些是线性的,后边有二次项,跟那个很像。所以我下了课以后回到办公室把这两个一比较,弄清楚了以后就发现,它们不是很像,它们根本就是一回事情,只是它那个群是庞加莱群,而不是一个SU(2)(二维特殊幺正群)。就是你把这个SU(2)变成一个更复杂的群,尤其是变成庞加莱群,就变成了那个。所以我就到詹姆斯·哈里斯·西蒙斯那儿去,他是数学系主任。西蒙斯看了以后,他说这个不稀奇,两个都是纤维丛,所以这就是我第一次听到纤维丛。然后我说纤维丛是什么东西,他就给了我一本书,是诺曼·斯廷罗德写的,叫做 The Topology of Fiber Bundles(《纤维丛拓扑》)。我就拿来看,看不下去,因为那个文章那个书的写法是一个定理一个证明的风格,根本没法子看下去。所以后来我就找了西蒙斯,说你给我们搞物理的用简单的数学语言解释一下,他就给我们解释了。每天吃午饭,就是正式的午餐,我们问他很多问题,弄了两个礼拜,我懂了。懂了以后我就跟吴大峻写了一篇文章,那篇文章其实在数学家看起来是很简单的,不过那文章有个重要性,因为它我们还写了一个字典,一个很小的字典。

季理真:对,Yang-Mills 理论和那个?

杨振宁:我跟吴大峻编的 Wu-Yang(吴-杨)字典,左边是物理的名词,右边是纤维丛的名词。以前其实有许多数学家已经觉得这是一回事情了,可是他们没有把它精确地表达出来。而且我们还第一次指出来保罗·A.M.狄拉克有一个叫做狄拉克磁单极子,这是一个非平凡丛。我记得我把狄拉克的文章给西蒙斯看了,他说原来狄拉克比数学家发现非平凡丛要早了好几十年。所以我们把这个非平凡丛也算是一个 item(项目)。然后恰巧伊萨多·M.辛格来了,我就把这个预印本给了他一份,他就带到阿蒂亚那儿去,带到牛津了,所以他和阿蒂亚两个人跟奈杰尔·希钦研究了一下。好像还有一个人,好像是四个人。

季理真:是那个,苏联的。

杨振宁:他们三个人都有,有没有第四个人我忘了。

季理真:是弗拉基米尔·德林费尔德和尤里·伊万诺维奇·马宁吧。

杨振宁:就是他们,用了 Atiyah-Singer(阿蒂亚-辛格)理论,说是 instantons(瞬子)的解有多少个参数。他们的文章一发表以后,数学家都对规范场理论发生兴趣了。

如何读书和学习

季理真:华罗庚在他的很有名的《数论导引》序言里面,提出了一种如何读书的方法。他说一本书你先要把它读厚,后来要读得很薄,我的中文不怎么样("从薄到厚,从厚到薄")。您对读书方法有什么建议?您大概也读过很多书,见过很多事,您觉得读书应该有什么好的办法?

杨振宁:我想这要看每个人自己,我认为不同的人读书的办法是不一样的。

物理学跟数学的文章或者书我不大会读。比如我听说有一个什么东西现在有些发展,我的办法通常是我自己去想一想,而不是去看别人的文章或者review(评论)。自己想有时候有些结果,有时候没有结果,可是没有结果并不是白费了时间,因为想了三天没有结果再去看那个文章的话,跟没有想过三天去看那个文章是不一样的。不过我觉得有人不是这样的,换一句话说就是,我不喜欢模模糊糊地去认识一个东西,可是有些人非常会模模糊糊地认识。也就是学习的方法有两种,一种是渗透性的学习方法——我给它起了一个名字。

季理真:渗透性就是彻底的?

杨振宁:这渗透性的学习方法就是模模糊糊没懂。

季理真:就是稍微渗透的感觉。

杨振宁:你不能说懂了,可是第二回你再听人讲这个东西,你就发现比上回多懂了一些,这是一种学习方法。

我想每一个人都有两种学习方法,即渗透性的与准确性的学习方法。可是比重不一样,我是比较侧重于准确性的学习为主,不过我知道渗透性的学习非常重要。而中国的学生,因为中学、大学的学习态度,不喜欢渗透性的学习。我曾经讲过一个故事,石溪去了很多大陆的学生,我跟他们说,系里头每一个礼拜请人来做一个综合性的报告(colloquium)。我说你们要去,他们说我们去了,听不懂,我说我去了也听不懂,可是你如果听不懂一次,你事后稍微想一想,第二次再听的时候,你就多懂了一点,这种方法叫渗透性的学法。我跟中国同学说,中国的教育方法训练出来的人,特别要注意渗透性的学法,因为这是被中国的传统学习方法所摒弃的,而这是很重要的一个学习方法。

季理真:这个和我这里准备的另外一个问题相关,我们现在有很多人批评说中国的学习方法很多是死记硬背的,中国学生的原创性比较少。很多人说中学生考试好,会读书,但没有什么想法,原创也比较少。我想您在中国和西方都受过教育,我记得您在有个地方写过,您是两边好处都取到了,接受了两边比较好的教育。现在我的问题是,可否说说中国教育和西方教育的优势和缺点?

中国教育和西方教育的对比

杨振宁:这是很重要的一个题目,中国的教育和西方的教育各有优点。

中国太注重训导,所以学生胆子比较小,所以原创的力量变小了,我觉得这话也有道理,但不能认为中国绝对不好。我认为是这样,最好的学生,九十分以上的学生,是美国的办法好。为什么呢,因为他不需要训导,他将来海阔天空,有些东西他没怎么懂,他去想三天或者跟人讲几番话,就把漏洞给填补起来了。不过一个八十几分的学生,他不会做这件事情,所以八十几分的学生太美国式的训练是不好的。所以我认为九十分以上的学生,美国式的训练对他比较好,九十分以下的学生,中国式的训练比较好,这是一点。第二点是受中国训练的人,要了解到自己有这个缺点,所以胆子应该大一点。

季理真:我知道真正要做伟大的东西、有影响的东西,必须要有原创性的东西,因为重复人家的东西不一定有多少影响力。问题是说,您刚才也说到胆子大能帮助原创,有哪些事情或者说有哪些方法可以让人变得更加有原创性？这是追求的目标，如何去达到它？

杨振宁：我觉得是这样，我可以跟你讲我自己的经验。我到芝加哥大学的时候，立刻就变成了系里头理论最好的研究生。为什么呢，因为我在昆明，在西南联大，最重要的是把两个领域都学得很好，一个是场论，这场论我是跟一个叫马士俊的学的，马先生现在在国内不太有名。

季理真：我没有听说过。

杨振宁：我觉得有人应该写一本《马士俊传》。马士俊大概是1913年、1914年出生的，他是北大的学士，然后到英国得了一个博士学位，他在英国的论文就是场论。当时场论还没有费曼图，那个时候有好多人在做，他回到昆明就开了一门课是场论。场论去念的人很少，我只记得有三五个人。他教得很详细，我对那个知道得很多。所以我到芝加哥的时候，不单是我的研究生没有我懂场论。我不止对场论的东西知道得很清楚，而且我吸取了他的精神，就不止比我的研究生要好。当时最好的最重要的理论物理学家是费米。费米是对场论有巨大贡献的人，可是他已经十年没搞这东西了，因为他做实验去了，所以他对于30年代、40年代初的场论已经（不了解了），所以我比他知道的多了。

季理真：他已经跟不上了。

杨振宁：那么我想我对于场论不只是一些具体的现象，对它的精神的了解，是我后来（领悟到的）。

季理真：做原创性工作。

杨振宁学习规范场论的动力

杨振宁：第一我有这个底子，第二那个时候实验有了一个新的刺激，产生了一个新的领域,叫做粒子物理学。什么缘故呢,就是因为有几个实验做出来,发现了一个新的宇宙粒子(cosmographic particle),叫作τ粒子,又发现一个粒子叫做V粒子。一下子几年之内弄出来了好些种粒子,大家就知道这里头有非常妙的东西,非常基本的东西,所以就想要研究它们之间的关系是什么,我也在研究。可是我跟别人研究的方法不一样,我希望把本来的场论改一改,变成可以表达这些新的东西。所以后来出了非阿贝尔理论。我同时代的研究生,他们都不向这个方向上搞。

季理真:因为他们的基础没有您好,对场论的理解(不如您)。

杨振宁:比如说戴森,戴森那个时候非常有名,就是50年代初。我刚才不是讲费曼的那个图他只会猜,不会证明,戴森给他证明了,所以戴森立刻就变成场论(领域)最有名的人。对于新的粒子用什么方法呢?戴森就做了一些研究。我回头给你一篇。

季理真:关于戴森的文章?

弗里曼·戴森对场论的探索

杨振宁:是戴森关于我的文章,在那篇文章里头他讲了他在50年代初做什么事情。他就带了一群学生,大算一阵,然后他觉得有结果,他就去找费米。因为那个时候大家公认既是理论物理学家又是实验物理学第一流的是费米,于是他就带了一些他的工作,到芝加哥去给费米解释。他的关于我的文章,我回头寄一份给你。他就讲了,跟费米讨论了以后,他就知道他走的方向完全错了。然后他讲了这么一句话,他说,我跟费米讨论了一个钟头,比我跟奥本海默十年所学到的还要多。事实上,从那以后他就不搞这东西,他就去搞统计力学一类的东西了。所以说你要问我,这是他的一个原则性错误,他不应该完全不搞这个。我觉得他也不应该不搞数学,因为他最早在这个,我听说他在做学生的时候……

季理真:做数论做得很好。

杨振宁:在剑桥有过一两个工作,关于数论。

季理真:非常好。

杨振宁:你也晓得这些文章?

季理真:我知道。我听说过,有点忘记了,以前的时候看过的。

诺贝尔奖背后的一些政治

杨振宁:他后来就对物理发生兴趣了,当然一鸣惊人的是证明了费曼图,这个绝对是诺贝尔奖水平的工作。我觉得没有给他,不公平。

季理真:对,有四个人,好像其他三个都拿了,就他没拿。有一本书 QED and the Men Who Made It(《量子电动力学及创造它的人》)。

杨振宁:他们可以给两个诺贝尔奖。而且你如果问我,他们给了施温格、费曼跟朝永振一郎,我觉得朝永振一郎的工作根本不能够怎么样。这个我想一部分是因为美国那个时候对于用原子弹炸了日本……

季理真:有点内疚。

杨振宁:有点歉疚于心,所以就……

季理真:弥补一下。

杨振宁:就给了汤川秀树一个诺贝尔奖(1949)。

季理真:是这个样子。

杨振宁:后来又给了朝永振一郎(1965)。如果从他的贡献讲起来,朝永振一郎远远不能跟戴森来比。

季理真：对，那我接下来就有这个问题，戴森是不是有一点失落？就是心里不是很高兴，因为他没有拿到诺贝尔奖。

杨振宁：你说他是不是觉得不高兴，他没得到诺贝尔奖？

季理真：对，有点失落，就是觉得很不公平。

杨振宁：我想他不可能完全没有。他是个绝顶聪明的人，他的文章写得很多，他这些文章里头讲话的口气是说他不在乎。不过你要问我，我想他还是在乎，他这人就是这样的，你见过这人吗？

季理真：在普林斯顿的时候我有可能见过，我去IAS（普林斯顿高等研究所）访问一年的时候可能见过。

杨振宁：你是什么时候在高等研究所的？

季理真：我是1994、1995年。

杨振宁：那个时候他已经……

季理真：退休了。

杨振宁：他是退而不休。他最近这些年，我觉得平均每一年就出一本书，他非常会写。

季理真：而且会写很多书评。

杨振宁：非常会写书评。你认识林开亮吗？

季理真：对，我知道，林开亮写了一篇关于他的文章。

杨振宁：林开亮写了一本非常好的戴森的小传，你看过吗？

季理真：对，我稍微翻了一下，我还没仔细看，回头再看看。

杨振宁：因为这个缘故，所以他就跟戴森有过一些邮件往来，戴森有一篇邮件上头讲了几句话，林开亮把它发表出来了。好像戴森说，我这一生三件最重要的事情，一个是……他三个最重要的事情，没有一个是学问。你要问我的话，他讲这话不是撒谎，是他自己分析的结果，可是我认为他是在欺骗自己。因为他不可能(没有失落),他是个绝顶聪明的人,我很早就知道。你知道剑桥大学有个叫做 Tripos(本科学生及部分硕士学生的学位考试)的考试?

季理真:对,我知道。

杨振宁:如果戴森参加 Tripos 考试,那我绝对不去参加,这根本没法跟他比。

季理真:Senior wrangler(考试第一名)是吧?

杨振宁:是。

为何博雷尔说科学奖有伤害?

季理真:因为我是看到一本书的序言里面戴森说了这么一句话,给我的感觉他心里面也不是很高兴。他说做数学家或者其他科学家有两类人,有一种解决一个很难的问题,一下成名;另外一种人开辟了新的领域、新的理论,长远来说影响很大。他觉得后者更重要,这是我的一种解释,因为他没有拿到一个很大的奖,虽然他的工作很显著。博雷尔有一次来密歇根大学作讲座的时候,就说所有的奖都应该去掉,为什么,因为它们让很多人很伤心,因为它使拿到的人觉得应该拿到,有很多人没拿到的话就很失落,为什么他拿到我没拿到。后来我的几个同事跟我说,是不是博雷尔有点儿在说他自己,因为博雷尔好像没有拿到过什么大奖。所以这两件事情我结合起来,好像戴森给我的感觉心里面是有一点不高兴,您刚才说对他真的也不是很公平。

杨振宁:我想我同意你的说法,不过我稍微跟你有一点不一样。我觉得他已经超过高兴不高兴这一点,他对他自己是感情的成分少了。而且他还有一些奇怪的地方,奇怪的地方是这样,我不知道你有没有看过费曼的书?

季理真:哪本书?是《别逗了,费曼先生》(Surely You're Joking, Mr. Feynman!)么?

杨振宁:对,你见过那本书吗?

季理真:我看过两遍,我特别喜欢,我觉得挺好玩的。

费曼其人其事

杨振宁:我不喜欢费曼这人。

季理真:因为他给人的感觉,他做什么事情都特别轻松。我觉得好像有些事,他给人感觉特别聪明,是不是?

杨振宁:他不是轻松,他不是一个正派的人,他是非常政治化的。

季理真:哦,是这个样子,是故意去创造这种的?

杨振宁:他跟施温格是同时代的人,他们两个人都是1918年出生的,所以在二十几岁的时候他们之间就存在非常激烈的竞争。他们是非常不一样的人,当时都是为费曼图,施温格是用传统的场论,费曼是靠猜,所以他们两个人后来同时得了诺贝尔奖。可是他们做人的态度完全不一样,我写过一篇关于施温格的文章。

季理真:里面有关于费曼的内容?

杨振宁:讲了费曼。

季理真:那挺好的。

杨振宁:你看了就知道我不喜欢费曼这个作风,他跟中国传统的做人是相反的。

季理真：对，他给人感觉就是非常 flashy（张扬）。

费曼对戴森不友好

杨振宁：对于他，没有什么东西叫做公平公正，他是没有这个观念的。我最不高兴的一件事情，也是我觉得很奇怪的一件事情，是关于戴森的。你如果看现在戴森所写的这些书，他再三地讲他怎么佩服费曼，而且是讲得非常厉害。你如果问林开亮，我想他会告诉你哪一篇文章里头戴森讲，好像说他崇拜费曼就像是圣人一样。可是费曼对他非常不好。我怎么知道费曼对他非常不好呢，因为有一年在哥伦比亚有一个会，我坐在吃饭的桌子上看见了伊西多·艾萨克·拉比，拉比比我大 20 岁，在 50 年代、60 年代是美国物理学界跟美国政府有密切关系的领导人，就是他替代了奥本海默。因为奥本海默在 1945 年到 1954 年之间是最有名、最有影响的美国物理学家，可是 1954 年你知道那个有名的传闻，所以他就失去了在政府里的影响，这对他的影响很大，然后就变成了拉比。那天我们在吃饭的时候我就讲起来，这件事情我想恐怕是 70 年代的事情，我就说诺贝尔奖没有给戴森是不对的，拉比立刻说他不同意，他说因为他问过费曼说戴森有什么贡献，费曼说戴森没有贡献。

季理真：是吗？

杨振宁：当时，我对费曼下这个结论非常震惊。因为第一，这个结论跟事实完全相反；第二，这个结论是非常费曼性格的。

季理真：对。

杨振宁：费曼是一个不讲理的人。

季理真：对，我看那本书我就感觉到，有几章，费曼特别看不起数学家,这个样子对Caltech(加州理工,California Institute of Technology)的数学系不好。

杨振宁:对,这句话对极了,因为他有统治欲。

季理真:对。

杨振宁:有人写了一本费曼传,费曼传已经有好几本了,其中有一本对费曼讲的都是些好话,可是中间讲了这么一句话。他说这个作者去访问了费曼在加州理工学院的一些同事,其中有一个人叫做什么名字来的,是一个实验物理学家。那个实验物理学家说,我们都有点怕费曼。

季理真:对,加州理工学院的数学系上不来,就是费曼的责任,我觉得是这样的。

杨振宁:因为费曼觉得数学没有重要性,凡是需要用的数学我都可以发明出来。

季理真:对。那我们接着说,刚才我们说如何变得比较有原创性。

费曼最重要的贡献

杨振宁:我想说费曼有原创性,这是没问题的。而且他的最大的贡献其实不是这个,他最大的贡献是路径积分。

季理真:不是费曼图?

杨振宁:路径积分,我想是抓住了量子力学真正的精神。可是这个东西到现在为止,搞数学的人还没弄清楚。

季理真:现在在我们数学上很麻烦,因为你在一个无限大的空间上算积分,如何减少到一个有限维,这怎么搞,这是个很大的问题。

杨振宁:你知道第二次世界大战以前,30年代,狄拉克的书里有了

delta 函数。

季理真：对。

杨振宁：这个 delta 函数当时数学界是不能接受的。可是打仗的时候跟打仗以后，洛朗·施瓦茨把它变成了分布理论（distribution theory）。他因这个成就得了菲尔兹奖。可是把 delta 函数变成分布，这个困难的程度不能跟路径积分相比。路径积分里头就是一个 i 的问题。action（作用）的点上有个 i，就变成了 phase（相位），如果没有那个 i，概率论专门要研究的。可是，有 i 跟没有 i，这是一个不能逾越的困难，我想这里头有非常深刻的东西。

季理真：对，没有 i 的话收敛比较简单了。

杨振宁：没有 i 的话这个数学就很简单了。

狭义相对论：爱因斯坦、洛伦兹和庞加莱

季理真：对。我们接着说，我这里还有个问题，关于原创性。大家都同意，爱因斯坦是很有原创性的，问题是哪些方面让爱因斯坦变得这么原创？

杨振宁：很多方面，他不只是原创了一个。

季理真：对，有哪几个因素您可以说一下，为什么爱因斯坦的想法就是这么原创。

杨振宁：第一个重大的原创是，我写过一篇文章，相对论这个名词不是爱因斯坦发明的。

季理真：是洛伦兹，还是谁？

杨振宁：是庞加莱。

季理真：庞加莱，对。

杨振宁：狭义相对论中的洛伦兹变换，不是爱因斯坦发明的，是洛伦兹发明的。所以这些东西当时已经都有了，我有篇文章一会儿发邮件给你，我说的就是洛伦兹有这个数学，可是他不懂这个数学。他那个变换里头从 T 变成了 T'，他认为这 T' 是一个，他起了个名字，是 virtual time（虚时间）还是什么。简单讲起来，爱因斯坦做了什么，爱因斯坦做的是 T'，不是虚时间，就是另外一个人的 T，就是两个人不同的 T。

季理真：那相对论就出来了，因为是不同的人。

杨振宁：所以换句话说，爱因斯坦在洛伦兹的数学里头引进来这个观念，讲出来他的意思，这个是洛伦兹没懂的。洛伦兹后来在晚年的时候还说，这是他失败的地方。我的关于爱因斯坦的文章，引用了1904年庞加莱的文章。庞加莱说，什么叫相对论呢，就是不同的观测者，他们所观测的东西是不一样的，就是这个人量一个东西是多长，并不等于那个人所量的东西是多长，可是他们得出来的 law（律）是一样的，这叫做相对论。这话你从现在看起来绝对是对的，可是他不懂这个意义。

季理真：物理意义。

杨振宁：他是哲学意义上的正确，他讲出来相对论的哲学，可是不能落实出来。爱因斯坦是把这两个合在一起，所以我的文章说是 Poincaré got the philosophy，Lorentz got the mathematics，可是，是 Einstein got the physics。（庞加莱悟出了哲学，洛伦兹悟出了数学，爱因斯坦悟出了物理。）

季理真：是，最本质的东西他抓住了。

杨振宁：等到大家懂了以后，才知道这个妙不可言。我想是这样，因为庞加莱跟洛伦兹都是当时最重要的人物，爱因斯坦还是一个无名小卒，这个很厉害。后来他的第二个重大的(原创)工作也许更重要,这是爱因斯坦晚年自己说的,这是他唯一的革命。1905 年,他说电磁是粒子,光是粒子。那个时候人家一定认为这是乱讲,为什么呢,因为有 interference(干涉)在那里,干涉现象已经在 19 世纪做出来了,忽然你现在说这是粒子,这个简直是旁门左道。所以还有一个非常有意思的事情,你知道吗,就是到了 1913 年的时候,他已经因为广义相对论的关系,大家知道这人是一个不得了的年轻人,所以马克斯·K.E.L.普朗克就想要把他从苏黎世请到柏林去,就给柏林的院长写了封信,希望学院请爱因斯坦来。他有这么一段话,他说这个年轻人在各种领域里头都做出来第一流的工作,然后忽然一转,说当然他也有时候做出荒唐的东西来,比如说是关于光,他说,不过我们应该容忍他可以稍微有一点错误,这个就是光。然而爱因斯坦不为所动,到了 1916、1917 年的时候,他又写了两篇文章,把这个 particle view of photon(光的粒子观点)更落实了。那个工作就是 laser(激光)的鼻祖,induced radiation(诱导辐射)就是从那里头来的。

季理真:是吗?

杨振宁:所以他对光的了解是非常深的。然后第三个(重大的原创)是 1924 年,有一个年轻的印度人叫萨特延德拉·纳特·玻色,今天玻色之所以有名,是因为 Bose-Einstein(玻色-爱因斯坦)。

卡伦·乌伦贝克的公公

季理真:Bose-Einstein,对,听说过,我不知道他的故事。

杨振宁:这个 Bose-Einstein 是怎么连在一起的呢? 玻色写了一封信给爱因斯坦,他说我写了一篇文章,寄到英国,他们不肯发表,可不可以请你把它翻译成德文,在德国发表。这个人有点唐突,结果爱因斯坦真的就把它翻译成了德文在德国的杂志上发表,用玻色的名字发表,可是在底下加了脚注,说是这篇文章我觉得很有意思,我想就这个话题多说一点。然后就连着发表了两三篇文章,用了玻色这个想法,因为玻色讲的事情是关于光。我想玻色很有见解,他知道爱因斯坦会对光发生兴趣的,他用了另外一个方法去研究光,就是讲光的统计。他大概看出来了这篇文章爱因斯坦会发生兴趣,果然是对的,他这点很有见解。结果爱因斯坦看了以后说他的这个想法很对,可是为什么只用到光,不用同样的方法来处理物质粒子?所以他就说物质粒子用了玻色的方法来算的话,要出一个冷凝的现象。什么叫冷凝呢,就是那种粒子没有 interaction(交互)也可以变成液体,也可以从气体变成液体。这文章出来以后,所有的物理学家都认为爱因斯坦糊涂了,没有 interaction 怎么能够,那时候觉得液体就是因为有吸引力,没有吸引力怎么能够变成液体呢。比如说他的一个好朋友,保罗·埃伦费斯特,是在 Leiden(莱顿),后来自杀了的,是一个维也纳犹太人,可是后来长期住在莱顿,是爱因斯坦的好朋友。他教他的学生,叫做乔治·乌伦贝克,就是卡伦·乌伦贝克的公公。

季理真:哦,后来他来到密歇根了。

杨振宁:卡伦·乌伦贝克现在在哪儿?

季理真:她现在已经退休了。

杨振宁:本来呢?

季理真:本来在 Texas(得克萨斯)。

杨振宁:卡伦·乌伦贝克是乔治·乌伦贝克的媳妇,乔治·乌伦贝克是莱顿大学的研究生,于是他的论文导师就指派他写一篇文章指出来爱因斯坦是错的。乔治·乌伦贝克后来很多人认为他应该得诺贝尔奖,因为旋是他最先发现的。可是到了我做研究生的时候,到了我做博士论文的时候,到了50年代、60年代的时候,已经知道爱因斯坦并没错。可是他这个冷凝变成没有interaction的东西,可以变成液体,叫做Bose-Einstein冷凝,大家认为是不可能达到的,因为需要很低的温度。可是这个最终在90年代达到了,所以到了90年代Bose-Einstein冷凝就变成现实了,连得了好几个诺贝尔奖。所以爱因斯坦他有一个本事,能够钻到最里头,把一个大家都没想到的东西给翻出来。

季理真:对,现在问题是这个样子,爱因斯坦这么有原创性,大家能不能从他的工作和方式里面有一些……

爱因斯坦和广义相对论

杨振宁:我还没有讲广义相对论。

季理真:对,这是后面。

杨振宁:广义相对论是怎么来的呢,因为狭义相对论出来了以后,并没有对称的观念,结果苏黎世那个有名的数论家……

季理真:是什么方面的?赫尔曼·闵可夫斯基?

杨振宁:闵可夫斯基就写了一篇文章,说是爱因斯坦的这个狭义相对论有对称,就是SO(3,1)。爱因斯坦刚一看见这以后,就写了一篇文章,表示不喜欢这个,他把闵可夫斯基的对称的思想给了一个名词,叫做unnecessary subtle(不必要的伎俩)。

季理真:是吗?

杨振宁:可是过了一两年以后,他想过来了,他不再觉得这是不必要的。而且他晚年回忆那个时候,说过了一两年才懂这个对称非常重要,然后他认为要把它变得更扩大,所以他要找一个公式,这个公式写出来以后随便用什么变换得出来的新的公式,还是跟原来的公式是一样的。从1907年到1914年他就专门研究这个,其间马塞尔·格罗斯曼帮了他一下,最后他得出了广义相对论。这个当然也是另外一个他厉害的地方。

季理真:对,让他大出名的东西。现在我觉得,很多人会感兴趣的东西是什么东西,您刚才也稍微提了一下,现在您能不能总结一下是什么东西让爱因斯坦这么有原创性,能看到其他人看不到的东西?大家如果想学得比较原创性一点的话,有什么可以借鉴?

杨振宁:我想这个就像大文学家,像李白跟杜甫,他们怎么就会……

季理真:天赋,这跟天分是有关系的。

杨振宁:我看人的脑子是很奇怪的。

季理真:那就是天生的。

杨振宁:对,当然。奇怪的就是上帝没有创造一个脑子,而是创造了无数个脑子,可是多半的脑子没有这个特点。

季理真:下面这个问题,大部分可能跟数学的关系比较多一点,因为数学比较重要。对一般的学生来说,读书,一种是教科书,一种是课外书,那这两种书的重要性,还有它们的区别,您觉得如何?

杨振宁:我觉得是这样,如果你的目的是希望培养出来一个,比如说第一流的数学家,那我想……

季理真:这些都不重要?

如何训练一流的学生

杨振宁:怎么能够培养出来第一流的人,我认为第一,一个必要条件是他得有天分。怎么有天分，这当然是另外一个问题。所以这个问题其实是：对有天分的小孩，你应该怎么最好地培养他。换句话说，有天分是一个必要条件。对有天分的小孩，我觉得早年帮他培养他的兴趣是最好的。比如说戴森，我觉得就是，他写了这么多书，这些书你看了以后都非常佩服，可是我想……

季理真：他影响不大。

杨振宁：在人类的历史上没有永久的价值，而我觉得他完全是有可能做出来绝对第一流的、可以流芳千古的（工作），你知道，我喜欢用杜甫的"文章千古事"，就是一篇文章要流传一千年，我觉得戴森完全可以做出来流芳千古的数学工作，可是他没做出来。

季理真：所以是他的重点搞错了。

杨振宁：因为他本领很大，兴趣太广，所以就走到别的方向去了。

季理真：对。马克西姆·孔采维奇您应该知道，因为孔采维奇也拿了一个邵逸夫奖。三年前在三亚，有个学生讨论会是我组织的，请他来。后来我们一起出来的时候他就跟我说，他的老师是盖尔范德，当孔采维奇是他学生的时候，盖尔范德希望他们常常背着欧拉的全集之类的东西。

杨振宁：莱昂哈德·欧拉？

季理真：对，把欧拉的全集背在身上。盖尔范德是这么说的，我不要你们去念欧拉的全集，我是希望你们背着欧拉的书，欧拉的精神会渗透你。您对这个怎么看？我觉得听起来是有点玄。

杨振宁：我想他的目的就是要讲一个玄的话，而且是有道理的。

季理真：是有道理啊？就是说你要跟欧拉学，还是怎么样？

杨振宁：我想这个与人的脑筋有密切的关系，曾经有一个方向的探索是欧拉最会搞的。盖尔范德认为你一定要学会这个，不是你把欧拉的工作一个一个都证明对了就能够得到的,他这个是 somehow you have got to get the spirit(无论如何要你全力去领悟其精神)。

我觉得盖尔范德这句话的意思就是这样。盖尔范德在数学界当然没有问题,绝对是第一流的。

季理真:对,他地位非常高。

杨振宁:不过他做的什么东西是"文章千古事"的?

季理真:对,没有一个是简单的东西,盖尔范德做得非常的广。我对他不是很熟,他做的东西很多很多,比如说自守形式里面尖点形式(cusp form)好像也是他做的。您刚才说施瓦茨做的分布理论,盖尔范德在分布理论方面也做了很多东西,他有六大本书,其中有一本《广义函数》(*Generalized Functions*)。

杨振宁:他都是在分析(领域)?

季理真:都是和分析有关,和群表示论有关。

杨振宁:他也做拓扑吗?

季理真:拓扑,比如说阿蒂亚、辛格证明的指标定理,首先是盖尔范德猜测提出这个问题,它的这个指标应该是拓扑不变量,如何去找到。

杨振宁:你说盖尔范德已经有指标的观念了吗?

季理真:有。

杨振宁:已经有了?

季理真:因为在泛函分析里面有个 Fredholm 算子(弗雷德霍姆算子),用来算核的维数与余核的维数之差。因为他知道这个 Fredholm 算子的指标稍微扰动一下是不变的。他已经知道应该有这种定理,所以阿蒂亚、辛格就把它证明了。某种意义上盖尔范德也是有贡献的,因为他明确讲过这个东西应该是一个拓扑不变量。像亚历山大·贝林松也是,现在是他的学生,上次他跟我讲,盖尔范德的很多东西都是跟人合作的,因为他有些想法要人家去做。您如果要我具体举一个例子,我不是很清楚,反正他做了很多,很多领域他都能打开大家的眼光看一些东西,这种影响应该很大。

杨振宁:对。比如说我问你,你觉得从长远的历史讲起来,盖尔范德的影响大,还是冯·诺依曼的影响大?

季理真:数学上?

杨振宁:嗯。

季理真:应该是盖尔范德吧。

如何比较盖尔范德和冯·诺依曼

杨振宁:你觉得盖尔范德比冯·诺依曼影响大?

季理真:对,因为冯·诺依曼在数学上最出名的是冯·诺依曼代数,这个在数学上我觉得比较有限。有些做冯·诺依曼代数那方面的人,他们当然认为这个很重要,但比如你去问其他数学家,大家的看法是,阿兰·科纳现在就发展到非交换几何。

杨振宁:博弈论就是他发现的。

季理真:对。冯·诺依曼当然也是影响很大的,我想冯·诺依曼的影响也是很大范围的。这就是评价一个东西很重要,这个也是我后面的一些问题,我总共准备了39个问题,现在才问到第三个问题。

杨振宁:我告诉过你没有,我跟冯·诺依曼是怎么认识的。因为冯·诺依曼他喜欢大聚会,那么大聚会有很多饮品,我不大喝饮品,我去他家,他喜欢讲故事,很多是黄色玩笑,他喜欢讲黄色玩笑,讲完了大笑。

他这人当然是一个绝顶聪明的人,因为他记忆非常好,所以也是一个很有意思的人。我是1949年去高等研究所的,我觉得那个时候他已经跟研究所别的数学家很客气了,因为他那时候是在搞氢弹。

季理真:是不是也做那个超级计算机?

杨振宁与单位圆定理

杨振宁:这两件事情是有关系的,因为要做计算机就是与这个氢弹有关系,那个是他主要做的。我觉得他已经没有数学的工作了,我觉得是没有,而且我不觉得他跟迪恩·蒙哥马利或者塞尔伯格他们有很多的讨论。不过我去找了他一趟,原因是我跟李政道偶然发现了一个定理,这个定理现在很有名,是小小的一个定理。

季理真:什么方面的?

杨振宁:是一个高中代数定理,现在叫做单位圆定理,你晓得这个定理吗?

季理真:我不知道。

杨振宁:你知道一个很有名的人在巴黎的研究所,叫做大卫·吕埃勒吗?

季理真:对,我知道他的名字。

杨振宁:你知道这个大卫·吕埃勒?

季理真:他写过一个数学证明,热力学,zeta 函数。

杨振宁:复杂性什么的,他做得很有名的。他写了一本小书。

季理真:*The Mathematician's Brains*(中译本《数学与人类思维》)。

杨振宁:对,那个书里头就有一章专门讲单位圆定理。这个单位圆定理是这样,我跟李政道在研究统计力学问题,是说假如有 n 个旋,它们互相有 interaction(交互),那么它的性质是由一个多项式确定的。这个多项式你给了 n 个旋,彼此之间是怎么 interact 的,讲出来了以后,就有个多项式,我们当时就专门研究这个东西。我们先研究两个旋,就发现了假如这个 interaction 是相互吸引的话,这个多项式是个二次的多项式,它的根就在单位圆上;假如它不是相互吸引的话,它(的根)就可能不在单位圆上。然后就变成 3 个旋,假如它的 interaction 都是相互吸引的话,所有的根都在单位圆上。我们说这个好,所以我们就做 4 个旋、5 个旋,当然旋越多根就越多,因为多项式的阶数是等于粒子的数目。我们做到了四五个以后就得到了一个猜想,说是原来只要 interaction 是相互吸引的,不管有多少个根都是在单位圆上。这就是现在所谓的单位圆定理。可是这个不会证明,只是试一试,于是我们想了好几个礼拜以后就去找人了,我记得找了冯·诺依曼。后来冯·诺依曼说,多项式的根都在单位圆上,这是数论里头很喜欢讨论的问题。他说我介绍你们去看一本书,是哈代的,叫做《不等式》。

季理真:对。哈代、利特尔伍德和乔治·波利亚写的。

杨振宁:是有这么一本书。

季理真:有,很有名的,三个人写的。

杨振宁:我们就去把这书拿来看,它就告诉你,一个 n 阶的多项式有哪些,我的印象是充分条件,它这个根都在单位圆上。可是糟糕的是,n 阶的多项式这个充分条件说是所有的根都在单位圆上是 n 个不等式。好,$n=2$ 的时候我们会证明这个不等式,$n=3$ 的时候也会证明这三个不等式,可是当 $n=n$ 个时就没办法,所以完全没用处。这是我唯一一次找了(数学家),我在高等研究所的 17 年只有过一两次是请教数学家数学问题,一次就是这个,结果没有结果。另外一次是有结果的,后来我在文章里还写了他,是哈斯勒·惠特尼。这是60年代,我在研究个东西,就觉得有一类的等式,我猜想它一定有根,就去找惠特尼。他告诉我说是有指标定理,我就检查那个指标定理,果然我所写下的等式符合那个指标定理,所以就可以得到有根的结论。这是一次成功的请教。别的没有,只是60年代,我找了博雷尔。我是不是告诉过你那个故事?

季理真:对,讲李群的东西。

杨振宁:对,结果他给我们几个物理学家讲了不动点定理,很漂亮。最简单的那个不动点定理是20世纪初年的,是不是?

季理真:那是路易森·E.J.布劳威尔,是不是布劳威尔?

杨振宁:对。是20世纪的?

季理真:对,20世纪初。

杨振宁:是庞加莱之后。

季理真:对,布劳威尔比庞加莱稍微晚一点。

杨振宁:庞加莱所研究的拓扑是比较复杂的。

季理真:没有,他这个也是代数拓扑,布劳威尔的也是。布劳威尔的故事也挺有意思的,这您知道,他是对这种数学基础感兴趣,他要证明也是有能力的,就是我做一点数学给你看看,然后他在拓扑上做了几件很出名的东西,后来又回去(做原来的事)了。您刚才说的冯·诺依曼,冯·诺依曼后来在数学上挺凄惨的。您知道1900年希尔伯特提了23个大问题,后来一九五几年一个国际数学家大会的时候,他们说请冯·诺依曼,当时最大牌的数学家,叫他也来提一些数学的问题,也告诉大家数学专家现在全貌怎么样。大家期望很高,所有的房间都坐满了人。冯·诺依曼来了以后,好像也没什么准备,也没有讲什么问题,老是讲他的一些老的东西。讲完了以后,整个房间没有什么反应,后来冯·诺依曼低头就走。大家很失望,他也很失望。

　　杨振宁:是吗,我不晓得这故事。

　　季理真:对,我听说了。

　　杨振宁:我想那个时候你讲的是 1950 年,是不是?

　　季理真:对,他当时已经……

　　杨振宁:我想他已经是在搞氢弹了。

乌拉姆和冯·诺依曼

　　季理真:对,已经不做数学了。但他的名望在那里,所以当时大家期望很高,我记得是有这个印象。还有我念过乌拉姆的一个传记,里面写了冯·诺依曼,您说他很喜欢搞聚会,后来他老婆被他的一个助理骗走了,他很伤心。他好像是为了让他的老婆高兴,整天搞聚会,他的一个助理常来,后来把他老婆骗走了。

　　杨振宁:乌拉姆跟冯·诺依曼的关系……

　　季理真:很复杂。

　　杨振宁:石溪有一个比我年轻十几岁的数学家,叫罗纳德·G.道格拉斯,你知道这人吗?

　　季理真:我知道。

　　杨振宁:他后来到得克萨斯去了。

　　季理真:对。

　　杨振宁:现在还在不在我不知道。

　　季理真:还在。

杨振宁：他就非常不满意乌拉姆，乌拉姆有文章还是书讲冯·诺依曼，我记得道格拉斯极为不满意。道格拉斯非常佩服冯·诺依曼，他觉得乌拉姆讲的是完全没有道理的。我是不是告诉过你，乌拉姆自己就是很奇怪的一个人。

季理真：对，我看过他的一些文章。

杨振宁：吉安-卡洛·罗塔写过一篇文章，讲乌拉姆的。

季理真：对，我以前读过。乌拉姆还有个自传。道格拉斯为什么这么佩服冯·诺依曼我也可以理解，因为他是做 C^* 代数，冯·诺依曼代数的。所以说行内的人对冯·诺依曼就很看重，但是你要问其他外面的人就很难说。

杨振宁：所以我想是不是可以有这样一个结论，一般的数学家觉得冯·诺依曼的数学天才没有完全发展出来。

季理真：对，因为他太早地离开了数学，而且他死得很早。他很了不起。我还听说这么一个故事，您知道波利亚在苏黎世理工大学教书时，他每天上课之前都要看看冯·诺依曼这个学生在不在，他一在就害怕，因为这学生太厉害，实在是把他搞得很难堪。波利亚也是一个绝顶聪明的人。

杨振宁和没有成名前的拉乌尔·博特

杨振宁：数学家是有一些奇怪的地方，我给你讲两个故事。一个是我在高等研究所 17 年，奥本海默是 1947 年去的，他刚去的时候他那个小女儿还要进幼儿园，他太太就组织了一个小的高等研究所的小孩的幼儿园，后来我的三个孩子都上了那个幼儿园，所以我们跟那个幼儿园的老师也很熟。那个幼儿园的老师有一天讲，她那个幼儿园很小，我想大概通常只有20个幼儿园儿童,她说,我们这个学校里常常有得焦虑症的小朋友,她说我知道所有这些有焦虑症的小朋友的父亲都是数学家。这个话我想有道理,因为数学家有点奇怪,数学家跟物理学家不一样,他比较爱钻牛角尖。他如果钻牛角尖,对他孩子的处理办法就有时候……所以数学家的孩子不容易融入社会。我还要告诉你一个故事,博特的年纪跟我差不多,他去哈佛大学之前在高等研究所待了几年。1955年我已经在高等研究所成了教授,我的那个老大她在那个幼儿园里头,他的小孩也在幼儿园里头,那个幼儿园礼拜六、礼拜天要让小孩的家长去帮忙修理东西。比如说有个秋千架子坏了,要人修理,所以我有个礼拜天就去修理,博特也去修理,就这样我们认识了。我们虽然认识,但没怎么讲过话,那一次就讲话了。我记得非常清楚,因为他那时候还没有获得终身教职,还没去哈佛大学,所以他大概有点嫉妒。他说你获得终身教职感觉如何之类的话,那时候我想他还没有做出来他最重要的工作,他最重要的工作可能是到了哈佛大学以后才做出来的。

季理真:没有,到了密歇根大学。

杨振宁:他先到密歇根大学,后到哈佛大学?

季理真:对,因为他在哈佛大学的时候他做过那个博特周期,后来成名。我还听说这么一个故事,后来他做了这个工作以后……

杨振宁:他本来是搞电气工程的,是不是 Carnegie Mellon(卡耐基梅隆)?从那儿到高等研究所,在高等研究所转到数学,然后去了密歇根。

季理真:对。是这样的,外尔去卡耐基梅隆做了个讲座(colloquium talk),是博特的导师请外尔去讲的。然后博特去吃饭,去吃 colloquium dinner(学术讨论会晚宴),博特和他的导师做了一个电子电路的定理,可能是图论方面的,讲给外尔听。外尔听了以后觉得很不错,鼓励他去高等研究所。后来他去了密歇根,在他好的工作做出来了以后,哈佛给了他工作机会。博特就问他爸爸怎么样,他爸爸就说,像我们这样的家庭,你不能拒绝来自哈佛的工作机会。您刚才说数学家和物理学家的区别,这个也是我其中的一个问题,因为我也有这样的亲身经历。我是1994年8月份去IAS(普林斯顿高等研究院)访问一年,我第一天到的时候……

杨振宁:你说1994年?

季理真:对,1994年。

杨振宁:你已经有博士学位了。

数学家和物理学家的不同

季理真:对,我是以博士的身份去访问的,我是短期的,就是去一年。我们去了高等研究所那个 Fuld Hall(全厅)的建筑,有个保安在那儿,因为要去取钥匙什么的。保安这人有点奇怪,他见了我以后说你先不要告诉我你是哪一个学院的,这我可以猜。我说数学家和其他的有什么区别么?他说有的,数学家有一点奇怪,就是有点疯狂。他说物理学家比较正常,然后他说历史学家更像学者。您觉得他这个评价基本上正确,是吗?后来我回来跟我父母说起这事,我爸爸就说你们数学家是有点怪。

中国的数学家不怎么古怪

杨振宁:你要讲起这个来,我认为中国的数学家不怎么古怪。

季理真:是吗?

杨振宁：比如举个例子讲，美国数学家变成大学校长的非常少，中国数学家变成大学校长的非常多。事实上，你要问中国从开国以来大学校长有百分之几是念数学的，百分之几是念物理的，百分之几是念生物的，念化学的？我疑心数学是最多的。

季理真：是什么原因呢？

杨振宁：这是什么原因呢，是因为第一，中国人对于数学这个观念，都是从大众认知和学生自己的看法得来的，跟西方不一样。中国有些大学校长，数学家大学校长是规规矩矩念出来的；美国奇怪的学者，很多是数学家，所以他们不会变成校长，他们也不想做校长，社会也不要他们做校长。

季理真：对，比如最近闹得轰轰烈烈的，像格里戈里·佩雷尔曼，您看他多奇怪的一个数学家。还有亚历山大·格罗滕迪克，您听说过？

杨振宁：是。

季理真：对，您看这也是绝顶聪明的人，但很怪。

杨振宁：这个我想与整个中国的风俗习惯，就是中国的文化传统有关，因为儒家的文化传统，不希望人变成奇怪的，很有关系。

季理真：有时候原创性和奇怪是连在一起的。我想问您的一个小问题是，你们物理学界有没有这种奇怪的人？

杨振宁：物理学家？

季理真：对。

杨振宁：当然了。

季理真：您举几个例子。

杨振宁：费曼。

季理真：费曼。比起佩雷尔曼来说，费曼很圆滑、很能干，把自己的粉饰得很好,而佩雷尔曼就没有。

杨振宁:你所谓的奇怪,是不是说陈景润那样是奇怪?还是说格罗滕迪克,你讲的是哪个?

季理真:说奇怪,我给您举例子,像佩雷尔曼。

杨振宁:谁?

季理真:佩雷尔曼,解决庞加莱猜想的那个人。

杨振宁:对。

季理真:我想他跟费曼就完全不一样,费曼给自己塑造了一个非常好的形象,但佩雷尔曼不会这么做,我想格罗滕迪克也不会这么做。

杨振宁:物理里头没有陈景润这样的人,物理里头也没有格罗滕迪克。

季理真:我的感觉是,物理学界的人好像比较懂得人情世故,尤其是知道情感,数学界有的人有点不食人间烟火的样子,是吧?

杨振宁:对。

季理真:好,我们接着说,第三个问题,我们39个问题的第三个问题。我们刚才说起学生,这个有联系吗?中国的文化,西方的文化,什么是好学生,什么是不好的学生?您接触的人很多,我想不能说光看成绩,当然这也挺重要,就是学生求学的时候如何成为一个真正意义上的好学生?您是怎么看这个问题的?

中国和西方的价值观

杨振宁:我想这有很大的区别,中国文化传统里头的价值观和西方的价值观大不一样。这个我也可以给你一篇文章,你看一下。中国人因为受儒家传统的影响,要有一个形象,这个形象最高的是君子。今天我想在中国大陆,或者在台湾地区,或者在香港地区,要讨论一个年轻人的成绩问题,在大家讨论的时候,对于这个人做人的态度好不好,比在西方要看重得多,而西方在这方面比较不够重要。我有一篇文章是关于费米的,我会寄给你,就是讲了我很佩服费米这个人,不只是他的学问,还有他做人的态度。

季理真:对,我记得他为了帮您一起做一个规则,去估算东西,是吧。对,我觉得他是非常友好的。

杨振宁:对,我那篇文章里有一个故事,这个故事给了我一个很深的印象。就是在 50 年代的时候,在奥本海默还是非常重要的时候,那时他是美国的一个有权势的政府(机构)的顾问,叫做 general advisor committee,GAC(总顾问委员会)。GAC 是为美国政府的所有关于核能跟核武器项目提供咨询意见的一个机构,所以在那个时候,在 40 年代末、50 年代是最有权势的一个机构。我记得很清楚,奥本海默是这个委员会的主席,有一天他去看了费米,回来跟我讲,因为他知道我跟费米关系很深,他说我刚去看了费米,因为他在这个 GAC 的会员到期了,我劝他再继续,他不肯。我劝了他半天以后,他最后说,你知道,我在这些事情上不总是相信我的观点,所以我就不好意思再劝说了。奥本海默把这个故事告诉了我,我把它写在这篇文章中。这种在这么重要的委员会要请他继续下去的情况,美国一般的人都是巴不得要继续下去时,费米(都坚持原则)的这个精神,是中国传统里头做人的最高原则。所以在这一点上,我说费米是一个儒士。而美国的传统里头不讲究这种儒士。于是就有问题了,是不是太讲究儒士对于学术研究的突破不利,我觉得这是非常重要的问题。我觉得可能,就是把人太约束起来了,要人做一个正派的人,对整个人从最开始起就有一个约束,自我检讨得太厉害了。而美国不讲究这个自我检讨。

季理真:我觉得爱因斯坦肯定不是这样的人,是不是?您怎么猜测。

爱因斯坦的为人

杨振宁:据我所知,爱因斯坦的为人,除了他跟女人的关系以外,并不认为他一定是做得不好,至少我没有觉得。我想爱因斯坦不是一个有野心的人。

季理真:我为什么提这个事情,因为我最近看了一篇斯诺写的爱因斯坦的短的传记。

杨振宁:是谁写的?

季理真:斯诺,这个人也写了哈代的那本书的前面一个序言。

杨振宁:这是什么时候的?新出来的吗?

季理真:挺老的,60年代的,斯诺。

杨振宁:60年代?

季理真:对。

杨振宁:你说查尔斯·珀西·斯诺?

季理真:对,查尔斯·珀西·斯诺写的爱因斯坦的传记。

杨振宁:对,那个别提了,那个写得不好。

季理真:写得不好啊?他把爱因斯坦描写得令我很惊讶。

杨振宁:因为他根本不懂爱因斯坦。

季理真:是吗?

杨振宁:斯诺写哈代写得非常好。

季理真：对。您说写爱因斯坦写得不好？

杨振宁：我记得你讲的是有一个小说，叫做 Varieties of Men（《人的多样性》），就是查尔斯·珀西·斯诺写的，里头关于爱因斯坦是最蹩脚的一篇。

季理真：因为他写的令人惊讶，我看到一段……

杨振宁：因为他没有懂爱因斯坦。我觉得他既不懂爱因斯坦的物理，又没有懂爱因斯坦的做人。不过查尔斯·珀西·斯诺写哈代确实是非常好。

季理真：对，我们以前都知道哈代，因为他很有名，后来看到这本书。您刚才讲到爱因斯坦和女人方面不是很好，这本书里面，在他传记里面也提到，说爱因斯坦的第一个太太不怎么漂亮，爱因斯坦为什么会娶她。您可以去看，我看了也是很惊讶。

杨振宁：这个其实大家都知道原因。

季理真：是吗？是什么原因？

杨振宁：因为他们是同学，他在追求他太太的时候，从他有些书信上面也可以看出来他那时候是什么想法。他觉得他跟他太太结婚以后就可以整天讨论物理，所以他看中了他太太的这一点，是因为他太太当时大概跟他讨论物理很投机。

季理真：斯诺说的完全不是这个样子。

杨振宁：我倒不记得了，我只记得我看过的那本书里头，我不记得剩下的还写谁了，我只记得写哈代写得非常好，写爱因斯坦写得非常坏。

季理真：对，他在里面还写了斯大林。他写得很令人惊讶，没有谁这么说爱因斯坦，说他这个人身体很壮，然后说他的欲望方面特别强什么的。这方面我看了也是很惊讶，说爱因斯坦看起来身上的肌肉特别强壮。

那好的,您刚才说得挺好,怎么做好的学生、好的人。已经快 6:00 了,您什么时候要走?

  杨振宁:对,我得回去了。下次再聊。

第三次访谈

访谈时间：2017年3月6日
访谈地点：清华大学高等研究院
采访人：季理真　王丽萍
录音记录：王丽萍
整理：彭程　王丽萍　季理真

在访谈开始之前,我们和杨先生讨论了关于模函数和模群的数学问题,这是数学中最美的部分之一。在19世纪,每一个有能力的数学家都想致力于椭圆函数和模函数的学习和研究。例如,高斯是首先研究这个方向的数学家,他的著名的著作激发了阿贝尔和雅可比关于椭圆函数和阿贝尔积分的工作,阿贝尔就是因此出名的。魏尔施特拉斯从事相关研究后由一名高中教师变成了柏林大学教授,黎曼一生中最著名的著作也与此有关,并使魏尔施特拉斯沮丧了好多年。阿贝尔和雅可比,黎曼和魏尔施特拉斯的学术之争都是卓有成效的例子。当然,庞加莱和克莱因著名的学术之争是和自守函数有关,自守函数是椭圆函数的推广,费马大定理的怀尔斯解也依赖于它。难怪杨先生这么大年纪还想学这门课。但这个有关数学的对话只是个开始,接下来,我们讨论了为什么吴健雄没有获得诺贝尔奖;而学者们在普林斯顿的高等研究所,最纯净的象牙塔,尤其是安德烈·韦伊,是如何和其他数学家竞争的;还有华罗庚与西格尔、杨振宁与费曼之间的学术之争,他们是最重要的物理学家和数学家。访谈还讨论了诺贝尔和几个女子的爱情故事,以及生命的意义,宗教和科学的关系。

讨论椭圆函数和模函数

杨振宁：给一个小长方形，发现可以有一些函数，它是重复的，叫做模函数。

季理真：不是，它叫做椭圆函数。

杨振宁：是椭圆函数？是椭圆还是模？

季理真：还有一步，你可以有很多的离散群，所有这些群组成一个空间，是个模空间。

杨振宁：是一个交换群？

季理真：对，你考虑所有的交换群放在一起，所有东西放在一起形成一个模空间，模空间上面的函数叫做模函数。

杨振宁：好，然后下一个就是上半平面，然后用了一个离散的有限群分割，变成了一块一块的，很奇怪的一个……

季理真：Hyperbolic，双曲的。

杨振宁：外尔就很欣赏这个东西。这个里头的模函数，就是群下的变换，是不变的，是变成了一块一块都是同样的东西。这个发展是不是因为广义的椭圆函数？

季理真：听起来是对的，您还能再解释一下么？

杨振宁：换句话说，他用了一个变换，是 z' 等于 $(az+b)/(cz+d)$。为什么要研究这个变换？

季理真：是这个样子，因为你这个时候，SL$(2, \mathbf{Z})$，比如说你给定一个……

杨振宁：SL（2，Z）是很容易理解的，可是为什么要写这个变换呢？

季理真：是这么解释的，你怎么看这个平移群，有两部分 or periods（或周期），一个是 $\omega_1 z$，另一个加上 $\omega_2 z$，得到格 $\omega_1 z + \omega_2 z$，你可以把 ω_2 提出来，我们得到 $(z + \omega_1/\omega_2 z)$，其中 $z = \omega_1/\omega_2$ 是上半平面的点。我们可以利用格上不同的 periods（周期）：$a\omega_1 + b\omega_2$ 和 $c\omega_1 + d\omega_2$，然后得到上半平面一个不同的点 $(a\omega_1 + b\omega_2)/(c\omega_1 + d\omega_2) = (az + b)/(cz + d)$。这就是为什么上半平面不同的点和模群的元相关，而且它们对应的黎曼面是没有区别。

杨振宁：我明白了。

朗兰兹和其他数学家的著作

季理真：因为我觉得朗兰兹是很有想法的数学家，我就给他写信，说我想选一些你的综述论文，把它翻译成中文。他说很好，我叫他选，他说不要，让我自己去选，选好了给他看。我选好了以后，去请教了他的几个比较重要的弟子，叫他们又推荐，后来我们四五个人讨论了一下，选好了，我再给他看，他说可以。后来他写了一个30页的序言。

杨振宁：所以是英文的，整本书都是英文的？

季理真：要翻成中文。

杨振宁：是既有英文又有中文，还是只是中文？

季理真：英文的是他专门为我们这本书写的序言，我们找人翻译成了中文。中英文序言都放在书里了，但因为有些事情耽搁了还没出版。

杨振宁：出来了以后你告诉我，我可以买。

王丽萍：出版了，我送给您。

杨振宁：王元写的《华罗庚传》是不是你们出的呢？

王丽萍：这不是我们出的，是科学出版社出的。

杨振宁：陈省身先生的英文书出了很多本，你们有没有出过一本精选的？有关陈先生的研究工作。

季理真：世界科技出版公司出过，是新加坡的一家出版社。

杨振宁：叫什么名字？

季理真：选集，Selected Works of Chern（《陈省身选集》）。

杨振宁：选集，这是陈先生选的呢，还是他们选的？

季理真：是郑绍远、田刚，还有李伟光（Peter Wai-Kwong Li），三个人选的。

杨振宁：是陈先生已经不在了的时候选的么？

季理真：还在的时候选的，陈先生授权的。

杨振宁：是厚厚的一本，还是好多本？

季理真：大概有 500～600 页，600～700 页。

杨振宁：小王，你把你背后的小格立方拿过来。这个是我生日的时候，清华大学送我的。这个小格立方三个面上面，是我的三个领域里头最重要的工作。

季理真：这个不错，很好很有意思。

杨振宁：不过我的文章都很短，我不会写长的文章，我也不会写教科书。我想这13篇文章加起来，恐怕还不到200页。当然都是英文的，可以做选集出本书。

王丽萍：没问题的，杨先生。

季理真：可以出个中文的吗？没有翻成中文吗？

杨振宁：这些文章有的有中文的，多半是没有，因为专业性太强了。把这13篇文章发表出来，重印出来，每一篇找人写评论。不过要找专家来写，因为属于不同的领域。等到我不在了，你们可以研究这件事情。

王丽萍：现在其实就可以做这个事情了。

杨振宁选集和评论的学术价值

杨振宁：要找13个领域的人来，还不容易找。我有没有送过你一本 Selected Papers II（《精选论文II》）？Selected Papers II 里面就有照片。而且这13篇文章都在这里头。

季理真：您这个评论，上次哥伦比亚大学的那个Phong就跟我说过，说特别喜欢您的评论，因为他也是做数学物理的，Phong，您知不知道，越南人。

杨振宁：怎么拼Phong？

季理真：PHONG。杨宏风，Duong H. Phong，他是做弦理论的，是埃利亚斯·斯坦的学生。

杨振宁：我不认识这人，他在哪里？

季理真：哥伦比亚大学。

杨振宁：在哥伦比亚大学，现在还在哥伦比亚大学？他是做弦论的？

季理真：他以前做调和分析，埃利亚斯·斯坦的学生，也和埃里克·

多凯尔他们做一些弦论。

杨振宁：我不晓得这人。你说他做了什么事情，关于我的工作？

杨振宁和费曼

季理真：很久以前，当时费曼的书刚出来，杨宏风说他特别喜欢您的评论，他说费曼把一切东西写得非常简单和轻松，但看到您写的话，就是说每一样东西来之不易，都是挺辛苦地做出来，他觉得这很好。他说费曼给人的感觉是简单一个线索就可以去做学问，他说没有这回事情。我印象挺深的，那是几十年前，当时是九几年吧，他跟我说的。杨宏风是越南人，是越南出来的数学做得不错的一个人，在哥伦比亚大学。

杨振宁：他是多大岁数的人？

季理真：他比我大，六十几岁。

杨振宁：我不晓得这人，我从来没听说过这人。

季理真：我过会儿把他的link（链接）给您。反正他就是跟我这么说了，他当时说看您的评论特别好，他觉得也挺鼓励人的。

杨振宁的出书计划

杨振宁：你知道这个评论，戴森特别喜欢。

季理真：我觉得是挺好的，我觉得比较理想的就是，请专家每个人写您之前的工作、后面的影响、最近的发展，要非常全面地反映您的工作。我想把您的工作整个从历史的眼光来评价，我想能这么写就很好。

杨振宁：关于这13篇文章的评论，可以请复旦大学的施郁来写。他写了几篇文章,就是专门对着这13篇文章的。比如说他还有一篇文章,把这13篇文章今天被引用的数目列出来。我把他关于这13篇文章的已经写好的文章email(发邮件)给你好了。

季理真:好。我有另外两个想法,因为我在高教社主编的丛书《数学概览》最近出了几本书了,一本是关于米尔诺的书,选了他一些有意思的文章整理放在一起,出了本书。我倒是想这样,或者我们就干脆请13个人,在清华开一个会,让他们来讲这13篇文章。一定要讲得通俗,不是讲给专家听的,在他们讲课的基础上把他们的笔记整理出来。因为一般叫人家写的话大家都比较忙,也不一定会写。比如说为了您的生日怎么样,要大家来讲,事先说好,讲课准备好,老师讲给清华的学生听,我想这个您面子比较大,他们肯定会听。这个样子写起来也比较简单,同时把您的文章放在一起,您觉得这个主意怎么样?如果能成当然是挺好的。

数学和物理学的重要区别之一

杨振宁:我不知道你晓不晓得,重要的工作在物理里头,跟重要的工作在数学里头,有一个本质上的区别,你晓不晓得这个区别?

季理真:是不是人家说,数学的如果证明了以后不会被推翻,是不是?

杨振宁:对。

季理真:物理是可能有变化的。

数学的永恒美和物理学变迁的价值

杨振宁:是这样,我常常说,你看19世纪的数学,你今天如果从宏观的角度看它，就看见是非常漂亮的一个山峦起伏，有高山有小山，而且每个山上特别的地方又不一样，整个是非常漂亮的。甚至于一个山里头有一个小房子，一个小房子里头可以有几张画，你看了以后都是极好的。假如这个是数学给你留下来的印象，那么物理留下的印象就是一个沙漠，有几个重要的山，剩下都没有了。换一句话说，从这个意义上讲，对于物理学家是很不客气的。为什么呢，因为在猜，你猜得不对，将来历史里就没有了。数学呢它不是猜，它是在铸造，铸造一个非常漂亮的东西，它永远在那儿。

季理真：对，一旦证明是对的，永远是对的。

杨振宁：对，而且（物理）有的东西并没有很大的影响，不过你后世的大数学家、小数学家看了（数学之前的东西）以后，都觉得非常之妙。我们中学念书都有叫做九点圆，我想没有人看了九点圆以后不觉得妙的。有什么重要性呢？我想没有重要性。物理里头没有这个，物理要么是对的，要么就没有价值了。

季理真：对，大部分理论都被推翻了。

杨振宁：是这样，比如说我想那个费曼图是他猜出来的，所以这是永远会有人讲的原因，不是因为这个东西很特别，是因为不懂他是怎么猜出来的，永远不会懂的。不过总而言之数学跟物理有一个很大的区别。

季理真：对，数学不一样，我也是强调这一点，我们要用一些经典的数学书，数学上老的东西很有价值，和其他科学是不一样的。

杨振宁：我常常说你要找一个好的大学里头数学系的研究生，让他把19世纪重要的数学家写下来，我想恐怕每一个人都至少可以写出20个来，也许有人可以写出50个来。可是你要让好的研究型大学物理系的研究生来写，他写不出来，他写出几个来就没有了。因为那些人要么就是后来不对了,要么就是被别的人吸收了以后,他原来的就没有价值了。

季理真:对,历史是很无情,是这个样子。要不要继续再问上次的问题?

杨振宁:小王,你们出过什么书?比如说物理跟数学的研究性的书,你们出过什么?

王丽萍:物理我们把朗道的教科书《理论物理学》全部翻译出来了。一共有10本。

杨振宁:那个我想很多年以前就翻译过的。

王丽萍:有一些没有翻译过,有些是全新的翻译。以前有过?

杨振宁:我想"文革"以前就已经有这些书了。

王丽萍:我们是新出版的。一些之前翻译过的也应该要校订,比如一些名词术语要修订。物理里面除了朗道的书,我们也翻译一些诺贝尔奖获得者的专著,我们有个系列就翻译诺贝尔物理学奖获得者的著作。

杨振宁:你说过去这些得诺贝尔奖的?

王丽萍:对,但基本是偏基础的,偏教材类的著作。

杨振宁:世界科技出版社出过选集,是英文的,你们把它翻译成中文了?

王丽萍:我们大概是拣那种偏教科书的著作,比如研究生教材或者博士生用书,或者本科生教材。

杨振宁的主要工作和朗道的十大工作

杨振宁:你晓不晓得朗道,这个其实有点仿效,朗道有一个叫做 Ten commandments(十大工作),你听说过吗?

季理真：没有听说过。十大诫命？

杨振宁：就是朗道生日的时候，一次生日的时候，他的学生弄了一块石头刻上了他的十大工作。

季理真：因为上帝给摩西的十个诫命就是刻在石头上。

杨振宁：你听说过这事情吗？

季理真：我不知道朗道的事情。

杨振宁：我回头把施郁的文章（给你），他已经参考这个了。有文章讨论这个。

朗道的强硬和刻薄

季理真：对，是的。朗道这个人对人是非常的刻薄。

杨振宁：朗道死了以后，他的有些学生写了一本书是纪念他的。这些学生当然都是很仰慕他的，不过这里头讲出来的朗道的作风，尤其从中国人的角度讲起来是不可取的。

季理真：对，非常霸道。

杨振宁：因为他对他的学生非常厉害，经常使得一些学生无地自容。比如他大概每一个礼拜要把学生招来讨论，有一个学生在那儿讲的时候，他大骂那个学生说，你在幼儿园的时候，你妈妈还没教过你应该怎么样吗？

季理真：我也听说他的十本物理学教程，署名是朗道-利夫希茨。后来朗道说里面每一个想法都是我的，每一处错误都是利夫希茨的。我觉得是很 harsh（霸道）。

杨振宁：我的印象盖尔范德在苏联的时候作风有点像朗道。

季理真：是吗？对，所以说在某种意义上也比较好，他们培养出很多好学生。

杨振宁：你们晓不晓得郝柏林？事实上他的单位是理论所，可是他现在不经常来这儿，他在复旦。他是做得很好的物理学家，而他最近这20年又发展了一个新的领域，在里头做得很成功。是这样的，生物学里头有分类学，他大概20年以前就问，说细胞可不可以也做分类？不是生物的分类，是细胞的分类。这个细胞的分类要比生物的分类复杂得多，因为细胞比较小，比较简单，所以它的变化多，里头错综复杂。他就发展这个领域，这个领域西方也在搞，而他在这个领域现在是世界上很重要的人。而且他这人比较耿直，他是朗道的学生。你们如果想要问关于朗道的事情，可以去访问他。他大概是朗道的没有毕业的学生，就是他还没毕业朗道就不在了，就撞车了。

季理真：对，后来就不行了。好，我们重新再开始。

费米和杨振宁的合作

杨振宁：我告诉你一件事，这里头有一篇文章是关于费米的。

季理真：对，我看过的。

杨振宁：你看过那篇文章？

季理真：对，我看过的。

杨振宁：那篇文章我认为重要的是我讨论的那些费米的做人的方法。

季理真：挺好，我记得挺清楚，就是后来你们要做一个规则去测量那个东西，费米花了好几段时间跟您一起做，我觉得很了不起。

杨振宁：他这个人做人的原则是比较符合中国传统文化的，而美国又是向另外一个方向走了。其实是一个很重要的题目，就是中国的文化传统要人吾日三省吾身，太把人向内里头要求变成内圣外王。美国是向外面发展，不讲究做人的原则，是让你去发展。

季理真：对，费曼就是这个样子。

杨振宁：费曼就是这样子，朗道某种程度上也是这样，容许人这样发展出去。这两个我想不能讲哪个好哪个坏，可是要了解每一个的优点跟它的缺点，这其实是很深的学问。

弦论的重要性

季理真：上次访谈时问到第 3 个问题了，那现在我们来问第 4 个问题，就是学问的深度和宽度。昨天您实际上也讲到过这一点，爱因斯坦的工作我想大家都认为很深刻，但问题是您能不能举一些例子，有的时候，一段时间里非常热门，但事后不怎么样。为什么说这个问题，我的感觉，现在物理和数学物理界，弦论非常热门，这东西您觉得怎么样？当然这个只有时间可以判断到底怎么样。因为去年 8 月份我在这里开了一个弦理论（的会），我不懂，我在那里听，听了以后我有点奇怪，好像没有给我感觉有特别新的想法。您对这种事情怎么看，就是什么是真的、很深的学问和理论点？

杨振宁：你提出的这个问题，事实上我想所有对数学跟物理的发展发生兴趣的人都有类似的问题。这个弦论你如果要用简单的话来描述，它是做什么的呢，我认为它所做的事情就是，因为物理学没有解决的问题，最重要的一个就是量子化重力，重力到现在还不会量子化。世界上有四种力：重力、弱相互作用、电磁和强相互作用，这四个里头有三个现在都比较了解了。

季理真：对，都统一起来了。

杨振宁：量子论，就是现在叫做 standard model（标准模型）。可是重力不会弄，从最开始就不会弄，现在你要问我，还是没有任何一个觉得已经是正确的道路。可是在这个前提之下，发现另外那三个现在了解到的是非常漂亮的数学结构，而且与几何有关系，就是纤维丛的这里头。所以就有一个信念，这个信念就是对于不会解的物理的基本问题，要有一些新的几何的数学结构，所以要想找这个方向。这个你要是问我，我想多半念物理的人，还有现在跟数学有关系的人，数学家跟物理有关系的，比如说阿蒂亚，都觉得这是一个信条，是可以相信的。不过怎么落实呢？落实的办法，也就是现在弦理论所做的事情，基本上是要找十维空间的一个优美的几何结构。这个现在搞得很热闹，搞了三四十年了，而且里头得出来一些结果，数学家是非常佩服的。

季理真：对，很了不起。

杨振宁：像阿蒂亚就非常佩服。不只是阿蒂亚一个人，很多人都很佩服，所以这么一来，因为有一些高维几何是非常复杂的，里头有很漂亮的数学，就把年轻人都吸引进去了。估计现在做弦理论的全世界有 1 万人。可是他这个做法跟传统的物理不一样，跟实验没有关系，一点关系都没有，他有数学……

季理真：这没法验证。

弦论的猜想没法用实验去验证

杨振宁：不只是没法验证，他不能提出一个实验来，可以验证他的东西，可以证明他是对还是不对。所以等于他是自己在那儿做了一个东西，这个东西跟实验一点关系都没有。到现在为止，当然他们很想要有关系，可是连不起来。那么就出了一个很有意思的现象，这 1 万个人他们都到物理系里头去了，不到数学系，数学系不要他们。为什么数学系不要他们呢，因为弦理论的数学不够严谨。所以数学系要讨论，请了某一个人之后，因为他们这些文章不能在正统的数学杂志上发表，达不到传统的数学的严谨，所以他们的文章是发表在物理的杂志上。因为物理不那么严谨，物理允许猜，所以物理很好的杂志都接受他们，又出了很多新的杂志。既然能够在物理杂志上发表，因此物理系接受他们，所以 1 万个人基本上都在世界各个地方的物理系，这样一个状态。这个状态你要问我，这 5 年之内、10 年之内，我看不出来会有什么改变。当然 5 年或者 10 年之内，人数又会增加了，所以对于整个物理学的发展跟数学的发展当然有些影响，不过这个影响将来是怎么样，现在没人敢讲。这里头最重要的人，可能大家都知道，就是爱德华·威滕。威滕对于数学的影响很大。

季理真：非常大。

威滕和朗兰兹纲领

杨振宁：我想这人是一个天才，听说他现在也在研究朗兰兹纲领。不过有没有出结果，我不知道。

季理真：他这个朗兰兹纲领和本来的不一样，很不一样，基本上没有关系。

杨振宁：你说并不是跟……

季理真：数论有关的。

杨振宁：跟数学里头的不完全一样？

季理真：很不一样。

杨振宁：你是说他写的一些文章？

季理真：对，他写的文章，不一样。

杨振宁：所以弦理论的发展是物理学200年来的发展历史里头一个非常奇怪的事情。

杨振宁的哲学和宗教观点

季理真：下面的问题是这样，科学和人文的关系，这个问题也联系到另外的问题。我看过一本书，是2000年来临的时候，美国Public TV Station（公共电视台）采访了您，其中您提到科学、哲学、宗教。我们现在把这几个连起来，科学和人文，科学和哲学、宗教这些方面，您怎么看？而且我特别感兴趣，您对宗教的看法怎么样？

杨振宁：我不是研究哲学的人，更不是研究宗教的人，我只能讲我外行的大概看法。我觉得基本上宗教也好，哲学也好，科学也好，它们最终的目的是一样的，是要了解人跟自然之间的关系。不过重点不一样，方法不一样，所以发展出来的传统不一样。可是都在改，今天的科学所做的事情，跟100年以前科学所做的事情有些不一样，尤其是哲学有改变，宗教也有很大的改变。我想总体讲起来是科学渐渐地向哲学的领域压缩，而哲学也向宗教的领域压缩，所以这三个是科学、哲学、宗教，可是在不同的时间，这三个的领域在更改。我想这是很自然的，而且我不认为这样发展下去，将来科学就要把哲学和宗教淹没掉了。换句话说，科学……这个里头有一篇文章，叫做Future Physics（未来的物理学）。这是1961年，麻省理工学院成立一百周年,有个盛大的庆祝会,庆祝会上组织了很多小的讨论,其中有一个 panel discussion(小组讨论座谈会)就叫做未来物理学,是四个人做的。四个人就是费曼、我、英国的一个叫做约翰·道格拉斯·考克饶夫,是得过诺贝尔奖的,他是一个实验物理学家,发明了静电加速器,还有一位是鲁道夫·E.派尔斯,是英国非常重要的理论物理学家,他也是第一个估算了铀的临界质量是多少的人。这在当时有很重要的影响,因为在 1948 年到 1950 年之间,所有的物理学家都知道可能可以用铀做出核弹来,可是要多少铀才能够做核弹呢,这个大小有个 minimum size(最小值),叫做 critical path(关键路线),这个 critical path 第一个得出估算的是派尔斯。他估算的结果不对,不过他这个估值是历史上有名的实验,而且他在物理里头有个基本的很重要的贡献。说我们这四个人讨论里头最重要的,后来大家注意的,就是费曼跟我的态度完全不一样。这件事情我两年以前也讨论过一次,我把这个也寄给你。

季理真:好的,就在这个里面是吗?

杨振宁:这里没有。我的那篇文章在这有,费曼的文章现在也发表出来了,我都寄给你。最主要的就是我跟他完全不一样,他对前途是非常乐观的,他觉得很快所有问题就都可以解决了;而我认为是不可能,我认为科学是会有世俗的成功,却是永远追不上自然,自然要复杂得多。我最基本的论点就是科学成功的数目是有限的,可是宇宙的复杂程度是无限的。事实上这可以应用到数学,我认为美的数学是无限的,人不可能对所有的美的数学都了解。为什么是这样?生物学家研究发现,生物学里头非常奇怪的现象是无穷无尽的。我认为生物世界的奇怪的、美得不能想象的现象,有无限多个。而这个数学的结构,它这个美也是无限的。所以我认为,数学是一个无限的学问。

生命中最重要的是什么？

季理真：对，好的，现在接着这个问题说后面的问题。因为现在谈到宗教，于是我在想，人的一生当中到底什么最重要？我觉得这个问题很难回答。我们以前上大学的时候就学过，我想那当然是很天真的。到了现在我五十几岁了，有时候也在想，我活着到底是为什么？我想听听，因为您见过的事情很多，经历过的事情也很多，从您的观点怎么看这个问题？比如说这个问题是联系到几个问题，对一个伟大的科学家，真正最重要的是什么，有什么遗产想留下来？

杨振宁：你说什么？

季理真：就是 legacy，我的意思是遗产，希望留下来的是什么东西？什么对他们来说最重要？

杨振宁：我想数学自己的结构是一件事情，人类了解数学的结构是另外一件事情，这两个当然互相也（有关系），不过是另外一件事情。换一句话说，世界没有人类的时候，就已经有数学的结构了。我怎么可以证明呢？因为世界没有人类的时候，还是有放射物的，这些放射物还是符合 Maxwell（麦克斯韦）方程的。

季理真：对，这是自然界的事情。

杨振宁：所以 Maxwell 方程就已经在那儿了，这个数学的结构本来就在那儿了，这个与有没有人类是没有关系的。

人类怎么认识这个结构呢，这又是一个非常稀奇的现象。因为你看不同的人对这个结构的敏感程度是不一样的，就是高斯或者伽罗瓦，他们对数学比较敏感，这个敏感，事实上我想，恐怕他们在三四岁的时候就可以有感觉。这不是说有记录,是说高斯很小的时候就很敏感。戴森也是,说他好像讲话还讲不清楚的时候,他就知道,他就自己想,就发现 1/2 + 1/4 + 1/8 加上去以后,他就要加成 1。他的脑子跟一般人的脑子里头有一个不一样的地方。为什么会有这个不一样的地方?

季理真:天分,对么?

杨振宁:这个我想是,这里头跟宗教要了解的问题,是永远讲不清楚的。你对他可以有很多的了解,可是这些奇怪的现象,没有法子去了解。所以这也就是我跟费曼对于未来的物理学有基本上的分歧的道理。

季理真:那我想问得具体些,比如说现在中国,最近比较富有的人,我感觉比美国人更看重钱。

杨振宁:中国比美国什么?

季理真:一切向钱看,给我的感觉。您经历了很多事情,那么您觉得什么在一个人的一生当中比较重要?我不是说那种比较抽象的说法。比如说作为一般的物理学家、数学家,毕业了以后,找个好点的工作,拿到终身教授,这是人生的目的吗?应该不是吧。那生活当中真的有什么比较重要呢?我是问比较具体比较实在的问题,您怎么看这个问题?

生命的意义和邓小平

杨振宁:我想邓小平伟大的贡献,就是因为他觉得资本主义并不全是个坏东西。所以他要把资本主义好的东西引进来,叫做有中国特色的社会主义,有中国特色的社会主义基本的一点就是要利用资本主义,尤其是 20 世纪 90 年代。我最近在看一本书,我不知道你看过没有。

季理真：什么书？

杨振宁：这本书有人送了我一本中文的翻译版，是亨利·M. 保尔森的，这书你一定要看。

季理真：这是什么方面的书？保尔森的，讲什么的？

杨振宁：名字叫做 Dealing with China（《与中国做生意》）。

季理真：哦，这我不知道，讲中国的变化，OK。

杨振宁：他是高盛（Goldman Sachs）的 CEO（首席执行官）。这书现在翻译成中文了，我在看的是中文版，有人送了我一本，写得不错，原文是英文的。有一段非常有意思，大概是讲邓小平视察南方，可是你如果问邓小平视察南方什么事情，其实就是邓小平告诉大家，我们必须要引进资本主义（市场经济），而且我们要控制的资本主义（市场经济）是可以引进的。我想他有这个想法，而且他有本领落实这个想法，这是他伟大的地方，这个影响不只是对中国人，对于整个世界都是极大的。

季理真：对，影响了整个世界。所以这问题很难答，邓小平的影响是对整个国家整个世界，那么您认为个人活着到底什么比较重要？您的建议是什么？我觉得对一般人来说，很多人追求名和利，问题是在名利以后还有什么，这个和宗教是有关的。

杨振宁：数学所讨论的东西，跟物理学家所讨论的东西，跟政治家所讨论的东西，是越来越复杂。

季理真：我现在问的是很简单的一个问题。

杨振宁：可是有一个共同的点，就是数学家看的问题比较清楚。邓小平所看的问题就不那么清楚，比较复杂。可是要在这些领域里头成功都有一个共同元素，这个元素就是能够超越目前的这些复杂性，抓住总体的问题。这一点在这些领域都是一样的，要能够抓住这个本质。为什么有的人会做数学不会做物理,又为什么有的人会做物理不会做数学呢?这个我想跟他脑子里的软件有密切的关系。我们去吃饭好了。

如何理解生命的意义?

季理真:所以您说对人生也是这个样子,要抓住本质是不是?

杨振宁:是。你看金庸的武侠小说吗?

季理真:我看,我每本都看过。

杨振宁:我小时候……

季理真:您觉得不好玩?

杨振宁:喜欢看旧式的武侠小说,叫做什么你们都不晓得了,叫做《七侠五义》,当时非常有名,那时候叫《七剑十三侠》。可是等到我后来进了大学以后,看不下去了,我想我对于太虚拟的东西看不下去了。

季理真:我看金庸的小说主要是看爱情故事,我觉得写得比较好。

杨振宁:金庸送了我几部他的小说,我就开始看,看不下去。

(中午,杨振宁请季理真和王丽萍在清华大学静斋吃便饭,吃饭期间访谈继续。)

季理真:杨先生,我刚才在车上问您的问题是这样,现在大家都在讲知识大爆炸,比如现在的文章比以前几十年的多了很多,我个人认为这不一定都正确。您觉得怎么样?我想真正重要的东西可能没有多少。

知识爆炸并不是真正意义上的爆炸

杨振宁：是这样，我完全同意。有一些是正确的，可是细节我想很多是不正确的。说大概130亿年前（宇宙）有过大爆炸，我想这个理解是对的。说大爆炸里头出来了一些现象，包括开始的时候是一些轻元素，后来渐渐地通过爆炸以及后来再发生的一些反应铸造出来所有的物质元素，这个大体上也是对的，可是这里的细节没有弄懂的东西还是很多。

季理真：我说的是知识上面的大爆炸。

杨振宁：知识方面？

季理真：知识大爆炸，knowledge explosion。因为大家都在说，我们现在发表很多文章，比如现在我们所做的数据好像比以前几千年加起来的还多。物理上也是，文章越来越多，书也越来越多。

杨振宁：数学家认为什么时候是大爆炸的？

季理真：不是，他们只是说现在有很多期刊，有很多书，我现在问真正本质关键的是什么。您如何判断一篇文章和一本书，什么东西真的比较重要。当然时间可以检验一切，时间检验是可以，但问题是有时候我没法等到100年以后回过来看。你们出版界也是吧？现在杂志很多，书也很多，我觉得大部分可能都不怎么重要。我问一个具体的问题，您看诺贝尔物理学奖，时间比较久了，从您的看法当中，在诺贝尔物理学奖当中，有哪些人的工作是真正的突出的贡献？是不是有些诺贝尔奖获得者（在后来）的过程当中，也没有太怎么样？

物理学的大突破和最伟大的物理学家

杨振宁：我想很清楚了，从物理讲起来，第一个最重要的工作毫无疑问是牛顿，而且影响的还不止是物理。

季理真：数学？

杨振宁：还不止是数学，是他第一次通过他的工作，使人类认识到自然界有些规律，而这些规律可以用准确的数学给描述出来。以前没有这观念。

季理真：第一次是吧？

杨振宁：第一次。以前也有一些，像约翰尼斯·开普勒。开普勒已经有一些这个观念了，可是他不够准确，他准确到一定程度，后来到了皮埃尔-西蒙·拉普拉斯跟约瑟夫-路易·拉格朗日的时候，算行星的轨道就可以准确到（我不知道到了 18 世纪准确到什么程度），我想一定可以准确到几万分之一，这个是人类以前没有的。你知道现在准确到什么程度吗？

季理真：我不知道。

杨振宁：我不知道天文上，他们当然现在非常准。可是物理还要准确，现在是达到十亿分之一。

季理真：那非常准。

杨振宁：就是 renormalization（重整化），可以算出来的结果，跟实验对比现在达到了十亿分之一。

季理真：那很了不起。牛顿是第一个，那第二个是谁？

杨振宁：我想第二个应该是詹姆斯·克拉克·麦克斯韦。

季理真：哦，麦克斯韦。

杨振宁：当然这不是麦克斯韦一个人的贡献，是麦克斯韦对迈克尔·法拉第进行了研究。法拉第是没有学过数学的，所以法拉第的文章没有任何公式，可是他有直觉和洞察力。麦克斯韦就非常佩服法拉第，麦克斯韦说法拉第其实是第一流的数学家，就是他有几何直观，麦克斯韦就把它从法拉第写的文章里头归纳出来写成了公式，就是 Maxwell（麦克斯韦）方程式。这个的影响就太大了。

到 20 世纪，我想有好几个重要的事情，一个当然是爱因斯坦，一个是量子力学。

季理真：量子力学是普朗克还是谁做的？

杨振宁：量子力学是慢慢开始的，最初是普朗克，1900 年；然后是爱因斯坦，1905 年；然后是玻尔，1912 年、1913 年；到了 1925 年左右就三个人，海森堡、狄拉克和薛定谔。

季理真：总结起来也就这么几个，狄拉克、爱因斯坦、海森堡、薛定谔是吧？四个，还有几个？物理学实际上从牛顿以来，主要的人就这么几个，后面还有一个。

杨振宁：你再说一遍？

量子力学领域的五大顶尖物理学家

季理真：您刚才跟我们说从牛顿开始，以后是麦克斯韦，后来就是量子力学，量子力学里面您举了这几个例子，爱因斯坦、狄拉克、海森堡、薛定谔，还有玻尔，是吧？

杨振宁：嗯。

季理真：主要就这五个人。

杨振宁：他们每一个人创造量子力学，都是从不同的方向走进去。我想数学也有一些现象，比如说今天你教学生李群，从来不从索菲斯·李的方向开始，因为那个方向简直困难极了。

季理真：对，索菲斯·李本来要做的是解方程。

杨振宁：事实上我在50年代要学李群的时候，李群的这些教科书还是从索菲斯·李的变换群开始，那个路是比较复杂的了，现在没有教科书是这样的做法。

季理真：对，现在比较抽象。

杨振宁：现在大概是从李代数开始。

季理真：在薛定谔、海森堡以后，物理学方面主要有哪几个人有特别突出贡献的？从大方向来看，比如过了100年以后，人家可能还记得他们的功劳。

杨振宁：量子力学开始了以后，等于把整个我们对物质世界的了解走了一个新的方向，所以所有的物理学等于是重新开始。这个影响就大极了，因为出了半导体，假如没有半导体的话不可能有网络，不可能有今天的手机。

季理真：对。另外一方面，因为我对物理不熟，我有时候看见后面那个史蒂文·温伯格，物理拿诺贝尔奖的人还是挺多的。我听说比较多的就是费曼，还有您跟李政道，我很早就听说杨振宁和李政道，其他得诺贝尔奖的对我来说就比较模模糊糊了。费曼因为他自己的 PR 搞得很热闹，还有个人写了 *Unreasonable Effectiveness of Mathematics*（《数学不可思议的影响》），那是谁？维格纳还是谁写的。

物理学的重要方向

杨振宁：我想你刚才所讲的这些量子力学以后的发展，是一个方向的发展。另外一个方向的发展，恐怕念数学的人不大注意得到，就是叫固态物理。

季理真：固态物理，对，我们不太清楚。

杨振宁：而这个固态物理对应用非常重要。

季理真：对，主要的代表是什么人？

固态物理学和半导体

杨振宁：比如说半导体，半导体为什么这么重要呢？

季理真：因为所有的电子产品都要依赖它？

杨振宁：是这样。到了 20 年代已经会做无线电了，我在中学的时候，大家都会用一类晶体造出一个小无线电接收器。所以中学同学很多都在自己家里头造这东西。它最主要的原理是什么呢？有的电线上通电，你可以控制通或者不通。这个大家知道有电开关就可以，一个电开关，这样一扭就通，这样一扭就断。可是当时的无线电在用的时候，它有一种开关在里头，那个开关是用电来控制的，不是用手去弄。所以到了 30 年代，大家都知道用电来控制一条电线通或者不通，是一个关键的技术。结果到了 50 年代，发现半导体的时候，他们几个人立刻了解到，可以用半导体来控制一条线通不通。什么叫半导体呢，就是它不是一个导体，你控制它，用电影响它一下，它就可以变成导体，再影响一下就可以变成不导体。

季理真：对，它不是机械的。

杨振宁：这个了解，就是近代的一个产业的开始。因为在那个时候，30年代的时候，我们中学同学都用晶体来做收音器，到了40年代就都是真空管。你大概没见过真空管。

季理真：我没见过，我只是听说，不知道真空管是怎么回事。

杨振宁：一个真空管那么大。等到半导体出来了，就缩小到一小点，所以就出现了近代的计算机。

季理真：现在手机里面是用半导体，还是有更好的东西？

杨振宁：一切都还是半导体。只是半导体越做越小，现在还在继续缩小。

季理真：说到半导体的发现，在物理学上是非常重要的一个里程碑。

杨振宁：在应用上有极大的影响。我当时见过复旦的谢希德，复旦以前的校长谢希德，就是做半导体出名的。中国半导体的起源是黄昆跟谢希德。黄昆在北京，谢希德在上海，可是在50年代他们合作组织了讨论班，第一次把半导体的物理学介绍到中国。所以今天中国所有搞半导体研究的跟实用的人都是他们的徒子徒孙。

季理真：是他们培养出来的。好的，我们接着讲，物理学它有什么特别重要的东西，就是影响特别大的？

固态物理学中的超导性

杨振宁：还有一个特别重要的，也是归于固态物理的，是超导性跟超流性。你知道超导性是什么意思、是怎么发现的吗？

季理真：我不知道。

杨振宁：19世纪对于电、通电研究得很清楚了，欧姆定律你一定听说过。那个时候尤其是因为工业的应用，所以不同的材料它的导电性就是一个重要的题目。比如说铜导电性高。

季理真：金也很高。

杨振宁：铁就没有铜高，所以今天电线都是铜的，不是铁的。然后大家发现不同温度的时候，同一条电线它的导电性也随着温度而改变。在1910年前后，莱顿有一个实验室，莱顿是一个很小的城市，可是它工业很发达，这个实验室里头有一个实验物理学家叫做卡默林·昂纳斯，他发明了一项技术，可以冷却东西，比别人都冷却得厉害。事实上那以后有十年的样子，世界上没有任何一个别的地方能够达到他所达到的温度，这个温度是多少呢？

季理真：绝对零，对吧？差不多？

杨振宁：是达到了几度开尔文（热力学温度）。我们刚才说到重大的贡献，我们没提 thermodynamics，热力学，热力学当然是一个极大的贡献。

季理真：是路德维希·E.波尔茨曼，是不是？

杨振宁：不是。热力学是几个人做的，这几个人我想从数学家来讲，就不那么有名。是这样，18世纪的时候蒸汽机已经做出来了，所以就要研究怎么做效率最高的蒸汽机，在19世纪就拼命研究怎么做效率才能达到最高。到了19世纪中叶，发现蒸汽机的效率不能无限增加，它是有限的，就拼命研究这件事情，就出了热力学。而热力学会告诉你，蒸汽机的效率永远不能达到一个限度，这个限度与蒸汽机用的温度有关系。因为这样子就出现了绝对温度的观点，从物理学的原理讲起来，这是第一流的贡献。波尔茨曼是比这个晚。波尔茨曼把热力学的原因,解释说是 molecular 的,所以那也叫做统计力学的概念。如果你要问 19 世纪最重要的三个贡献,一个是电磁,一个是热力学,一个是统计力学,这是 19 世纪三个最重要的贡献。到了 20 世纪初年,在研究这个物质的导电性的时候,卡默林·昂纳斯发现了一种新的技术,可以达到像 3 度、4 度绝对温度的那个样子,3 度、4 度就是 -270 摄氏度的样子。他达到了,别人都不会做这件事情。他发现了以后,就把不同的材料,比如铜、铅、锡都拿来放在温度低的地方,测量它们的导电性,因此发表了很多文章。结果他忽然发现,我觉得他是第一个发现的,我不记得是哪一个物质了,它这个导电性在温度到了几度以下……就是它有一个线圈,在这个线圈里头通了电,把它的温度……比如说他用一个电容,一个电容是两个极,一个是正的、一个是负的,然后用一个线圈,你如果把这线圈连上的话,它就有一个电流。他把这个线圈放到非常低的温度,他就发现那个电流流了以后,如果不放能量上去,它老在那流,事实上他的这件事情是不可想象的,因为……

王丽萍:它不改变方向,是一个方向流?

杨振宁:一个方向继续流,通常你把电源取消掉以后,它自动就弱了,然后就没有了。

王丽萍:弱了或者往反方向流?

杨振宁:在一个方向上走,越走越弱,最后就没有了。

季理真:您说他这个就继续走是么?

杨振宁:他不相信它老在那流,于是他就做了这么一个实验,过了好几个月以后再去看,还在那走。

季理真:对,它就超导了。

杨振宁：这就叫超导，这个是大发现，当时不懂。

季理真：这个是不是比较新的，好像陈省身的女婿也是做这个的，是吗？

杨振宁：是，那个故事，是这样，于是大家就知道有这个超导。当然这个东西肯定有实际应用了，因为你知道平常从各个发电厂把电传到人家这边来，它要损失掉一些。如果你是用了超导那种电线的话，是不是可以免掉这些损失呢？这是个大工业。

季理真：但是你怎么保持这么低的温度呢？

杨振宁：你得花点钱来把它降到低温，花一点钱降到低温就可以减少消耗，所以这需要平衡。那么低的温度当然很难做到，所以这个本来只是个遥远的想法，没有人能落实，可这是未来的方向，所以大家就继续研究，能不能高一点的温度就有超导？到了20世纪这就变成了一个非常热门的学问，大家拼命地在做。结果到了50年代，就发现卡默林·昂纳斯当初是几度，他那个超导开始的温度是几度（绝对温度），后来就渐渐升高，到了50年代就发现可以到23度（绝对温度）。如果一个人发现了23.3度的材料可以变成超导，他立刻就变成权威人士了，就……

季理真：您说23度K还是相当于我们的23度？

杨振宁：K。

季理真：K的话相当于我们的摄氏、华氏多少度？

杨振宁：0 K 是 −273 度，所以23度是 −250 度。

季理真：我的意思是比如说摄氏和华氏转换的时候还要乘一个东西。

杨振宁：物理学家不用华氏，都是摄氏，摄氏的 −273 度叫做绝对零度。

到了50年代,大家觉得不可能比23度还高。那个时候只是在23度的附近,稍微做一点就出了贡献。Paul Chu(朱经武),朱经武是陈先生的女婿,跟一个叫贝恩德·T.马蒂亚斯的,马蒂亚斯是这方面的大专家,朱经武就是马蒂亚斯的学生,做得很好,他在50年代、60年代、70年代,是这方面的专家,可是都是在23度以下。

季理真:现在还不好使?

杨振宁:23度温度太低了,很难做,所以那个时候没有应用。而且已经有人写出文章来说是不可能超过23度。结果忽然1986年瑞士苏黎世有两个德国人发表了一篇文章,他们发现一种绝缘体,insulate,普通温度之下是绝缘体,可是到了绝对温度三十几度就变成超导体。这事情为何全世界都轰动了?第二次世界大战以后,物理学界最轰动的有两件事情,就是突然一下子震惊整个物理学界的两件事情。第一件事情是1957年吴健雄的宇称不守恒,震惊整个物理学界;第二个就是1986年、1987年这个超导体,忽然一下打破了很多年来认为的23度的那个界限。

那时候全世界都在搞这件事情,就开了一次会议,我记得有几千个人做这个领域。朱经武跟他的一个博士生,叫做吴茂昆的台湾人合作,用了类似苏黎世做的东西,做了一些修改,达到了九十几度。

季理真:那到了很高了,九十几度。

杨振宁:从二十几度达到九十几度,不只是数目增加,这个非常重要。为什么呢?因为要达到二十几度的温度,得用一种冷却的东西,这冷却的东西是液氦,液氦是很贵的。如果到了九十几度,就不用液氦了,而用液氮。液氮价钱跟液氦价钱相比较,就跟牛奶跟XO cognac(白兰地)的价钱的差距。换句话说,到了液氮的时候就可以做了,因为很容易做,很便宜。用液氦那就是大房子,就太贵。所以一下子就变成可以应用,现在还是在用。现在温度又升上去了,到一百多度了,可是还用液氮。

还有一个现象,跟这个类似的,叫做超流。超流是30年代发现的,超流最早被发现是在发现液氦的时候,它通过一个管子,没有黏度就通过去。平常一个管子里头液体要通过去的话,都要损耗掉一些能量。他发现液氦在足够低的温度的时候,它那个阻力就没有了,这叫做超流。所以这个超流跟超导……

季理真:是有点像。

超导性和数学

杨振宁:是重要的问题,事实上,我的13篇文章里头有一篇1961年的文章,我给它起了个名字叫做off diagonal long range order(非对角长程序),我就有了一个整体的统一的了解,关于超导跟超流。这个里头用了一个数学的定理,这个数学定理我可以跟你讲是怎么回事。是这样的,一个希尔伯特空间,它的基础是从负无限到正无限整数。

季理真:是整数是吧?从负的无限到正的无限的一个集,是吧。

杨振宁:这个是一维的。然后你可以二维的,可以三维的,就是二维的平面,在这上面标一个希尔伯特空间。然后这上面的函数,你问它对称性,可以是对称的也可以是反对称的,这个 x 跟 y。所以所有对称的是一个希尔伯特空间,所有反对称的也是一个希尔伯特空间。这个现象,说是一个 material(物质粒子)的波函数,对于有的粒子,它的波函数是对称的,这种粒子叫做 Boson-Einstein(玻色-爱因斯坦)粒子,另外一种叫做费米-狄拉克粒子。这个想法就是从玻色跟爱因斯坦1924年开始的。

季理真:冷凝,这是您上星期告诉我的,是吧。

杨振宁：这是基本的，这是非常基本的。你到了一个不是两度空间，是 n 维的波函数，它的对称性，到现在为止，就知道两种。一种是对称的，一种是反对称的。这个我也想清楚了，这里头有一个定理，这个定理它的数学的意思是这样。我很自豪我证明了这个定理，这是个数学定理，不过这个数学定理如果要跟一个数学家来解释，你等我想一想。这个我得去想想，等我想清楚了，我可以把这个定理的精确的数学描述发邮件给你。

季理真：好，谢谢。

杨振宁：这个证明不太复杂，所谓不太复杂的意思，就是任何一个大一的念数学的成绩比较好的学生，一定都可以了解的。而且我只证明了其中有一个参数叫 n，$n=1$ 跟 $n=2$ 的情形。然后我又猜到 $n=3,4,5$，可是我不会证明。现在还有人在做这个东西，我把这个细节告诉你。它是和对称粒子的 n 维希尔伯特空间有关的方程，它的最大对称性是多少，这一类的问题。而这一类的问题跟超导有很密切的关系。这等我想清楚。最近林开亮告诉我，对了，你怎么认识林开亮的？

季理真：因为他在编一套丛书《数学与人文》，所以认识了。

杨振宁：是不是《数理人文》？

季理真：《数理人文》是台湾的，我们这套丛书叫做《数学与人文》。

杨振宁：在哪出版？

季理真：高教社出版的。

杨振宁：叫做《数学与人文》？

王丽萍：对，是一套丛书，不是期刊，不是杂志。

杨振宁：里头有些什么东西，比如说？

王丽萍：讲数学和数学家的一些故事。

季理真：我们去年给您的一本书就是那套丛书中的一本，介绍关于昆明西南联大的事情。

杨振宁：是不是关于黎曼猜想？姓卢的那个人。

王丽萍：卢昌海。

杨振宁：对，写了一本关于《黎曼猜想》的。

王丽萍：没放在里面。

杨振宁：那不是你们出版的？

王丽萍：不是我们。

杨振宁：那书写得很好。

王丽萍：他现在帮我们写关于引力波的一本书，就是 gravitational field（引力场）。

杨振宁：他与那个有关系吗？

王丽萍：他要写一本关于引力波的科普著作。

杨振宁：关于引力波？

王丽萍：对，关于引力波的。黎曼的那本书是在清华出版社，还是科学出版社出版的，我记不太清了。

杨振宁：那你们这个叫什么？《数学与人文》是一套丛书，已经出过很多本了。

王丽萍：快 20 本了。

杨振宁：比如你讲一些题目我听听。

王丽萍：比如说有一期就是专门讲女数学家的。

杨振宁：女数学家，是中文的？

王丽萍：对，中文的。比如有一期专门讲数学与音乐。

杨振宁：有没有讲女物理学家的？

王丽萍：没有。

杨振宁：最近有人送了我一本英文的，是讲女科学家，其中有两个中国人，吴健雄跟吴秀兰。

王丽萍：吴秀兰，没有写张圣容？

季理真：张圣容是数学家。

杨振宁：张（圣容）就是普林斯顿的那个？

王丽萍：对。

杨振宁：我没见过她。她是哪个领域的？

季理真：张圣容是做几何分析，PDE（偏微分方程）的。

《第二次握手》和吴健雄

季理真：我听说吴健雄和小说《第二次握手》有什么关系。他们是按她的模型写的？

杨振宁：《第二次握手》是一个不认识她的人，看了一些文章就编出来一个小说。当时因为在中国这类的小说很少，大家手抄，所以变成当时一个非常红的事情。我看了以后不觉得特别好。

季理真：和吴健雄没什么关系？

杨振宁：基本上没关系，因为作者并不知道物理。吴健雄的工作是很重要的，我上回是不是告诉过你？

季理真：对。她好像没有拿过诺贝尔奖。

杨振宁：对，这是不应该的，我想将来还会有人写文章研究到底是什么缘故，他们没给吴健雄。

王丽萍：季老师您不是还有个问题是诺贝尔奖为什么不给数学

家吗?

季理真:对,您觉得诺贝尔奖为什么没有数学奖?您对这个事情怎么看?

诺贝尔奖为什么没有数学奖?

杨振宁:这有一个传说,可是有人说这个传说不对,就说是米塔格-莱弗勒,可是我觉得这些乱七八糟的道理也许不需要。因为诺贝尔是一个工业家,我看他对纯粹数学不那么发生兴趣,他对于实际有应用的比较发生兴趣,所以他就有物理、化学、生物,这三科都是跟实际有关系的。

季理真:对,文学也是。

杨振宁:他不要天文,也不要数学,所以后来邵逸夫要我帮他搞邵逸夫奖,我们就看中了这两项应该给,因为这两项标准比较准确,所以就给了。我们又加了生物,这道理是因为虽然生物已经有了诺贝尔奖,可是生物现在花样多得不得了,而且生物对于人类的影响也许比物理跟化学还要更直接一点,我们就也给了一个。所以邵逸夫奖一年给三个。

季理真:您觉得为什么会有和平奖?诺贝尔为什么要设一个和平奖?

杨振宁:他们还搞了一个和平奖,和平奖这个是怎么回事?

季理真:从开始就有的。

杨振宁:开始是那三个(奖),以后还有一个文学(奖)跟一个和平(奖),五个,过了很多年以后。

季理真:经济(学奖)是60年代才设的。

杨振宁：经济(学奖)这个，你得仔细看，它不是诺贝尔奖。它的名字不一样，因为它不是诺贝尔基金会给的，我觉得它是瑞典的国立银行出的钱。

季理真：是这个样子，我上次去了诺贝尔博物馆，然后大厅进去是关于诺贝尔的一些故事。

杨振宁：是在斯德哥尔摩？

季理真：斯德哥尔摩，您没有去过是吧？

杨振宁：没有，我没去过。

诺贝尔和他的女朋友们

季理真：有一次我去斯德哥尔摩，2月份去的，挺冷的，我转了市里，刚好这个博物馆在那边，我就随便进去看看。大厅里面有关于诺贝尔奖的介绍，我找到您跟李政道的照片，看起来好年轻。后来我转到右边有个小房间，是关于诺贝尔的生平介绍，一看吓我一跳。是怎么回事呢，一进去就有两个非常漂亮的女孩子的照片，上面写着这么一句话，我到现在还想不清楚这种事情，我们中国人绝对不会这么做。他们怎么写呢，有个很漂亮很迷人的女孩子，说这是做了诺贝尔17年的情人。后来因为其他人把这个女孩子搞怀孕了，诺贝尔就和这个女孩子分开了。我当时就奇怪，这个是纪念诺贝尔的博物馆，中国人是不会写这种东西的。接着我又看到还有另外一个女孩子也长得不错，是他的秘书。后来有一次我去图书馆，给我女儿借些名人传记的时候，突然看到一本诺贝尔的传记，我就借来看看。看了以后，我把所有能找到的诺贝尔的传记全部都找来看，这很有意思。诺贝尔博物馆里面稍微展出了几封诺贝尔的信，其中一封信就是他写给他当时的女朋友的，说他好累，路上很辛苦。后来我找到书看了以后，才知道他的生平真的很凄惨。我觉得每年10月份发诺贝尔奖的时候，每个人都在说谁拿了诺贝尔奖，但一部分人完全不知道诺贝尔背后的故事。诺贝尔和这个女孩子的故事好像是挺复杂的。诺贝尔当时在巴黎工作的时候是一个人，他需要找一个秘书来帮忙，一个奥地利的秘书来帮忙了。那个女孩子之前在富有人家里面当家庭教师，和这家主人的儿子相恋，他家里人坚决反对。后来女孩子就很伤心地离开了，刚好看到诺贝尔登的广告，就去诺贝尔那里当助手，工作了一个星期，诺贝尔马上就喜欢上她了。女孩告诉他，她一直忘不了她的男朋友，诺贝尔就跟她说，你不要想他了，他说不定现在都已经有其他的女朋友了。后来诺贝尔出差去了，回来的时候这个女秘书不在了，是怎么回事呢？诺贝尔出差的时候，那个秘书的男朋友写了封信给她说还想跟她在一起，秘书就回去跟他私奔了。那以后诺贝尔一直跟她有联系，诺贝尔很喜欢她。后来这个女秘书搞和平运动，按这本书上的说法，诺贝尔设了个和平奖，希望她能拿诺贝尔奖，她在1905年拿到了诺贝尔和平奖。诺贝尔和后来那个女朋友的关系是这样的，秘书走了以后，他回到家里很伤心，就去维也纳郊区散心，走进一个花店，花店里有个很漂亮的女孩子，这个女孩子是在怎么样的家庭里长大的呢？她是后娘养大的，亲妈妈不在了。后娘自己有两个女儿，但后娘认为这个女孩子长得很漂亮，必须要把她教育得很好，希望她能嫁一个非常有钱的人。后来她就和诺贝尔认识，成为情人以后，她家不停地跟诺贝尔要钱，诺贝尔都完全满足。

杨振宁：你是不是看过一个诺贝尔的传。

季理真：我看过五六个，我全部都看过。

杨振宁：我就没有注意到你讲的这些故事。

季理真：后来还有故事，诺贝尔家里反对他和这个女孩子结婚，因为诺贝尔比她大了17岁或者更多，可能二十几岁。诺贝尔也有点不怎么喜欢她，他觉得这个女孩子没有受过什么教育，但当时感情上又离不开她，就给她买了栋很好的房子，像笼子一样把她关起来。诺贝尔常常出差，女孩子一个人比较寂寞，就找了一个男人，两个人就成为情人了，怀孕了。怀孕以后，女孩子就写信给诺贝尔，说她已经怀上了其他人的孩子，需要钱。

杨振宁：这些在诺贝尔博物馆里头有？

季理真：博物馆里边有。关于女朋友的事情，在博物馆的网页上都没有说，进到博物馆以后可以看见。他女朋友做得也不好，诺贝尔和他女朋友交往的时候写了很多私密的信，诺贝尔告诉她看了以后马上把信毁掉，但他女朋友没有。诺贝尔去世以后，不是成立了一个基金会么，他的女朋友告诉基金会负责人，说她那里有一些诺贝尔的信。基金会里有一个人是诺贝尔的助理，他觉得这种信公开出来对诺贝尔不是很好，就对诺贝尔这个女朋友说他出钱把信买过去。

杨振宁：后来还打官司来着。

季理真：对，打官司是在她的家里人分财产的时候，和诺贝尔女朋友的意见有点不太一样。诺贝尔女朋友卖了一部分书信，过段时间说她那里还有。诺贝尔也很惨，你看他在信里面……他是这个样子，当时信卖给基金会以后，规定要保密50年。后来50年刚过，就有一个人写了本传记，他在书里面选了不少诺贝尔和他女朋友的通信。我还特意写了一篇文章，因为我觉得特别有意思。一方面或许应该感谢诺贝尔的女朋友，如果诺贝尔的女朋友和他安稳地结婚，还有了孩子的话，我想也就没有诺贝尔奖了。

杨振宁：你讲的关于诺贝尔的故事，至少和我所认识的不一样。

季理真：您没有听说过？

杨振宁：大家都不大知道，这个其实可以写一篇文章或者介绍。而且还有另外一个我觉得值得介绍的，是有过一本书，英文出版的，这本书我现在不记得名字了，它讲诺贝尔基金会成立了以后，好几十年，我觉得可能是头50年吧，中间评奖的故事。因为那几十年里头，有一个评奖委员会的主席，是一个非常有政治权势的人，而且个性非常强，所以他等于主持了诺贝尔给奖这件事情好几十年。

季理真：起了很大作用，是吧？

杨振宁：他不是念物理的，那本书对受了这个人的影响，诺贝尔奖获得者中间那些经过有一个描述。我可以回去查一下，要是查出来这书的名字我可以告诉你，不过恐怕查不出来。因为这本书也许是我30年前在美国看见的，我大概在美国有这本书，可是后来不知道搞哪儿去了。你看了以后，就知道那个人对诺贝尔基金会对得奖人的挑选是有非常没有道理的影响。关于这个我是不是告诉过你，最近出了一本费米的传记？

季理真：没有，新的传记是吗？

杨振宁：最近出了一本英文的费米传记，叫做 *The Pope of Physics*，中文名为《物理的教主》，是英文写的。我跟清华物理系的人说，这本书有一部分很好，应该赶快把它翻译成中文，我想他们会做这件事情。我现在要跟你讲的就是，这个书里头讨论了一下莉泽·迈特纳。你知道这样一个女物理学家吗？

季理真：莉泽·迈特纳？好像是奥地利的？

吴健雄为何没有获得诺贝尔奖？

杨振宁：迈特纳跟她的侄子，叫做奥托·弗里施，是第一个认识到铀在中子轰击下要分裂的。这个分裂现在叫做裂变，一个分成两个。理论上是一个叫做奥托·哈恩的德国化学家做了这实验，他写信告诉了迈特纳，然后迈特纳跟她的侄子想了半天以后，说是奥托·哈恩对他这个实验的解释是不对的，应该是裂变。你要问我，我想她是可以获得诺贝尔奖的，可是她没得到，所以这本书里头提到这个，可是没有讲清楚。只讲了这么一句话，说是当时瑞典一个非常有名的物理学家叫做卡尔·曼内·耶奥里·西格巴恩，可能是反对迈特纳的。这句话我看了以后非常感兴趣，我告诉复旦的一个人，他应该去研究。为什么呢，因为另外一个女物理学家也没有得诺贝尔奖，大家觉得这是不可以理解的，她就是吴健雄。吴健雄没得到诺贝尔奖，这个我想将来还会有人研究。可是我有一个猜想，这个猜想就是与这位西格巴恩有关系。

季理真：是吗？您说他不怎么喜欢？

杨振宁：是这样，西格巴恩自己是一个诺贝尔奖获得者，大概比我大20岁。我得诺贝尔奖的时候，就是1957年的时候，那个诺贝尔奖评选委员会，他是主席，所以我老早就认识他了。他叫做曼内·西格巴恩，他的儿子叫做凯·M.西格巴恩，也是一个物理学家，是跟吴健雄同行，而且在吴健雄做研究的时候，西格巴恩在他这个领域里头名气比吴健雄大，可是西格巴恩并没有做这个实验。我的一个猜想，可能西格巴恩不满意吴健雄，因为他们是同行竞争。

季理真：为了他的儿子是吧。

杨振宁：他本来已经很有地位，在这个领域里头是佼佼者。我没有证据说是吴健雄跟凯·西格巴恩是竞争者，我没有证据，可是我想他一定很懊悔自己没有做。结果20年以后凯·西格巴恩自己得诺贝尔奖了，可是是在另外一个领域里。我想他恐怕现在人已经不在了，凯·西格巴恩可能跟我年纪差不多。你想那个时候他的父亲是诺贝尔物理学奖的评选委员会的主席，假如他跟吴健雄的关系不好，那很容易理解到。这个事情我一直觉得有这可能，忽然发现新的这本关于费米的传上面讲了有一个疑心，是曼内·西格巴恩不喜欢莉泽·迈特纳得诺贝尔奖的，这个我想是可以去研究的。

我还要告诉你这个迈特纳是王淦昌的老师。你知道王淦昌吗？王淦昌是中国做原子弹的一位重要的科学家。

季理真：哦，王淦昌，对，是您的一个同学。

西方的犹太科学家

杨振宁：他是一个做得很成功的人，他是吴健雄的博士生。我想迈特纳没得诺贝尔奖，还可能有另外一个缘故，因为她是犹太人。那个时候说瑞典有人不喜欢犹太人，这不稀奇。

季理真：现在犹太人的影响力是很大了。

杨振宁：是这样，现在世界尤其是美国，对犹太人的态度，跟我做学生的时候已经不一样了。而我做学生的时候，美国人对犹太人的态度、学术界对犹太人的态度，比起当时欧洲又不一样。欧洲，比如德国、俄国对犹太人不喜欢，今天俄国还是这样。你知道我很熟悉的一个朋友，最近过去的，法捷耶夫。

季理真：是犹太人吗？

杨振宁：他不是犹太人，但他知道俄国的数学界、物理学界中犹太人跟非犹太人斗争得很厉害，他老是觉得他被连累了。这句话是什么意思呢，就是他自己觉得他是完全不歧视犹太人的，可是犹太人觉得他还不够照顾犹太人，所以他字里行间你可以感觉到，就是他感受到俄国的犹太人跟非犹太人之间互相不满意，影响到大家对他的印象。

季理真：对，犹太人以前难找到事，就是安德烈·韦伊来美国的时候，开始找事也比较难找，当时还有诺特尔也找不到事。

杨振宁：安德烈·韦伊就是一个例子，所以安德烈·韦伊一生都不喜欢美国。

季理真：对。

杨振宁：这也许与陈先生最重要的工作也有关系。因为安德烈·韦伊1943年在美国很不开心，到理海大学去了，可是陈先生过去跟他关系很好，所以他就跟陈先生谈，给陈先生一个一百多页的文件。陈先生看了以后，就写了他一生最重要的文章。

最重要的数学家们

季理真：我再问您另外一个问题。我现在在搜集资料，准备写一本书，像数学全貌之类的书。您刚才跟我分析，物理学历史上有哪些重要的工作。我想像对数学一样，能得到个全貌。从您的观点来说，有哪些数学的结果特别重要，或者有哪几位数学家对您来说特别厉害？

杨振宁：那当然是老一点的，那有好多了，高斯以后……

季理真：对，高斯以后好像有很多人。

杨振宁：比如数学家里非常佩服阿贝尔。

季理真：对，阿贝尔。

杨振宁：我并没有懂阿贝尔，据我的了解，阿贝尔是最先证明高斯的方程不能用根来解的。我的印象是，他要研究整数，要研究平方根倒数底下是个立方多项式的东西，这个整数他研究了很多，后来雅可比把它倒过来，就出了椭圆方程。

季理真：对，阿贝尔也倒过来的。

杨振宁：阿贝尔也倒过来的？

季理真：对，倒过来的。

杨振宁：为什么大家老讲这是雅可比的呢？

季理真：雅可比矩阵逆是另外的问题，但阿贝尔和雅可比研究 genus（类）是等于 1 的情况的时候，椭圆这两个人都研究了，后来雅可比对类比较大一点的时候，有个雅可比矩阵逆问题。那个时候魏尔施特拉斯是出名的，魏尔施特拉斯从中学老师一下变成了柏林大学的教授，这个特殊情况就是因为做了这个。

杨振宁：谁是最先发现椭圆函数的？

季理真：应该是高斯早就知道了。

杨振宁：你说高斯已经知道了？

季理真：高斯在日记里面都有了。高斯在他一本著名的数学书里面的最后一章，已经稍微提了一句，阿贝尔看到高斯的这么一句，后来去研究了椭圆积分，所以我们现在的椭圆函数之类都是来自阿贝尔和雅可比。问题是他死得太早了。

杨振宁：可是我对阿贝尔后来的影响，你要问我，我比较懂伽罗瓦的影响，因为伽罗瓦的群。不过我的印象，大家觉得阿贝尔跟他是同一个水平的。

季理真：对，阿贝尔应该，因为整个复分析……

杨振宁：复分析不是奥古斯丁-路易·柯西他们搞的吗？

季理真：更重要的是阿贝尔，柯西也很重要。

杨振宁：柯西做了什么是对于复分析重要的？

季理真：也很重要，Cauchy-Riemann（柯西-黎曼）方程、积分公式。

杨振宁：Cauchy-Riemann 方程就是一个有导数……

季理真：是的，他们给出了什么条件下函数是一个解析函数。

杨振宁：什么条件下在那一点上解析，那两个方程，这是……

季理真：柯西和黎曼做的，黎曼的论文里面。

杨振宁：这跟阿贝尔有没有关系？

季理真：没有，阿贝尔是前面做的，因为阿贝尔开拓了椭圆积分，而且他推出一个更一般的，它叫阿贝尔积分。然后是黎曼，黎曼的成名工作就是研究阿贝尔积分。

杨振宁：所以你要问我，我多多少少有点懂伽罗瓦有极大的影响，我也懂黎曼有极大的影响，我也懂柯西有极大的影响。比如说你要问我魏尔施特拉斯做了什么。

季理真：分析是严格化的。

杨振宁：我讲不清楚，你要问我尤利乌斯·威廉·理查德·戴德金做了什么，我就知道戴德金分割理论是很好的，但不知道他别的做过什么。至于你说李做了什么，这个我可以知道他的影响。像说闵可夫斯基做了什么，我就讲不出来。

季理真：闵可夫斯基那个是几何数论。

杨振宁：闵可夫斯基他影响了爱因斯坦。

季理真：对。

杨振宁：他自己是一个数论学家。

季理真：对,几何数论,他创造了一个新的领域。

杨振宁：他在数论(方面)做了什么东西我不知道。我还告诉你一件事情,我父亲是念数论的。

季理真：这您说了。

杨振宁：所以他的书架上就有数论书,我在中学的时候就到他的书架上去研究,就看见有本书是朗道写的。朗道这本书很奇怪,很特别。

季理真：为什么？

杨振宁：因为我们知道数学家也好,物理学家也好,要写一篇文章或者写一本书,就是 Theorem 1、Theorem 2、Lemma 1、Lemma 2(定理1、定理2、引理1、引理2)什么的,这个很清楚,不稀奇,然后方程式一二三四条。可是通常一个人,比如说他写一本数学的教科书,第一章里头就有些 Theorem 1、Theorem 2(定理1、定理2)；到第二章里头,又是 Theorem 1、Theorem 2(定理1、定理2)这样,每一章是独立的,那些公式序号是1、2、3、4那些。但朗道不是这样的。朗道他整个一本书定理的数目都是排下来的,所以他那个定理序号常常是(比如)135,更厉害的是他的公式,他的公式数目到几千个。

季理真：是吗？

杨振宁：所以就使我觉得他这人是很稀奇的一个人,他要求准确。我知道很多关于他的故事,比如说,我不知道你听说过这个故事没有。

季理真：什么故事？

杨振宁：他去上课,上课通常学生很少。有一次他去上课,一个学生都没有,他还是照样把他这个课讲完。讲完了以后,他出来看见了他的一个同事,他就笑了,他说,Now they will never catch up(现在,他们再也跟不上了)。你听说过这个故事没有?

季理真:我没听说过,我听说过他很严格。

杨振宁:可是你要问我说,这朗道都做了什么重要的工作,我完全不知道。讲起这个,我们回来讨论一个重要的问题,就是为什么模函数跟数论有关系?

季理真:有很多原因,其中一个比如说,数论有一个重要的问题,说任何一个数可以表成几个数的平方之类,这是一个经典的问题。

杨振宁:就是几个平方加起来。

季理真:对,然后数这个个数,这种个数和模函数的系数都有关系。

杨振宁:这种问题叫做华林问题?

季理真:对。

杨振宁:你说华林问题跟模函数有关系?

季理真:华林问题有点不太一样,华林问题次数比较高,我说的只是平方,平方的情况与函数有关。我们刚才说的那个模函数就是考虑到域的扩张,这是一方面。另外一方面是 L 函数,是狄利克雷定义的。比如说数点数出来一个数字,你把所有东西放在一起,系统地放在一起,你就构造了一个 L 函数。L 函数开始来自模形式,然后就是比较……这个也是朗兰兹纲领很大的一部分。

杨振宁:你大概讲的是,有一类数论的问题是研究别的理论里头的这些数论?

季理真:比如说安德烈·韦伊的最有名的猜想是,给定一个变量,在有限域上说它有几点,这就是安德烈·韦伊的最著名的猜想,安德烈·韦伊猜想。因为它数个数,每一个质数,然后令 p 变,就出来一系列的数字。问题是,这些数字是不是有什么正规性,有什么模式?这个很好地表示在他们构造出来的 L 函数是不是满足什么性质上。

杨振宁：那这样的一个说法有没有道理？就是说像高斯或者像刚才你讲的阿贝尔他们，对于这个 number system（数系）去想，所以就有了 field（域）的观念，这个不同的 field 里头可以产生不同的数论。向这一类的方向发展，是很多大数学家之所以成功的原因，就是因为他们喜欢向这方向发展，是不是中国人不会做这东西？

季理真：中国古典的数学比较有算法，就是 algorithm（算法），所以概念性方面缺乏。

杨振宁：对，所以是不是说，这一类的想法太不实用，所以中国人不去搞这些东西？

季理真：我想中国所有的学问什么的都是比较实用的，比较实在，比如读书读好了去当官。

杨振宁：那么华罗庚是不是比较不那么实用了呢？

季理真：华罗庚后来做的数学，做最优化，优选法，还是（实用的），他本来的数学可能是没有太多用，但他后来做的……

华罗庚和西格尔是否有竞争？

杨振宁：华罗庚是不是有一段时间跟西格尔有点竞争？

季理真：不会吧，我想没法竞争。

杨振宁：王元有个说法，说是 1943 年，华罗庚跟陈省身都被邀请去高等研究所。

季理真：对。

杨振宁：陈省身去了，华罗庚没去。王元有个解释，是说因为华罗庚那时候所做的东西跟西格尔是在一个方向上，他怕去了以后会对于credit（功劳）纠缠不清楚，所以他没去。你听说过这个说法吗？

季理真：没有听说过。

杨振宁：你没听说？

季理真：我觉得不会，因为他们两个人完全是不一样的层次。

杨振宁：我觉得这个是林开亮告诉我的。

季理真：不对，我给您几个反对的理由，因为西格尔做的方向和华罗庚的是不一样的。西格尔天体力学也做，动力系统也做，自守型也是做的。华罗庚他做的只是堆垒数论，是比较经典的。而且我觉得他们两个的诉求不在同一层面上，西格尔比较年长，一般年长的不会和比较有前途的年轻人去竞争，我觉得不会。比如说安德烈·韦伊，我就听说他对同龄人非常的不友善，对一些年轻人都还不错。所以是有理由的，西格尔没有必要和华竞争，因为华当时刚出来。

安德烈·韦伊在普林斯顿高等研究所的政治

杨振宁：我有没有告诉过你一个故事，说是安德烈·韦伊后来对我不满意。

季理真：是吗？我不知道。为什么？

杨振宁：安德烈·韦伊一去普林斯顿研究所，就立刻来找我，那大概是1960年还是1961年。因为他跟陈先生是好朋友，所以他从陈先生处听说我，他就来找我。我还记得我非常惊讶，第一次谈话，他就跟我说，他说我听说过你。那个时候高等研究所研究历史方面有一个研究罗马史的老先生是从欧洲去的，他还收集罗马硬币。安德烈·韦伊跟我说，我们来合力把他,意思是赶走。我觉得很稀奇,这个跟他一点关系都没有,所以他后来没再找我搞这件事情,也并没有做成功这件事。所以那个时候我对他是敬而远之,很佩服他。我没跟他讨论过任何数学或者物理,他也从来没来跟我谈过,我们念物理的人一块吃午饭,他不会加入我们。数学家跟物理学家吃午饭都不在一起,都在同一个自助餐厅,像是让-皮埃尔·塞尔、博雷尔他们在一起吃午饭,可是我们物理的在一起。

季理真:我去的时候有个桌子,好像数学家坐在一起。

杨振宁:后来为什么他对我不满意了呢?是因为他不满意奥本海默,他跟蒙哥马利两个人是最坚决反对奥本海默的。他们反对奥本海默我想有好几个原因。一个原因是他们看不起奥本海默,觉得奥本海默好像要搞一些政治上的影响,他们觉得我们应该就只是做学术的工作,所以他们看不起这个。另外还有一个原因,是因为他们觉得奥本海默不募捐,不给研究所搞钱。据说奥本海默当头的时候就跟委员会讲好了他不募捐,委员会说没关系,我们钱多得不得了。可是等到50年代,钱不那么多了,所以他们就反对他。反对后来就集中到一个问题,就是米尔诺。米尔诺是普林斯顿年轻的优秀教授。安德烈·韦伊主张把米尔诺从大学挖到研究所。奥本海默说不行,因为高等研究所早年(和普林斯顿大学)有一个不成文的口头的协议,是说高等研究所早年借用了大学的 Fine Hall(数学系大楼),研究所要跟大学保持一个好的关系,不去挖人,所以说不行。安德烈·韦伊他们弄出种种的道理,说是不成文的不必遵守,或者说时间已经过了,很多年了,一切都改了。总而言之就是辩论得很厉害,我们念物理的人当然都是帮助奥本海默,所以就吵得很凶。

季理真:是的,所以安德烈·韦伊对您有点不高兴了。

杨振宁:吵得很凶。我还记得有一次我在教师会上发言,我就说,我是从一个古老的文化出来的人,这个古老的文化对于世界的看法不那么绝对,一切东西都是要照顾很多方面的。因为我是从这个文化传统出来的,所以关于米尔诺这件事情,我不能投票愿意请他来。安德烈·韦伊大概很不满意,他一定觉得,好,你搬出一个中国的文化,我也有我的法国的文化。我怎么知道这个呢,他并没讲这话。后来很多年以后,芝加哥大学有一个年轻的物理学家,理论物理学家,这人现在还在,叫做彼得·弗罗因得。我还跟他相当熟,他是芝加哥大学的物理系教授,他比我恐怕年轻20岁,他是从欧洲到美国的。他因某方面跟这个安德烈·韦伊变得很熟,我想这原因大概是因为安德烈·韦伊后来常常在巴黎,彼得·弗罗因得大概也常常去巴黎,所以就跟安德烈·韦伊熟了。大概20年前这个彼得·弗罗因得写了一本小书,就是一些随笔,其中就有一章讲到了安德烈·韦伊对我不满意,他讲话的意思大概是安德烈·韦伊跟这个彼得·弗罗因得说,这杨振宁要搬出来他们这个中国文化。因为安德烈·韦伊对中国的文化有一些了解,而且也有一些尊敬,他跟一般美国的年轻人的态度是不一样的,所以他大概特别不满意我搬出一个中国的文化来。

季理真:对,安德烈·韦伊这个人是比较……

杨振宁:这个人是不容易对付的,所以大家对他是敬而远之的。不过我想大家对他,假如要说20世纪后半世纪最重要的两三个数学家,恐怕他一定是一个。

季理真:对,他很重要。

安德烈·韦伊和格罗滕迪克的矛盾

杨振宁:他跟格罗滕迪克的关系呢?

季理真：不好，是这个样子，人家也跟我这么说了，因为一山容不了二虎。当时安德烈·韦伊要证明他那个函数域上的黎曼猜想；后来他建立了一套代数几何基础，他当时差不多就是世界上的 NO.1。再后来来了一个格罗滕迪克把他做的全部推倒了。

杨振宁：你是说格罗滕迪克走得更远一点？

季理真：对，深刻很多，现在安德烈·韦伊做的这一套已经没人用了，格罗滕迪克来了全部把它推倒。

杨振宁：我听说格罗滕迪克写了一本书，骂了很多人。

季理真：对，有一千页，我们计划把它翻译出来。

杨振宁：这书你能不能把名字告诉我？

季理真：好，有法文的。

王丽萍：中文叫《收获与播种》。

杨振宁：你说已经翻译成中文了？

王丽萍：没有，有一些人把它翻译了部分挂在网上。

杨振宁：你能不能传给我看？

王丽萍：可以，我可以把那个链接发给您。

季理真：您知道塞尔下个月要来清华？

杨振宁：塞尔，我认识，不熟。

季理真：他也跟格罗滕迪克交往得比较多，塞尔当时问格罗滕迪克为什么骂他的学生？因为他有个学生皮埃尔·德利涅是他很喜欢的。

杨振宁：叫什么名字？

季理真：皮埃尔·德利涅，现在在普林斯顿。

杨振宁：我不晓得。

季理真：这是个年轻人，他是格罗滕迪克最优秀的学生。格罗滕迪克一直想做的是解决安德烈·韦伊的猜想，希望发展一套理论，他的学生不用他这一套，后来把它解决了。他觉得他的学生背叛了他，就像耶稣跟犹大一样，吵得很凶。塞尔他们都有解释：因为他们两个人个性都很强。关于安德烈·韦伊和格罗滕迪克，我当时还问了几个法国人，安德烈·韦伊是布尔巴基学派里面最重要的人，安德烈·韦伊在做布尔巴基讲座的时候，格罗滕迪克指手划脚，问题也不好好问。后来格罗滕迪克讲的时候，安德烈·韦伊可能问话也不是很友好，格罗滕迪克就受不了，然后就出去了，退出了布尔巴基讲座。这两个人互相都不服气，所以这是一山不能有二虎的一个例子，谁也容不了谁。格罗滕迪克也是很早就离开了数学，因为他是非常奇怪的一个人。他的书里面骂了很多人，但是被骂的人都觉得很光荣。我的老师的老师也是普林斯顿的一位教授，叫罗伯特·麦克弗森，您不认识他，比较年轻。

杨振宁：叫什么名字？

季理真：罗伯特·麦克弗森。

杨振宁：哦，罗伯特·麦克弗森，现在还在那儿？

被格罗滕迪克骂过的人不但没有沮丧反而觉得很荣耀

季理真：对，他现在在那儿，他是九几年去的。格罗滕迪克的书的最后面是一帮人抬着棺材，要把格罗滕迪克埋掉，我这个老师的老师还有我系里的同事两个人，在抬棺材的人群当中的。他们两个都很高兴，反正就是说能被他骂的都是够格的，很奇怪的事。

杨振宁：这个数学家之间紧张的关系，比物理里头厉害。

季理真：是吗？

物理学家之争为何要少于数学家？

杨振宁：原因是因为数学里头能够留下来的东西多，所以有人愿意留下这个，别人愿意留下别的，这里头争吵就多了。在物理里头没有这种，物理里头要么就是对的，要么就是有价值的，要么就是没有价值的，不容易争执。

季理真：对，然后我再给您举个例子。您知道，中国数学界华人之间矛盾挺大的，国外的也知道。当时安德鲁·约翰·怀尔斯解决了费马定理，大出名。我当时的一个同事是怀尔斯的学生，他说家里面有矛盾并不是你们中国人独有，我们也有。他说你看我们这个大家族，怀尔斯的老师是科茨，科茨的老师是贝克，贝克是拿菲尔兹奖的，贝克和科茨的关系不好，科茨和怀尔斯的关系也不好，怀尔斯和他的学生泰勒的关系也不好。四代人：贝克、科茨、怀尔斯、泰勒，每隔一代都很好，我觉得人性当中好像是隔了一代就无所谓。所以您刚才说那个西格尔和华竞争，我觉得理由不是很有说服力。

杨振宁：我想数学家之间的关系跟物理学家之间的关系还不一样。

季理真：另外我有个问题问您，我觉得物理学家比较睿智，就是说对世俗的东西比较理解，很多数学家好像不食人间烟火一样。

杨振宁：不一样的原因，就是因为数学好的可以留下来的东西，性质跟物理完全不一样。数学可以留下来的东西是一个非常美丽复杂的结构，而且这个结构是越来越增加。而物理就不是这样，物理它淡化得非常快，就像沙漠一样，如果变成沙漠一样，就没什么可吵的了。

季理真：可吵的就比较少。

杨振宁：其实这个可以写出来，很有意思。你喜不喜欢看蔡天新、汤涛他们写的文章？他们想要搞一个杂志，有点像 American Mathematics Monthly（《美国数学月刊》），又有点像 Mathematical Intelligencer（《数学情报》），是介乎这两者之间，我觉得值得鼓励。不过他们的文章没有 Mathematical Intelligencer 搞得好。

季理真：杨先生，我这里有个问题，是关于格罗滕迪克的。格罗滕迪克是 42 岁离开 IHES（法国高等研究所）的，然后就不做他以前的数学了，是什么理由？他正式的理由是说发现法国高等研究所用了军方的资金，他觉得是不道德的，就离开了。塞尔怎么说是格罗滕迪克他自己做数学做累掉了。因为实际上做了这么多时间，他本来想造一个很大很大的像大教堂一样的东西，做了几十年，才造了一个墙脚的样子。您对这有什么看法？另外这也联系到一个人怎么能够保持一直多产？因为他 42 岁还算年轻。他离开以后骂学生，说学生没有把他的整个计划再继续下去。我想问一下，您对这件事情怎么个看法？物理上也有这样的人吗，在他事业的顶峰就离开了。

杨振宁：我想当然有，不过像你所讲的数学界的这些人这样走极端的比较少。比如像是格罗滕迪克、佩雷尔曼，还有包括斯蒂芬·斯梅尔，都有点，比如说斯梅尔。

季理真：斯梅尔看起来还好，我觉得。

杨振宁：美国政府非常不喜欢斯梅尔。

季理真：对，因为他反对越战。

不寻常的斯梅尔

杨振宁：不少数学家非常佩服斯梅尔。

季理真：是吗？为什么？

杨振宁：为什么我不知道，多年前，有数学家说斯梅尔不得了。

季理真：斯梅尔这个人比较怪，我有一次请他来密歇根大学做colloquium（座谈会），当时约了几个学生跟他一起谈。我们当时就听他说，他以前在密歇根大学读研究生的时候，差一点考试不及格，系主任找他，说你再考不好就必须离开这边。他说的理由是这样子，他当时有个好朋友，两个人有个比赛，看谁更差，同时还不会被系里赶走。等于是骑自行车，比谁骑得更加慢一点。他在拿菲尔兹奖的时候，在莫斯科说了一些话，反对苏联政府。我说你当时怕不怕，他说他不怕，因为他觉得他有菲尔兹奖，反正他们不敢对他怎么样。所以说我觉得他看起来挺有意思。

杨振宁：他现在还去不去香港了？

季理真：去。

杨振宁：现在还去？

季理真：也去，我最近一次碰到他是在三年前的黎曼会议上。他身体不错，我们那天在三亚海边吃了饭，我说我们一起去海边走走。后来我们从餐馆里出来，有一个挺高的围墙，我们就准备爬过去，我说你可以吗？他说这没有问题，他也可以，后来就跟着我们爬过去了。

杨振宁：中国的文化传统，不鼓励人也不喜欢人走到极端的方向。这个你要问我呢，我觉得有好处，也有不好处。什么地方有好处呢，我想中国改革开放以后，这几十年能够有这么高速的发展，与这个中国传统有关系。因为(不能)太多的人向各个方向乱发展,中国从一个极端贫穷的情形之下,要大家合起来努力向一个方向走,用西方的那个办法是不利的。不过太鼓励中国这个办法有没有缺点呢,也有,所以这是非常复杂的。就跟现在老在讨论是中国的教育体制好还是美国的教育体制好一样,中国一般的人都是认为美国的好,美国的人认为中国的好。

1985年陈省身获得纽约州大石溪分校之荣誉学位。左起:张守廉、陈省身、杨振宁

季理真:杨先生,能不能我把整理的问题寄给您,您书面写一点东西。

杨振宁:你发邮件给我或者交给我。

季理真:对,我已经给您了。

杨振宁:我可以评论,我就 comment(评论)。

季理真:好,您能 comment 的就 comment,我把这个东西寄给您,因为我提的问题有些可能比较细,您看能写就写点。

杨振宁:OK。

季理真:好的,谢谢您,咱们下次再找您访谈。

访谈时间：2017 年 7 月 4 日
访谈地点：清华大学高等研究院
采访人：季理真　王丽萍
录音记录：王丽萍
整理：彭程　王丽萍　季理真

第四次访谈

清华大学高等研究院

每个人都知道对称在生活中是很重要的,而美常常与对称联系在一起。那对称背后的数学是什么?这是怎么发生的?群论或者更确切地说是变换群理论可以用来理解晶体结构。杨振宁和李政道因提出宇称不守恒理论而获得诺贝尔物理学奖,宇称不守恒仍然是对称的。在本次访谈中,您可以倾听杨先生对对称的深刻理解,以及对称的历史和在物理学方面的应用。

数学与宇宙同时产生，又独立于宇宙

杨振宁：我觉得数学是独立于自然界的现象以外的。换一句话说，宇宙大爆炸以后，几秒钟就已经有数学了，几微秒也已经有数学了。再换句话说，数学是一个独立的结构，你问为什么会有这个现象呢？这个我不知道怎么回答。而数学自己就有对称在里头。比如说在两维空间没有左右的分别，可是到了三维空间就有左右的分别了。你知道外尔有一篇文章吗？是一篇通俗的文章，可能是他哪一本书的前言，他就讲左和右的分别是一个最重要的最基本的现象。所以我认为物理世界跟生物世界存在对称的现象，因为物理世界跟生物世界的结构都是基于数学的。既然数学有对称的观念，那么自然界也有对称的观念。

季理真：您刚才也说了，数学的建立和发展是独立于大自然的。

杨振宁：比如，假如现在发现别的星星上有人，也一定有数学。他的数学跟这边的数学语言可能不一样，可结构是一样的，我不相信是会不一样的。

晶族的个数

季理真：另外就是您刚才说数学对称在物理中的应用，埃米·诺特尔做出来一个守恒定律，是因为有一种李群作用在上面以后就推出一种守恒定律。

杨振宁：我的物理研究里头对对称的看法，大概是这样的。第一个重要的突破是晶体对称。这个是很自然的，因为物理学家对于对称的了解、对群论的了解，完全是从现象来的，这跟数学家是不一样的。数学家是从数学结构里头找出来的，物理学家对数学的结构不是特别注意。物理里最自然的就是晶体对称，为研究晶体对称，物理学家知道了有很多不同的晶族。研究来研究去，最后大概是1890年前后，是一个俄国物理学家，叫做弗拉基米尔·V.费多罗夫，和两个数学家，阿图尔·莫里茨·舍恩菲利斯和奥古斯特·布拉韦（有了突破）。首先要有观念，就是存在晶族。然后，从数学的眼光讲起来，是从群结构里头发现有晶族；而物理学家是从晶体的性质发现有不同种，又是殊途同归。到1980年，为了到底有多少个，还吵了很久，因为一共有200多个，中间有几个一时弄不清楚是应该分开还是不分开。

季理真：对，好像270多个，我记得。

杨振宁：我忘了200多少个。你知道还有一个有名的事情，是先把三维空间的弄懂了以后，我不记得是哪一个人提出来说为什么不在二维空间里问同一个问题。二维的有17个，所以二维空间的这个结论是在三维空间研究之后得到的。我有篇文章讲了这个，你等我想一下，恐怕是这本。

季理真：是吗，二维的结论是后面才得到的。这个图很漂亮。

杨振宁：物理学家是弗拉基米尔·V.费多罗夫，然后数学家是阿图尔·莫里茨·舍恩菲利斯和奥古斯特·布拉韦，他们得出每一个晶族都和空间群相关，在三维空间大约有230个不同的空间群。先是得到230个，然后才得到那二维的17个。之后就有希尔伯特的23个问题，其中有一个问题就是问是不是任何维空间的晶族个数都是有限的。

季理真：对，有限的，路德维希·比贝尔巴赫后来解决了这个问题。

居里夫人和对称

杨振宁：比贝尔巴赫后来解决了这问题。可是四维有多少个，是用计算机才得出来的。我的印象五维、六维再高的维度空间，现在还没有得到具体的数，都只得出了上界和下界，有好多人专门研究这类东西。这是大概的历史。另外，你今天讲的对称的还有一个重要的事情值得去研究，就是你知道居里夫人的丈夫——皮埃尔·居里，他写了很多关于对称的文章。他是一个相当聪明的人，但我觉得没有什么影响，你如果要研究这个历史的话，得要去看一下他到底搞的是些什么东西。

季理真：我倒没想到，因为好像居里夫人比较有名，先生就被大家忽视了，是不是？我的感觉是这个样子的。

杨振宁：我印象中他一生最重要的工作就是关于对称，可是基本没有影响。我觉得他比较多的是从哲学的方向去研究对称。

季理真：那很有意思，我应该去找找看。

爱因斯坦和对称

杨振宁：真正对称的概念发生影响的有两个不同的方向，一个方向是爱因斯坦在1905年。

季理真：洛伦兹那个？

杨振宁：他写出来了以后，过了一两年，闵可夫斯基说他的洛伦兹变换对称性是一个四维的，3+1维的一个群，爱因斯坦不喜欢这个。爱因斯坦在有一篇文章上说闵可夫斯基所做的是肤浅的,可是过了两年以后他完全改了。

季理真:对,后来对闵可夫斯基的评价很高。

杨振宁:不是,他后来就觉得……这是他晚年的时候讲他怎么开始研究广义相对论,我这里有一篇关于爱因斯坦的文章,就讲了这个故事。第 272 页,*Opportunity and Perceptions*(机会和观念)。我引用了爱因斯坦在晚年的时候写的文章。他就讲,是闵可夫斯基之后的一两年他才认识到这个对称很重要,然后他说他想要把动力方程写出来。这些方程是变换不变量,最后得出来了广义相对论。所以你可以说对称对于物理的基石有基本的贡献,这第一炮是爱因斯坦打出来的。可是一般的物理学家对这个并不是那么欣赏,实验物理学家对这个基本上没有感受到有多大影响。从实验物理学家讲起来,群论开始变成重要是由于原子光谱。原子光谱就是量子力学发现了以后,实验物理学家发现有量子数,光谱物理学家也发现有量子数。

季理真:对,它对应一个群表示。

外尔、维格纳和李群表示论应用于物理

杨振宁:实际上是物理学家本来没有这个群的观念,只是有量子数的观念。量子数是什么呢?比如说一个光谱线,放在一个磁场里就分成三个,所以这个光谱线与三有关系;另外一个光谱线放在磁场里就变成两个,所以这个与二有关系。因此,光谱就得出来了很多叫做量子数,量子数的开始我想是 19 世纪末年就有了,也可以说德国人那个时候做光谱做得非常准,就出了很多数。这些数字就弄了好几十年,是很神秘的。可是

到了 20 年代末，最重要的两本书，一本是外尔的，一本是维格纳的，就说这些数目，就是物理学家、实验物理学家的量子数，对应群论的一些自然的数目。我想这件事情从历史的观点讲起来，是真正开始把对称作为一个概念放到物理学中心的。

季理真：爱因斯坦是第一个。

杨振宁：爱因斯坦的那个不影响实验物理学家，他影响的是纯理论（物理）学家。从实验物理的立场讲起来，最重要的就是我刚才讲的，是了解到量子数原来是与群有密切的关系。

季理真：我从数学的观点来看有两个区别，洛伦兹群是非紧性的，基本粒子是紧李群的，是不是？

杨振宁：这个区别，对于数学家有用，对于物理学家没有作用。可是我刚才话没讲出来，维格纳跟外尔的书都很有名，可是一般的，不只是实验物理学家，还包括理论物理学家，并没有真正懂。而且不只是真不懂，还有一种抗拒，所以你知道有一个名词叫做 gruppenpest（抽象群理论方法），你也听说过这个。很多的人，尤其是物理学家，一时学不进去群论，可是又知道这里有很妙的东西，所以很不喜欢这东西。比如说一个最重要的 gruppenpest（抽象群的理论方法），是约翰·克拉克·斯莱特发现的，斯莱特是一个相当好的理论物理学家，可是他比较传统，他不是从数学方面来的。他后来发现了矩阵斯莱特行列式，他要制造出来一个波函数是反对称的，这写成一个行列式当然就是反对称的。他忽然发现可以用矩阵来了解很多现象，却不需要那么多的群论，所以他好像在一封信上说是他现在克服了 gruppenpest。这里有一本重要的书，一本经典的书，一九三几年出的。你也可以说他集当时群论跟原子物理学的关系，所以，这本书就变成了一本专著。我在念研究生的时候，大家都要念这本书。

这书是从一个物理学家的眼光,用数学群论的办法解释了非常复杂的原子物理学的现象。

季理真:后来大家的观点就改变了。

杨振宁:这本书跟外尔、跟维格纳的都不一样,他们两个人的书比较数学,当然外尔更数学一点,维格纳比较多了一些物理。他这个是给念物理的人看的。

你如果要研究历史,你就要看这本书《原子物理和群论》。你知道这个期刊么?叫做 Reviews of Modern Physics(《现代物理评论》),现在还在出。

季理真:这篇文章是 1948 年的,还有另外一篇是 1936 年的。是这篇,OK。

杨振宁:对,这篇文章讨论的是分子物理学和群论。

所以对于基础的物理学家,无论是理论物理学家还是实验物理学家,这两个都是最重要的。这告诉了你原子物理是怎样开始的,也就是群论跟原子物理是怎么开始的,这是分子物理学和群论。

我本科生的时候研究群论跟物理学,我在写本科生论文那个时候,学士学位在西南联大也要写论文,我就去找吴大猷先生。我在这书上讲了,他让我看这本书,看这篇文章,于是我就看了。现在我这篇论文在archive(https://arxiv.org)上有,我现在看这篇论文还是很惊讶,毕竟那是四年级学生写的。

季理真:很不简单,大学生能够写这种东西。

杨振宁:我把这篇很长的文章看懂了,把这篇文章的数学结构给总结出来了。也可以说到了 30 年代末的时候,群论对于物理学的重要性大家都已经懂了。所以换句话说,一般学物理的人,尤其是实验物理学,是看不懂外尔的,也看不懂维格纳的,但都是从这两本书开始的。

到了40年代开始,以及打完仗以后,大家就建筑在这上头。其中有一个人叫朱利奥·拉卡,你知道 Racah(拉卡)系数么?又叫 6J-symbol。

季理真:是群表示论的什么系数么?

杨振宁:还有 9J-symbol。

朱利奥·拉卡是一个犹太人,意大利人,打仗的时候,他跑到以色列附近。于是他就研究群,在群里很重要的就是 SU(2),或者是 SO(3),它有不可约表示,于是就把两个不可约表示乘起来,有分解,叫做 Clebsch-Gordan 系数(克莱布希-高登系数),你知道这名词吗?

季理真:对,我听说过。

杨振宁:Clebsch-Gordan 系数。关于这一类的问题,这个书里头,拉卡拼命研究。

季理真:这个在物理上有什么应用?我倒是从来没想过。

杨振宁:假如一个电子,它的态,它的……

季理真:对应一个群表示?

群表示和基本粒子

杨振宁:因为它的哈密顿算子符合 SO(3) 对称,所以它的特征值就是要属于一个不可约表示。因此不同的轨道是属于不同的不可约表示。现在加上两个电子,一个是属于一个不可约表示,另外一个属于另一个不可约表示。就是一个轨道进,它是属于一个 2×2 的表示,另一个是属于一个 4×4 的表示,你把这两个合在一起,就是要乘起来,就要把一个 2 维的表示乘上一个 4 维的表示,合的东西是可分的,那就要出现了 Clebsch-

173

Gordan 系数,等于是你要想怎么把两个不同的不可约表示乘起来。

季理真:对,我的问题是说在物理上的意义怎么解释?数学上我明白,物理上是不是两个粒子相撞?

杨振宁:一个电子,它的自旋是 1/2,自旋是 1/2 就是不可约表示,是 2×2 的。另外一个电子它的自旋是 three halves(3 个 1/2),它的轨道是 3 个 1/2,也就是 4×4 的。这两个合在一起有个 interaction(交互)。

季理真:交互以后怎么发展?

杨振宁:交互以后又分解,你要问这个 two-electron system(2 原子系统),就是把这两个分解,所以整天就得算这个东西。

季理真:两个交互作用以后,分解开来就是了,我明白了。

杨振宁:所以从数学的眼光,就是两个不可约表示乘起来再分解,很多不可约表示的这个分解的系数,就叫做 Clebsch-Gordan 系数。这个 Clebsch-Gordan 系数有很多数学性质,于是拉卡研究这个,这样子就出来了,叫 6J(-symbol),9J-symbol,然后就出了一本书。我告诉你这是一本重要的书,也可以说是一篇重要的文章,然后这个拉卡就出了第三本重要的,叫做 Elements(《元素》),这是书的名字,是本小小的书。你看了这书以后就可以知道 6J-symbol,9J-symbol。什么叫 6J-symbol 呢,就是两个不可约表示乘起来,什么叫 9J-symbol,就是三个不可约表示乘起来,那当然还有 12J(-symbol),有人专门研究这个东西,所以拉卡后来就变得很有名了。Elements 不那么有名,可是他这书非常有名,因为这书是念物理的人,尤其是做这一类东西的理论(物理)学家得整天看。

季理真:和 Yang-Mills 理论应该很有关系?

杨振宁:没有关系。Yang-Mills 理论是跟爱因斯坦有关系的。

这个所做的东西,是在 ground level(地面标高)上,跟实验媒介发生关系的。规范场理论是要问一般的原则的，所以是另外一类。

季理真：是另外一类，就是群论？

杨振宁：当然后来都是连起来的，不过从历史的观念讲，它是两条不同的河流。这些书你如果找来看看很有意思。

季理真：对，应该看，因为数学上我听说过，但我从来没想过物理上具体怎么应用，它这就是两个粒子相撞的时候。

杨振宁：事实上任何一个群，都有 Clebsch-Gordan 系数，这个领域一定有人在做，随便一个比如说是 SO(3)，有好多不可约表示，这些不可约表示乘起来的话，它也有 Clebsch-Gordan 系数。这里头还有一个跟这个有关系的是一个意大利人，后来做了高等研究所的教授，叫做斯蒂芬·阿德勒，是物理方面的，这人现在还在，也比我年轻。他从这个拉卡系数里发现了一个等式，这个等式我疑心是任何一个方面的群都有，是不是他推广了（我不清楚）。

季理真：所以这种就是群表示论，紧致李群是有限群，在物理的那个基本粒子里面非常有用。您刚才就是告诉我们紧致李群的表示是非常重要的。

杨振宁：其实物理学的方向不是紧致李群的表示，只是 SO(3)，特别对 SO(3) 发生兴趣。

季理真：好像这个和夸克的环境有关？

杨振宁：是的，打完仗了，现在又到粒子物理学了。

打仗一直到 1945 年，只有这一代，然后出了一个新的领域叫做粒子物理学，我恰巧在那时候做研究生，粒子物理学一出来，就发现了新的基本粒子。你大概听说过，叫做奇异粒子。

奇异粒子最初是一个、两个，后来就发现了很多，所以后来奥本海默说奇异粒子是一个动物园,叫做一个zoo,问题是这些奇异粒子是怎么交互的,这个交互里头当然要有对称,所以就研究这个粒子交互的对称。这是20世纪50年代最重要的问题,研究的时候就大量地用到群论,这以前所讨论的都是3维的旋转,这个是已经知道的。这个时候就发现要有新的对称,为什么要有新的对称呢,因为有谱。这些基本粒子有对称,既然有光谱,它一定就是某个群的不可约表示,所以就把某些群的不可约表示用到这里头了。于是就先搞出来SU(2),后来是SU(3),然后就搞下去了。这些都是50年代在搞的东西,我也在搞这些东西,可是我问了一个问题是当时别人不问的,就是有没有见到基本原理。

季理真:用来解释这么多东西。

李群和Yang-Mills理论的初始障碍

杨振宁:知道要有一些群,可是你知道了群,怎么用群来决定交互呢?就是电动力学,你可以写出来这个Maxwell方程,现在要变成SU(2)的话,要写成什么方程呢?我的问题就是方程的结构用了SU(2)或者SU(3),那这就是Yang-Mills(杨-米尔斯)理论。

季理真:对,因为您上次在回忆文章里面提过,在视频里面也提过,您这个结果做出来十年之内,好像大家没有意识到它的重要性。

杨振宁:原因是做出来以后立刻就有一个问题,这个理论好像要出来一个粒子(particle),是没有质量的,而且不是光子(photon),光子是没有质量的。我还记得我给人演讲,人家就问,说你这个很重要的粒子,没有质量,我们怎么找不着这个粒子,所以我不会回答这个问题。

季理真:我明白,这个是主要的问题。

杨振宁：可是事后讲起来，我觉得这个跟米尔斯都要写出来。那个时候我在 Physics Review（《物理评论》）也有发表，他们连问题都没问就接受了。

季理真：是吗？因为写得很漂亮？

杨振宁：我不知道是什么缘故，不过，我的印象里头，在 70 年代以前没有人邀请我去做关于这个的演讲。

季理真：对，我看视频里面，您为哈佛大学作了一个报告，而且是您自己选的题目。

杨振宁：这是因为哈佛大学想找一个新的助理教授，就把我这种年纪的人都逐一找过去，要自己选题目，我就讲了这个，讲了以后没人问我问题。

物理学家和数学家的收获年龄

季理真：那您做这个的时候年纪有多大了？做 Yang-Mills 理论。

杨振宁：32 岁。

季理真：32 岁，那不简单，因为 32 岁对有的人来说算是年龄比较大了。

杨振宁：因为打仗的关系，我出国比较晚。事实上我大学毕业是 20 岁，可是后来因为耽误了，所以我 26 岁才得的博士学位。

季理真：这是非常伟大的工作。我早上在看这本书，薛定谔伟大的工作是他在 39 岁做出来的。他说这在物理学界算是比较稀少的，虽然也有。

杨振宁：我想数学家比起理论物理学家还需要更年轻一点。像伽罗瓦、阿贝尔,他们都是非常年轻的。我想塞尔伯格恐怕也非常年轻。

季理真:对,塞尔伯格他开始做 elementary proof of the prime number theorem(数论的基础证明)的时候很年轻。

杨振宁:我想恐怕有30岁吧。

季理真:对,30岁。塞尔也比较年轻(他28岁就获得菲尔兹奖),到后面倒没有特别年轻的了。

杨振宁:2006年,我带了我太太翁帆去高等研究所,让她看看那个地方。结果在研究所的公共休息室就看见了塞尔伯格,坐在那儿看报纸,他不认识我了。

季理真:是吗?时间太久了。

杨振宁:其实我跟他同事了十几年,我太太就认识他了。我就问他说你太太怎么样了?他说他太太过去了,他太太也是挪威人,是跟他一块从挪威到美国来的,所以我比较认识她。他告诉我他又结婚了,他新的太太我没见过。还照了几张相。我不记得那张照片是我跟他并坐两个人的照片还是他一个人的照片,他第二年就不在了。

季理真:您这个规范场理论是非常伟大的工作,那您这个工作和后面的夸克之类的有什么关系吗?

Yang-Mills 理论初始障碍的解决和重整化群的关系

杨振宁:不是没有关系。是这样,1954年我跟米尔斯写出来这篇文章以后呢,因为无质量粒子的这个问题没解决……到了70年代,就有人提出来一个新的观点,这个新的观点叫做对称破缺。这个对称破缺提议的时候是60年代,可是到了1970年的时候,发现这个观点是对的。规范场理论有个重整化的问题，你知道这个吗？重整化实际上是从30年代就有了，量子电动力学到30年代基本上理论已经写起来了。可是你去做计算的话，它要diverge（偏离）。因为在量子力学里头，有一个东西的电子态，它要受到别的电子态的影响。别的电子态有无数多个，你要把那无数多个的影响都加起来。可是30年代就照这样算了，算出来是无限的，所以就叫无限障碍。这个障碍是在1947年左右发现的，是无限的，可是可以把这些无限的给限制起来，变成一个有限数，这个叫做重整化。这个最重要的贡献你要问我，我认为是戴森，可是他没有得诺贝尔奖，我认为这是非常不公平的。原因是因为那三个人得了诺贝尔奖，可是他们都没有足够的数学影响力，戴森有数学影响力，所以（应该）是戴森。虽说他们三个都开始了，可是他们没有把整个问题弄清楚，而戴森有这个能力。

季理真：我听说在费曼积分是无限时也需要一个重整化，就是这个？

杨振宁：对，费曼、施温格和朝永振一郎，他们都开始做重整化，可是他们只会做最低阶的，高阶的他们想不清楚，所以他们不搞这东西。戴森是从费曼那儿学到了怎么算它，然后用费曼的算法算到高阶的是发散的。可是有一个想法，这个想法不是戴森的，这个想法叫做重整化，怎么样贯彻这个重整化是戴森的工作。所以到1950年，1951—1952年这个时候，量子电动力学重整化已经或多或少是懂了，懂了的意思是从数学家的眼光看其实是一个未完成的工作。

季理真：对，不严格。

杨振宁：因为整个事情是不太能定义的，在无限自由度的一个希尔伯特空间里头数学还没弄清楚，可是物理学家有方法来算，这个是令人惊叹的。到了戴森的量子电动力学重整化问题，后来就先做二阶的，再做三阶的，再做四阶的，现在大概已经做到五阶了。现在算出来的结果跟实验的精确度相比,是十亿分之一。

换一句话说,你找了一个非常聪明的研究生,你教了他QED(量子电动力学),教了他重整化,就是说算四阶的,他如果非常聪明,花几个月就算出来了,算出来的结果就与第十阶到第九阶是一致的。

这就代表这个QED(量子电动力学)一定是对的,重整化一定是有道理的。到了20世纪50年代,虽然还没做到这么准确,但大家都知道重整化是一个重要的东西。

然后规范场理论来了就要重整化了,我做的时候也要重整化,虽然不会,因为那个非常复杂,很多人都做我也做,费曼也做。最后是他第一步调用非阿贝尔规范场理论的费曼图做出来的,这个做出来的是法捷耶夫。

季理真:哦,法捷耶夫,您说就前不久去世的,他是做这种重整化?

杨振宁:法捷耶夫跟他的学生维克托·尼古拉耶维奇·波波夫写了一篇文章,然后霍夫特用了他们的方法,证明了非阿贝尔规范场理论是重整化的。这是一个很重要的(工作),因为大家相信重整化,使得大家对非阿贝尔规范场理论更注重了。所以在1970年的时候有两件事情发展了,一件事情就是霍夫特证明了非阿贝尔规范场理论是可重整化的,这是一个纯理论的思想。另一件事情是实验做出来以后说SU(2)×U(1)这个非阿贝尔理论跟实验有一致性。所以到了1970年初,这两件事情同时发现了以后,大家就相信,非阿贝尔规范场理论不只是一个框架。SU(2)×U(1),这个非阿贝尔规范场理论,从理论的到实验的,通过上述两个发展,大家都接受了,而且有实验证明,这是80年代。

季理真:那这个跟对称破缺是什么关系呢?

杨振宁:用了这个,加上这个。

季理真:您说这个对称破缺再加上……

杨振宁：但这个不行，这个还要有无质量的问题。解决了无质量的问题，就硬加进去一个对称破缺，从而得出了一个质量。所以你要问我，这是一个非常不满意的东西。

季理真：对，对称破缺是什么意思，你把群变掉了？

对称破缺

杨振宁：不是，对称破缺不是这个。对称破缺是说那个东西还是对称的，结构还是对称的，可是你从一个不对称的方向看起来，就发现了一些奇怪的东西。所以对称破缺呢……

季理真：所以说它本来是对称的，你从不对称的方向看过去，它又不怎么对称。

杨振宁：比如一个圆的头，你斜着看它就不对称了。

季理真：对，从这边看过去，本来是个圆，斜看过去像个椭圆，是这个意思。

杨振宁：所以对称破缺的意思，其实还是一个对称的东西，可是你换了一个眼光，这个加进去以后，就可以有质量。可是这个办法是非常……它是人为地搞了一个方向去看它，这个不可能是永久的。到现在很成功，可是这里头一定还有……这当然就是那个100万的prize（奖），就是要问这个怎么办。

季理真：您是怎么解决的？

杨振宁：就是要把这个问题换一个，就是说质量是怎么来的呢？对称破缺现在是很成功，实验很成功，可是没有人觉得这是最后的思维。

你刚才问的，是到了有了这个以后，就把这两个加在一起，也就解释了 QED，解释了弱交互。解释了 QED 加上弱交互，可是强交互没有，强交互是把这个再推广，这个渐近自由。这又引爆了一些讲不清楚的东西，不会跟实验很符合，现在称为标准模型。

季理真：标准模型，那就是大卫·乔纳森·格罗斯他们后面人做的，是吗？

杨振宁：他们的那个是 SU(3)。

季理真：标准模型就在这里。实际上我也听说，现在物理上有的异常李群都进来了。

杨振宁：所以很多人当时就研究了，文章多得不得了，可是到现在为止都没有任何一个跟实验发生关系。

季理真：他们要做什么，他们是不是要统一所有的？

杨振宁：不一定。是这样，有一些人要大统一理论，有些不止这个。

季理真：对，还有重力。

杨振宁：这个到现在都没有成功，所以你可以想象到有了一些结果以后，当然不可避免地，大家就去……

季理真：所以说规范场理论非常重要，您看这里只是换了不同的群。反正这里最主要的理论是规范场理论，这是不同的群了，这里 U(1)SU(2)，这里再乘一个，基本上框架是相似的，是吧？

杨振宁：对，只是群越变越大，而且为什么是这样子的，并没有解释。

标准模型和诺特尔在对称方面的工作

季理真：那很有意思。您刚才讲的，粒子物理学标准模型，这个和诺特尔的理论完全不一样，还是也有关系？

杨振宁：有密切关系。

季理真：是吗,是怎么个关系？

杨振宁：它是这样的,诺特尔的工作是20世纪10年代,那时候物理学家没有注意。可是等到有了这些东西以后,物理学家就知道群理论很重要。然后就发现一个问题,就是物理学家从牛顿以前就知道有守恒了,可是守恒定律跟对称的关系是诺特尔指出来的。诺特尔这个关系是对称跟守恒定律之间的关系,到了这时候大家知道对称很重要了,所以对于诺特尔也更重要。可是你要问我,我觉得影响了一些思想,却并没有真正影响出具体的结果来。所以到了我去做研究生的时候,大家都知道,对称跟量子数、跟守恒定律有密切的关系。比如说宇称（parity）。

季理真：对,宇称是破坏（violation）……

杨振宁和维格纳

杨振宁：这个宇称是这样,Astronautics（太空航空学）是怎么发现宇称的呢,是因为做原子光谱的人,忽然发现了一个密歇根大学的叫奥托·拉波特的教授。他是做实验物理的,我想他是个理论（物理）学家,我觉得他自己是不做实验的,他专门研究原子光谱的实验结果。然后他就发现了一个东西叫做拉波特定则。拉波特定则是说一个原子的态有两种,一种叫奇,一种叫偶。那么这个跃迁一定是从奇到偶,或者从偶到奇,不可以从偶到偶,不可以从奇到奇,这个就叫拉波特定则。这个Laporte（拉波特）定则被维格纳证明了。"In 1927 Wigner took the critical and profound steps to prove that the empirical rule of Laporte is a consequence of the reflecting invariants of electromagnetic forces."

(1927年，维格纳迈出了深刻和伟大的一步，证明了Laporte经验定则是电磁力反射不变量的结果。)这句话非常重要，为什么呢？因为你知道维格纳在说这句话以前，很多物理学家看不起他，就觉得他太数学了，跟物理好像没多少关系。他中间有一段时候在普林斯顿还不高兴来着，他其实是一个很深刻的思想家，所以他后来一气就离开，跑到威斯康星去了。后来又过了些年，才把他又请回来。在60年代、70年代的时候，他说我年轻的时候，没有人认为我的工作是重要的，今天呢，每一件我做的事情都被认为是重要的。这是我的诺贝尔奖演讲发言，我这个演讲是讲得非常清楚，他非常高兴，因为这是第一次讲出来宇称这个想法，是他提出来的。我是1957年得了诺贝尔奖，过了几个月普林斯顿就给了我一个荣誉学位，这个荣誉学位就是维格纳提议的。

季理真：是这样，维格纳感觉您的工作是对他的一个继续。

杨振宁：我想我是做了一件很正确的事情，因为我想维格纳他的问题是实验物理学家不欣赏他的东西，觉得太数学，而数学家认为什么东西都是外尔已经做了，他没有多少东西，所以他在30年代没有被大家看得那么重要。可是你看了这个以后就知道，这个宇称的概念跟别的对称有个不一样的地方，因为在 classical(经典)里头没有这个观念，一个对称就会产生一些量子数，因为它是一个连续的。这是一个离散的对称，它也出一个量子数，这个是宇称，所以我想他是对他的贡献很自豪，他也值得自豪。

季理真：维格纳拿诺贝尔奖是因为这个工作吗？

杨振宁：不是，后来诺贝尔奖给他这个，这倒是很有意思，你去查一下，他后来得了诺贝尔奖，没有讲出一个所以然来。

维格纳这人是一个非常诚实的人，比如我给你举个例子。你知道现在物理学家所用的场论,在 1930 年以前场论里头所用的一些场的数都是算子,可是这些算子是实数的。现在可以是反对易的,不只是普通的数,现在场论的这些变量可以是反对易,这个反对易数学系统是约当跟维格纳提出的。

Jordan 代数是以物理学家命名的

季理真:对,约当代数,就是他,物理学家。我第一次听说 Jordan(约当)代数我以为是数学家,后来人家说不是,是个物理学家。

杨振宁:约当有两个重要的贡献,一个是海森堡的 one-man paper(一人文章)以后,约当跟波恩写了 two-man paper(二人文章),然后海森堡回来,他们又写了一个 three-man paper(三人文章),所以量子力学开始就是这三篇文章。

季理真:是吗,那约当的贡献还挺大。

杨振宁:约当一个重要的、现在大家知道的贡献,就是跟维格纳用了反对易变量,这个反对易变量后来被费米在一九三几年的时候引用到场论里面去。数学家跟物理学家不一样,物理学家反对这一类的东西,可是等到大家都做了以后,物理学家就不去想了,也就又接受了。物理学家比起数学家思想不够深刻。可是你从现在看起来,约当跟维格纳用反对易变量,是非常重要的一个贡献。我记得我有篇文章,以后给你看。

季理真:好,谢谢您!

访谈时间：2018 年 7 月 30 日
访谈地点：清华大学高等研究院
采访人：季理真　王丽萍
录音记录：王丽萍
整理：彭程　王丽萍　季理真

第五次访谈

科学是人类创造的。了解科学家的生活会加深我们对科学的理解。无论是在中国,还是在国外,科学家的人际关系对科学研究有着很大的影响,会使科学的世界更加复杂、或者更加有趣。陈省身和华罗庚的学术之争国内可能讨论得比较少,但是确实存在。外尔和华罗庚之间也有不少不愉快。人物传记如何撰写是一门学问。杨先生在本次访谈中,分享了关于他的传记是怎么写成的以及遇到的困难。杨先生还对王元撰写的华罗庚的传记进行了点评。杨先生提到了他与李政道的是非,以及李政道对哥伦比亚大学物理系的影响。

第五次访谈

季理真：杨先生，上次我在云南师范大学拍的这张照片，是您的一句名言"成功的真正秘笈是兴趣"，我觉得这句话在现实的世界上特别有用，因为现在这个社会我觉得，变得有点太实在了，数学、物理这些基础学科有很多人不想学，大家都喜欢去经商赚钱。

杨振宁：这句话尤其是针对中国的学生说的，因为中国的整个社会教育的体制，背后有个哲学，这个哲学是训导，训导的意思就是要强加给你。但是，在国外，尤其是美国的制度里头，它对于激发兴趣这一点更注意，这是一个非常复杂的问题。美国的制度有它好的地方，也有它的缺点，这个其实是非常需要深入研究的一个问题。

季理真：对，最近来看美国的科学还是比较发达，因为他们的想法比较多。前天我去了中信书店，清华大学门口新开的一个书店。我看了很惊讶，90%的书全部都是翻译的，我想问为什么我们中国人自己不写书，全部都翻译？我觉得这不是一个很好的现象，我们有这么多人，我们应该自己写书。我想这个和兴趣有关，美国人真的喜欢……

杨振宁：写书需要有传统。比如说是写传记，写科学家的传记，中国没有这个传统，而西方喜欢写传记。中国从司马迁开始有一些立传的传统，这个传统有它的好的地方，可是在现在科技发展的时候，那个不行，因为它不够具体不够详细，不够清楚地分析。在这我可以先讲一个故事。我觉得像这一类传记写得最好的，用中文写的，是张奠宙写的，你知道张奠宙？

季理真：对，他写过关于您的文章，也写过陈省身的传记。

杨振宁：是华东师范大学的教授。

吴健雄传记的写作过程

杨振宁：不对我讲错了，不是张奠宙，是江才健。张奠宙也做了一些很有意思的工作，不过他不写传记，我没看见他写传记。他的工作关于这个方面也有重要性，不过我今天要讲的是江才健。江才健现在我想也80岁了。他本来是台湾地区《中国时报》的记者，还到中东做过战地记者。那个时候《中国时报》的老板叫做余纪忠，现在不在了。余是人未余，人字头，余纪忠，纪是纪念的纪，忠诚的忠。他是台湾地区两个最大的报纸之一《中国时报》的老板。他在30年代跟吴健雄在中央大学是同学，所以他觉得应该写一个吴健雄的传。

80年代末，他就找了这个记者江才健，说我出钱把你送到美国，你就住在哥伦比亚大学的附近，去找吴健雄夫妇，然后写一本她的传。所以江才健就去了美国。去了美国怎么写法呢？他先到石溪去找了我，原因是因为那以前他曾经在台北访问过我。他到了石溪就跟我讲他要做这件事情，我就跟他说我觉得这件事情很值得做。可是这个传记怎么写法呢，我给你一个建议，我带你到书店去买几本西方人写的传，你看了以后，就知道这种写传记的方法是值得学习的。所以我就带他去看了。

季理真：那您买了哪几本，您记得吗？

杨振宁：可能有希尔伯特传记，都是英文的。他果然就照这个写了。他写了好几年才写出来一本，中文的《吴健雄传》，这个传应该翻译成英文了。

事实上有一个有名的物理学家叫做拉比，他孙子学中文，所以他认识江才健,他说他来做。可是搞了好几年都没有写出来。为什么拉比的孙子没有写出来我不知道,这个很可惜了。这个传记出来以后,江才健就找我,说是他要给我写一个,后来我也同意了。那么我的这传记是2002年写的,这个传记写得很好,它特别的地方是他访问了一百多个人。他那个录音磁带现在我们还有,那个里头很多人现在都不在了。比如说我在芝加哥大学的同班同学叫做马尔温·L.戈德伯格,他后来做了加州理工学院校长,他就访问了,那个录音现在还在。这个录音里头的,你看见他那本传的里头每引一个人的一句话都有注解,是几年几月几日在什么地方。

季理真:那很好,很有历史价值。

点评华罗庚传记

杨振宁:江才健写的这两本传,我觉得都应该翻成英文,都还没有做这个事情,这个很有必要,我想需要英文(翻译得)好的。我想是因为写作的人不够知道,这种用西方的方法写出来的传记是有它的好处。你比如说,像王元写的《华罗庚传》就比较好了,可是只有一个传,是不够详细的。对于华罗庚这个人,假如华罗庚是一个美国人的话,现在一定出了好几本传记,厚厚的传记。在中国到现在除了乱七八糟的传记以外,我想能够站得住脚的就是王元写的传记。可是王元不是作家,他是数学家,他只知道其中的一部分。

季理真:对,我觉得他对人物的描写不够生动,也有一些东西,他比较侧重于数学方面。

杨振宁:对。事实上我曾经提倡过几次但都没有结果。我跟几个基金会有一些联系,我曾经建议他们特别设立一个这种基金,鼓励年轻的人向这方向上发展,可以使得他们几年之内不要着急找事情,静下心来做这件事情。不过都没有什么真正的效果。

王丽萍:我们出版社翻译了华老的高等数学,找的是国外的一个教授。

《杨振宁传》简体版的敏感问题

杨振宁:台湾版《杨振宁传》2002年出版了以后,出版商就跟大陆好几个出版社,好像包括清华大学出版社接洽,要出简体字版,后来就无疾而终。

原因是里头有关于我跟李政道的争论,官方的意思是不要牵扯,不要搞到这里去,所以就没出。十年以后,到了2011年,我觉得可以出了,所以就出了一本,是简体字版的。可是你把简体字版这一本拿来跟繁体的对一下,会发现有些内容删掉了,我没有仔细去对,我只注意了有一段是删掉了。为什么呢,与政治有点关系。你们知道有一个重要的中国物理学家叫王淦昌,现在不在了,他是23个功臣之一,中国做原子弹实验方面他是最主要的。在江才健写我的那书上有一段是讲许良英跟王淦昌,你们知道许良英是谁吗?许良英是一个哲学家,是一个作家,他是翻译了爱因斯坦全集的人。大概是90年代的时候,许良英受了西方的一些反华作家的影响,就去找王淦昌,他是王淦昌的学生,所以王淦昌本来对他印象很好。这中间在外国的报纸上讲了一些王淦昌没讲的话。我看了这以后不满意,所以我就去追究这事情,给王淦昌写信,后来王淦昌又回信,整个这一段就是我跟许良英跟王淦昌中间,关于西方的有些讹传……

出版挣钱吗?

杨振宁：我要问你们的出版社,是赔钱的还是赚钱的?

王丽萍：赚钱的。

杨振宁：因为你们出很多高等教育教科书?

王丽萍：对,高等教育的教材,就是我们出的。

杨振宁：比如说是微积分入门这一类的,靠这个赚钱?

王丽萍：靠这个赚钱,然后学术书完全亏钱。

杨振宁：这里头因为可以赚钱很多,所以这里头奇怪的现象就很多了?

王丽萍：您说什么奇怪现象?

杨振宁：这个不只是中国有,美国也有。我怎么知道呢,我们谈过一个有名的物理学家,叫做费曼,费曼在有一本书里头讲道,他住在加州,结果不知道什么缘故,他跟加州的出版社发生了什么关系。他就了解到加州的出版社为了赚钱,他们做了一些很显然跟教育道德不符的事情,费曼把它揭发出来,费曼喜欢做这种事情。所以凡是有钱的地方,就容易出奇怪的现象,中外皆然,不只是中国有的。

西南联大历史

季理真：我对西南联大很感兴趣,我找了一些书,您看过一个易社强（John W. Israel）写的吗？就是《战争与革命中的西南联大》,这本书您看过吗？

杨振宁：我看过，事实上他写了很多年。他是80年代就开始写的，所以他到石溪来访问我，后来大概出了一些问题，又弄了很多年，我觉得恐怕弄了20多年才出版了。我看了以后，有点失望，我本来以为，是他了解得不够多，因为这里头传闻很多，跟真实的现象（有点不一样），而且什么叫真实的现象呢，杨振宁所看见的真实现象跟一个比如说学文学的人所看见的真实现象不可能是一样的。你们知道有一本书叫做《未央歌》，你知道吗？

季理真：我知道，但没仔细看过，台湾出的。

杨振宁：《未央歌》是一个学文学的，我的同学写的，我基本不认识他，知道有这个人。我想他的书代表了一部分当时同学的生活状态。

季理真：写得还比较真实是吧？

杨振宁：因为西南联大到底是有各种方向的人才，西南联大当时的氛围，西南联大为什么成功，有什么特别的地方，有些什么不成功的地方，在做这个事情的人很多。

比如有一组书是一个人出的，前几年他收集了很多材料，可是他没有做过多的整理，也没做过多的分析，就是原始资料放在一起。他去访问了一些人，叫做……我不记得了，是好几本书。

南开大学被比成美国的斯沃斯莫尔学院

季理真：那我们去查一下。您看这本书，我第一眼看到他写得好奇怪的事情，他这么说，假设古巴占领了美国的华盛顿，美国有三个学校要联合起来，一个是哈佛大学，一个是耶鲁大学，还有一个是Swarthmore（斯沃斯莫尔学院）。我想Swarthmore应该对应于南开大学，我想南开大学的人看了以后有什么感想，因为哈佛和耶鲁都很有名，而Swarthmore在美国应该很少有人知道。他这么比喻有什么意思？我好奇怪，为什么把南开大学比成Swarthmore？

杨振宁：我倒没注意这个，你现在讲起来，这个想法不恰当，因为中国当时的情形，这三个学校的特点跟美国的学校是完全不一样的，所以这三个学校是有不一样的特点。而因为这些不一样的特点里头有些摩擦，可是彼此的关系也有成功的地方，这些都跟西方是完全不一样的。

季理真：对，我想他当时为什么举例这三个美国的学校呢？

杨振宁：我觉得举这个例子的是一个美国的教育家。总而言之他那个书我当初觉得他可以写得很好，后来看了以后很失望。这三个学校有一个非常重要的点，我觉得是大家没讲出来的，就是北大跟南开都比清华占便宜的地方，是他们的校长是在中国教育界有地位的，梅贻琦并没有特别的地位。可是清华的特点是有钱，所以有设备，事实上大概在1935年、1936年就已经做了一些准备，把一些东西运到长沙去。很多仪器后来都来自清华。预先觉得可能北方不稳，所以后来与在联大的时候的清华研究所有密切的关系。那个时候在昆明有个清华大学研究所，在郊外，我就住在那附近，那里头有很重要的科学家在做种种的研究，有生物学，有电机，有物理。他们所以能做这个的原因，就是因为当初有些仪器运去了。这所有的都根源于清华大学的经费，不是从教育部来的，是从外交部来的。所以30年代我在清华园住的时候，那个时候北大、师大，尤其师大常常发不出薪水，清华却没这问题。清华没这问题是因为清华的经费是从庚子赔款来的。庚子赔款是从外交部来的，而外交部怎么拿到钱呢？是因为庚子赔款协定里头，有一条说中国赔款是分期付款，怎么能确保分期付款每年都能够到位呢，所以就有一条，这个其实你们值得去查的。我的印象是赔款里有一条是上海海关,它的总负责人是英国人,那个人后来变得非常有名,因为那个人在民国时代就把中国的财政大权一大部分都操在手里。根据财政里头的一个最高优先级,就是要把钱送到庚子赔款委员会去,就到了清华。而这个人是很有名的,在上海外滩有一个他的铜像。我的印象是这个铜像在日本人占领上海的时候,或者是解放以后才取消掉。这故事在中国(历史)故事里头也很辛酸,那个人写了一封信,大概意思是说外滩公共花园中国人与狗不可以入内。可是刚才讲这个人的铜像的事情,跟为什么要在那儿有他的铜像,这个还很少有人写出来过。

季理真:是因为他为中国做事情?

杨振宁:我想你要问他的聘书是什么人发的,这个我不知道。

华罗庚和杨振宁父亲的博士论文

季理真:其实我对西南联大的数学家比较注意,一个华罗庚,一个陈省身。前天我看了一下华罗庚的一个小传记,百科全书里面的,说华罗庚来了清华以后,是您爸爸指导他学数论的,后来华罗庚就开始接触数论。

杨振宁:你再说一遍?

季理真:说就在华罗庚来了清华以后,是您爸爸指导他学数论,后来华罗庚就开始做数论了。

杨振宁:他所发表的最早的几篇文章都是关于……

季理真:Waring's problem,华林问题。

杨振宁:华林问题,他最早的几篇文章都是在日本东北大学,你如果去查日本东北大学的《算学杂志》(*Tohoku Mathematical Journal*),就可以查到他的头几篇文章,那几篇文章都是华林问题。是因为我父亲的论文就是关于华林问题。你知道我父亲的论文是证明什么吗？是不是高斯证明任何一个正整数都是四个平方数的和？

季理真：拉格朗日先证明的。

杨振宁：对，你讲得对，是拉格朗日证明的，然后说是每一个正整数都是九个立方数的和，好像是伦纳德·尤金·迪克森证明的。迪克森证明了以后，他就跟我父亲说，你证明任何一个正整数，都是九个 pyramidal number（锥体数）的和，pyramidal number 就是一个堆的一个 pyramid（锥体），所以 pyramid 最小的一个是一，底下一个是四，底下三个球上方一个是四，再底下一个是十，就是一、三、六，这种数目叫做锥体数 r。第 n 个锥体数它的数目是 $1/6(n^3+3n^2+2n)$。所以就是 cube（立方数）的这个。可是它比 cube 的数目来得多，所以迪克森就让我父亲证明，结果我父亲证明出来了。不过我后来写了一篇文章就讲了这个历史，他之后有一个人也证明了，好像我父亲证明都是九个，另外那个人过了好多年以后，证明只需要八个，后来又变成七个。到了 80 年代，还是 90 年代，我去研究我父亲的工作，没有人懂。因为芝加哥大学有他那个论文，他的论文很长，我想我得花好几个礼拜的功夫才能懂怎么证明它，所以没去证明。可是我可以用计算机来验证，结果就写了一篇文章，有个预言，就是说事实上大概只需要五个，也许是只需要六个，而且到了很大的一个数目以后，就只有四个了。与我合作写这篇文章的合作者是搞计算机的，他后来用大的计算机再去算了一下，就证明我们的猜测可以到更大的数目还是对的。

后来有一天恩里科·邦别里来了，来到石溪，我就跟他讲起这个。我说现在有没有方法能够把这个再推进一步，他想了想，说没有方法。新的这些办法，像这一类的问题并不是特别会解的。

季理真：那挺不错的。当时我去了西南联大的博物馆，我是 2012 年去的，我去过两次，老的校园就是西南联大，最近去了新的。上次去的时候，特意去看博物馆里有没有介绍华罗庚拿科学一等奖的东西，想拍几张照片。

陈省身和华罗庚在西南联大的竞争与冲突

季理真：我听说在西南联大的时候，因为拿奖的原因，华罗庚和陈省身有一些矛盾，影响了整个中国数学界的发展。我对西南联大很好奇，您对华罗庚和陈省身他们的了解怎么样？您差不多跟他们是同时期的。

杨振宁：我不敢讲我对华罗庚和陈省身的了解多，我只能说有一些部分比较多。

他们之间我想是这样。首先他们是竞争者，第二他们是两个非常不同风格的人。这个与他们的家庭背景，我想都有密切的关系。我不觉得可以说他们在昆明的时候或者后来有冲突，这种冲突，我想在华跟陈的一生中没有过，不过他们之间有激烈的竞争，这是很显然的事情。而激烈的竞争在陈省身 1943 年去普林斯顿以前，一般的印象是华的工作比陈的厉害。

季理真：是吗？这就是为什么后来陈没有拿到任何科学奖。

华罗庚和外尔的冲突

杨振宁：这个答案有很多，因为当时中国的科学家没有人懂他那个工作，他这个工作在美国，尤其是安德烈·韦伊就立刻知道是非常重要的工作，中国没有达到这个地步，所以在中国也是没有人懂。华是比较强烈地要推销自己的这么一个人，陈比他聪明。当然每个人都是愿意自己的名字传扬出去，可是陈比较聪明，他不用一种笨的办法……我不懂华为什么得罪了外尔。外尔每一次在酒会里头看见我或者看见我太太，就要批评华罗庚，所以一定是华罗庚去了以后，我猜想是外尔觉得华罗庚用了外尔的想法，没有讲出来是外尔告诉他的。

季理真：没有指出外尔的贡献。

杨振宁：因为外尔那个时候已经基本是当代第一人了，你怎么能够这样。

季理真：华罗庚当时比较年轻啊。因为他是完全自己奋斗出来的，所以他要自己努力去争取。

李政道和哥伦比亚大学物理系

杨振宁：现在大家一致认为李政道在哥伦比亚大学的时候就他一个人掌权。50年代哥伦比亚大学非常成功，就是伊西多·艾萨克·拉比给搞出来的，大学里有好多诺贝尔奖获得者，当时有的是已经得了，有的是后来得的，有古德夫·库什，有威利斯·尤金·兰姆，有拉比，还有好多人。结果到了60年代，大家都是有种种的道理离开了，唯一的一个诺贝尔奖获得者留下来的是李政道，所以他后来在哥伦比亚大学就变得非常强势。那个时候哥伦比亚大学故事很多，去演讲的人都预先就知道了，要非常小心，因为李政道会不客气地问很多。那个时候有好几件事情，事后认为可能是李政道做错了。一个是关于史蒂文·温伯格，一个是关于丁肇中，他们都没有能留在哥伦比亚大学。这个事情在江才健书上有，江才健在书上说是他去访问拉比的太太,拉比已经不在了,拉比太太说哥伦比亚大学物理系是拉比创建成功的,但被李政道毁掉了,书里头有这个表述。

季理真:现在哥伦比亚大学的物理系好像不是特别好。

杨振宁:还不坏,不过不能够跟斯坦福比。它那儿有一个诺贝尔奖获得者,中国人,是河南长大,中学到香港念书,后来到美国去做凝聚态物理实验的。

季理真:他还比较年轻?

杨振宁:也不年轻,我看也80岁,你查这个诺贝尔奖获得者就知道,你查二零零几年前后诺贝尔奖获得者(Daniel Chee Tsui,崔琦,1998年诺贝尔奖获得者)。

季理真:建好一个系,要维持也不简单。您说华罗庚与他长大的背景也有点关系,华罗庚是自学是吧?

杨振宁:对,而且你可以这样讲,他跟我父亲做了一些华林问题以后,就搞到解析数论去了,后来他就去了哈代那儿。我想那个时候中国没有人懂解析数论,他是自学的,所以他一到剑桥大学,哈代就很欣赏他,所以他是天才这没问题。

陈省身和华罗庚之争对中国数学的影响

季理真:我对这个情况不了解,我从一本书里看到,他们两个人的竞争后来影响了中国数学界的一些事情。

杨振宁:陈跟华的竞争对于中国(数学)后来的发展当然是有影响的,不过不是很重要的,因为外国人之间也有这种竞争。

季理真：听说陈回到中国以后，建议把数学所关掉。

杨振宁：这我不晓得。我不敢讲是有还是没有，这个文件上能不能查出来？

季理真：我不知道，听起来我觉得很惊讶，因为数学所当时已经很不错了。

杨振宁：根据我对于陈省身的为人的认识，他不会直统统这样讲的。他是不是会觉得数学所存在不好的……这我知道得不多，我讲这个事不是不可能的……我可以了解的，就是陈省身所以没有回到清华来。

陈省身数学研究所为什么不在北京？

季理真：对，我也好奇，为什么在南开？

杨振宁：为什么跑到南开去？

季理真：对，我觉得南开不方便。

杨振宁：对，还不止是不方便，他知道中国学术中心不是在南开，他为什么没到北京来？我们跟他谈过这问题，不过我可以感觉到，他觉得到北京来跟华很显然是要竞争，觉得这个不易于……这是我的猜想。我想这是不言而喻的一件事情。

季理真：您说陈不想竞争，还是华在清华的影响比较大？

杨振宁：不只是在清华，是在整个北京。陈省身恰巧当初是南开毕业的，所以他就去了南开。陈省身跟我讲话字里行间又给了我一个印象，就是他觉得华在 50 年代初毅然决然回国了，是因为华突然觉得陈在美国的科学地位变得非常高了，他要另外发展。这个不是陈省身跟我明确讲了这句话，可是我感觉到他关于他自己、关于华的一生，包括华那个时候回国这件事情，我感觉到他觉得是。这可不可能是我觉得呢，不会，因为我到底不是念数学的，所以我觉得是陈省身给我的印象。他觉得，虽然他没讲清楚，但是华那个时候之所以毅然决然回国，当然有很多道理。是不是那一次陈省身被邀请做了一个钟头的报告。

季理真：对，有这件事情。

杨振宁：他觉得这个不必再跟陈在美国竞争。你可以去问王元。王元现在身体还好吧？

季理真：还好。我前天刚碰到他，他在编中国科学百科全书，负责数学卷，他身体不错。

杨振宁：他现在住在北京的北边昌平，养老院是不是？

季理真：没有，我在数学所碰到他的，他那段时间没住在养老院。

杨振宁：你说他不住在老人院里？

季理真：好像不住在老人院。我在数学所碰到他，是在路上碰到他的。

王丽萍：之前是这样说的，我以前也一直以为他是在养老院，但是季老师说他碰见了。

杨振宁：我看过一个访问记，是他的一些学生结队去拜访他，而且他非常得意，说是他没有搬进老人院以前，做了很详细的研究，认为这个老人院好，所以才搬进来。你没看见过这篇？蔡天新他们那个杂志上面讲的。

王丽萍：《数学文化》？

杨振宁：是不是在台湾交通大学也搞了一组像《数学文化》这一类的杂志？

王丽萍：《数理人文》。

杨振宁：是连续出版物，你不是编辑？

季理真：我不是编辑。

杨振宁：你知道刘兆玄当时是马英九的好朋友。不只是好朋友,他们关系很深,而刘兆玄这人是很能办事的。所以马英九一做了台湾地区的领导人,立刻就聘任刘兆玄做副手,那就是台湾 number two（第二）的人。恰巧那年院士会议在台湾开,马英九刚刚做了台湾地区的领导人,刘兆玄刚刚做了副手,所以我还记得。院士会议的时候,刘兆玄就请了几个外籍院士吃饭,其中包括我,包括好几个,大概还有沈元穰等好几个人。那个时候我跟刘兆玄都觉得会有一些重要的作为,所以刘兆玄那时候是很有雄心壮志,可是你知道后来出了大水。几个月以后,台湾出大水,大概死掉了一些人,所以就把他的官丢掉了。

季理真：是吗？因为他没处理好是吗？

杨振宁：他只做了几个月。

季理真：是吗？人家怪他是吗？

杨振宁：他现在在台湾的国民党里头还有一些影响,我想这也是他一生中不幸的事情,他是一个很能干很聪明,而且是很会讲话的人。

季理真：而且他的中文挺不错,常常写些大概和数学、诗歌什么东西有关的文章。

杨振宁：他的武侠小说是台湾最好的武侠小说。

季理真：他写武侠小说？

杨振宁：他现在又在写。

季理真：是吗？这个我都不知道。我知道他以前有很多数学、诗歌这方面的故事。因为他在理论物理所,台湾的理论所也是他们搞起来的是吧？

杨振宁：你跟台湾关系密切吗？

季理真：我不怎么密切，就是有时编书的时候，我以前编那个数学人文，刘教授也给过我们稿子，有点来往。还有我几个同学在台湾，其他就没什么了。

杨振宁：台湾这些年去美国念数学的有做得很成功的吗？

季理真：有，姚鸿泽（H. T. Yau），您有没有听说过？

杨振宁：是不是在哈佛大学的那个？

季理真：对，做概率方面的，研究戴森那个猜想。

杨振宁：我见过他一面，因为他有一篇文章跟我的一篇文章有点关系，关于统计力学的。

季理真：统计力学，他好像做那个随机运动。

杨振宁：他是什么地方的 PhD（博士学位）？

季理真：普林斯顿。

杨振宁：你说他是从台湾去的？

季理真：先去普林斯顿，普林斯顿以后去柯朗所做 post doc（博士后），后来去了斯坦福，因为他当时和项武忠比较熟。您只跟他见过一面，我想他应该是台湾出来的，现在做得最好的一个。

杨振宁：那个刘怎么样？

季理真：刘什么？刘太平？我的感觉。刘太平 PDE（偏微分方程）做得不错，但好像没有他影响这么大。对西南联大实际上我有很多问题，您知道徐利治吗？

西南联大和徐利治

杨振宁：当然知道。

季理真：徐利治写了不少西南联大的东西，而且他写了一本关于华罗庚的书。

杨振宁：你说港大的徐利治？

季理真：不，是大连理工学院的。徐利治，您想想，现在97岁了。

杨振宁：徐利治，他很会写。

季理真：他很会写，而且他讲了不少西南联大、华罗庚的一些故事。

杨振宁：他是真知道西南联大。

季理真：对，人家告诉我，好像他的有本书里面写华罗庚，华罗庚家里很不满意。

杨振宁：他人还在不在？

季理真：人在，我去年在清华碰到他，去年清华90年校庆的时候碰到他，我跟他聊了一下。

杨振宁：我在昆明就见过他。

季理真：是吗？在昆明就认识他？我认识的人当中，你们两个人都已经挺高龄了，精神都很好的。您跟他交往多不多？

杨振宁：交往不多，我弟弟他们比较认识他。

季理真：是吗？

杨振宁：因为我离开了昆明以后，我弟弟他们还在昆明待了几年。他后来是不是回清华待了一阵子，就跑到吉林大学去了？

季理真：对，院系调整的时候到吉林，后来到大连。

杨振宁：他对吉林大学有很大的贡献，我有一个学生现在做得非常成功的叫做余理华。余理华现在也70岁了，他是清华园长大的，院系调整就跟他的父亲一块去了吉林大学。他父亲叫做余瑞璜，调去吉林大学做副校长，所以余瑞璜跟徐利治很熟，余理华也认识他。余理华我认为他的工作可以得诺贝尔奖。他是做 free electron laser(自由电子激光器)的。我问过余理华,他说记得徐利治。

季理真:是吗,好。那谢谢您!

杨振宁:跟你谈话我也很高兴,所以你时不时地来看我一下。

季理真:对,我大概3月份还会再来北京,您会在吗?明年我3月份还要来北京。

王丽萍:您看看这几天您有时间吗?

杨振宁:好,OK。

季理真:我们再约个时间好了。

访谈时间：2018年8月8日
访谈地点：清华大学高等研究院
采访人：季理真　王丽萍
录音记录：王丽萍
整理：彭程　王丽萍　季理真

第六次访谈

大家都知道西南联大有不少著名的教授,比如陈省身和华罗庚,但是也有一些教师的学术水平不是很高,是哪些人呢?西南联大也培养了许多优秀的数学和物理的毕业生,他们都是谁?毕业以后他们又做出了什么贡献,获得了什么奖项,有什么影响?西南联大自然也有罗曼史,比如学生时代的杨振宁就曾经历过此种困扰,他又是如何控制那份情感的?张景昭与许宝騄之间的流言蜚语导致了什么悲剧?当然,张景昭与许宝騄之间的故事以及林徽因、梁思成和金岳霖之间的故事是完全不同的。本次访谈,还涉及其他故事,比如张纯如与图书《南京大屠杀》的故事,甲骨文的发现者以及他后代中的大数学家的故事,为何Yang-Mills理论比起杨振宁和李政道获得诺贝尔奖的对称理论更重要?为何杨先生会说"假如今天我再做研究生,我一定搞数学"?

杨振宁：江才健给我写的传记是对我到2000年以前，也就是比较晚年的时候，对于我多方面做人、做事情的态度，带学生的态度的全面而详细的一个描写，而且是多角度的描写。就是这两天，有一位你们密歇根大学，我觉得是工学院的华裔教授找我。我不认识他，他找我要一本书。我想你们密歇根大学，恐怕有50个中国人，中国人教授。

季理真：对，起码有300个，或更多。因为我们有一个中国教师协会，好几百人。

杨振宁：那密歇根州也有吗？

季理真：密歇根州可能会更多，因为我们医学院里面有很多人在那里的实验室里工作，还有很多工程师。

杨振宁：你们系里头还有一个人，早年工作跟我有点关系。不是中国人，我不记得叫什么了，现在也退休了。物理系我最熟的两个中国人，一个姓吴的教授（吴其泰），他退休现在搬到圣地亚哥去了。还有一个叫姚若鹏，你认识吗？姚若鹏也退休了。

季理真：对。我们密歇根大学有一个吴大猷讲座。

杨振宁：那个就是吴教授设立的。吴大猷讲座现在还有吗？我就是吴大猷讲座第一个演讲人，那是在90年代。

人物传记翻译的困难

季理真：您翻译的事情，译者的事情，您考虑得怎么样？就是说翻译您这个传记,您有没有合适的人选?比如说您以前认识的。

杨振宁:这个权利我想在江才健那儿吧?我可以介绍你跟江才健取得联系。

清华有一个去年新成立的科学史系,这又是中国的一个学术传统,搞科学史跟科学的哲学什么这一类的,有一套人马。清华本来这方面没有人,去年也许是前年成立了一个系,把这方面的一位重要的,也许60岁左右的人给请来,成立的时候有一个会议我还去了,所以我见过这人。不过他,我的印象现在主要在搞科学博物馆,他大概想要在清华搞一个科学博物馆,所以他对于我们刚才讲的这一类的科学史,我觉得不是最感兴趣。

季理真:因为是这个样子,中国人将英文译成中文是可以的,我们现在要翻译成英文。这里有一个难处,因为在国内的人一般英文不行,他们可以看,但不太会写。比如说我们要把您的传记翻成英文,是针对国外的市场,英文必须要写得很地道。所以我另外一个想法是这个样子,我们找一个中国人,英文也不错,先翻成英文,然后第二步我们再找一个美国人,对语言再来润色。

杨振宁:我觉得还有一个办法。正因为这个缘故,需要培养一些能够写英文的中国人。能够写英文的中国人,这种人其实一定很多。清华的或者北大的英文系,他们就有很多很好的学生,这些学生都在找出路。他们的出路是什么呢,是想写小说,这里头也有几个变得很有名的人,这使得多半年轻的刚进去的人,以为这就是他们的前途。我们现在所讨论的这个领域,其实是一个没有开发的领域。你等我来想一想。

季理真:好的。比如说我前天买了这本书,《钱学森传》,您知道这本书,是美国长大的人写的。

杨振宁:这个人我很熟。她的父亲是哈佛大学的物理博士,跟我同行,做博士以后,到高等研究所待过一些时候,后来就一直在俄亥俄州立大学做教授,现在也退休了。我觉得这恐怕是 80 年代,他介绍他的女儿张纯如来看我,张纯如要写《钱学森传》。

季理真:采访过您?

杨振宁:她不只是采访我,她要我给她我所有的关于钱学森的材料,我跟她稍微谈了一下子,给了她一本书。那本书我记得是中文的,是中国当时已经发表的,但不是官方发表的,我觉得是内部写的。结果那本书对她并没多大用处。后来她就自己到中国来,你知道她到了南京以后的故事么?

张纯如和《南京大屠杀》

季理真:就写了本《南京大屠杀》。

杨振宁:她发表了《钱学森传》这本书以后,不是很成功。可是就因为这本书来中国采访,她对于南京大屠杀发生了兴趣,后来就写了这本《南京大屠杀》的书,这本书引起了轰动。后来不幸的是,你知道她自杀了?

季理真:对,她好像是抑郁还是什么?

杨振宁:她的父亲叫张绍进,现在退休了,我想最近三四十年,他转到别的领域去了。《钱学森传》始终没有影响。《南京大屠杀》一出来影响就特别大,是因为日本人非常不喜欢,所以日本不准她在日本出版,所以这个也……

季理真:就是反而让她变得有名。

杨振宁:增加了她的名誉。

季理真：《南京大屠杀》这本书很了不起,而且她的英文写得挺好,我看她的开头就写得挺好。

杨振宁：她这本是英文,中文我都还没看过。想起这个来,你们晓得现在有一个我非常熟的麻省理工学院数学系教授叫做郑洪,你认识吗?

季理真：郑洪是年轻人么还是年纪大的? 做什么方面?

杨振宁：也 80 岁了。

季理真：做什么方面的?

杨振宁：他前年写了一本英文的书,现在也翻译成中文了,好像叫做 *Nanjing Never Cries*（MIT 出版社出版的）。

季理真：是吗?《南京不哭》?

杨振宁：他是用英文写的,可能是他自己也翻译成中文了。你去查查,他的英文名字是 Zheng,这是姓,名 Hong,所以他是 Hong Zheng。他是麻省理工学院数学系教授,做过很多年系主任。可是他是学物理出身。

季理真：他做的是和物理有关的数学,数学物理?

杨振宁：对,他就是 MIT（麻省理工学院）物理系,MIT 数学系有应用数学这部分,是受了林家翘的影响。他就是在那里头。

王希季和杨振宁

季理真：对,我在 MIT 待过三年。林家翘,对,我来查查看。还有另外一个人是西南联大的,我前天看到另外一本书,书名叫《大家》,其中有一个人是在西南联大毕业的,书里面特别指出这个人。

杨振宁：就是这个人。

季理真：您知道这个人? 他是云南人,在西南联大,他对西南联大描写得很好。您觉得他描写得怎么样？

杨振宁：王希季，现在还在，大概跟我同年。

季理真：是吗？他还在。

杨振宁：他是23个中国的国家功臣（两弹一星功勋奖章获得者）之一。我认识但是不熟。

季理真：两弹一星里面那个。

杨振宁：他跟我在西南联大是同班。那个时候我不认识他，因为他是工学院，我是近年才知道他的。西南联大我同班的人，现在只有三个人了，就是他，我，还有一个叫做许渊冲。许渊冲是北大的教授，是以翻译出名的。今年11月1日，在昆明有个庆祝，我猜想他们一定请他们两个人去。我不知道他们能不能去，我不太知道这个王希季现在身体怎么样。王希季是少数民族，是云南白族。他是一个非常符合中国做人态度的人，是一个不嚣张，是一个大家都非常喜欢的人。

许渊冲和王希季

杨振宁：许渊冲是一个大嗓门。王希季不太有名，他虽然是中国的23个人中的一个，你知道这23个人的名字吗？在中国国务院讨论了好久，最后在2000年左右公布了这23个人，其中有做原子弹的，有做导弹的，有做卫星的，他是做卫星这一类的人里头的一个。

季理真：因为他自己说，那天去开会的时候，他自己都很惊讶，他们给他发了一个奖。

杨振宁：这是什么时候？

季理真：他这篇文章说，他去人民大会堂开会的时候，给他发了一个奖。

杨振宁：就是有人去访问他是不是？

季理真：对，中央电视台访问他的。

杨振宁：你等一下。

季理真：这是中央电视台一个节目。

杨振宁：他们还访问了丁肇中。

王希季和西南联大

季理真：因为他这里提到西南联大。

杨振宁：《大家》这本书既然有一，一定还有二。许晨，可以不可以请你订一本这个书，《大家》，一、二。

季理真：对，有两本，我看了一下，好像就两本，一、二，后面不知道有没有出。后来人家问他大学的经历，他就特别描写西南联大，我想请您讲讲您当时的感觉怎么样，因为他对西南联大是这么描写的。

许晨：找不到这本书。

季理真：可能出版得比较早，我在清华内部一个老书店买到的。

杨振宁：是商务印书馆。

季理真：您觉得他说得怎么样？他对西南联大明显地感情很好，印象也很好，因为他说全世界历史上不可能有大学像西南联大这样。

西南联大教师的学术水准

杨振宁：这个是这样。有一点很难讲得很清楚，就是那个时候西南联大的教师的学术水准是到多么高。如果你要因为他这样说，说那时候西南联大非常成功，这个话是一点都没错的。如果你说成功的原因是什么，这就变成一个很复杂的问题。他假如给了你一个印象，或者是王希季给大家一个印象，说是西南联大的教师的学术水准是世界第一流的……

季理真：对，有很多。

杨振宁：这个话，也许不能完全这样说。

季理真：是吗？

杨振宁：那个时候在文学方面，我想应该这样说，是有一些人后来看起来是在中国文学史上面占了重要的一席之地，比如说是沈从文、朱自清，我想朱自清应该算一个。所以从中国文学史上讲起来，西南联大的教师是占了一个非常重要的地位。我觉得不能这样讲，是因为也许沈可以占一席，不过还有一个写剧的姓孙的，我觉得他们都达不到第一流的程度。说理科的话，我觉得西南联大没有问题，出了三个数学界第一流的老师，就是华罗庚、陈省身和许宝騄。什么叫做第一流呢？如果拿今天的标准来说，当然要变成美国科学院或者英国皇家学会的院士，如果拿这个作为第一流，那么他们是不是达到了菲尔兹奖的标准呢？如果你要问我，我觉得陈是达到了，华跟许我不敢讲。如果说是能够很轻松地被选为美国科学院院士，我看他们三个人都达到了，剩下来当时没有一个理科的人达到这个程度。

季理真：后来的钟开莱呢？钟开莱也在西南联大读书，还是教书？

杨振宁：那不错，可是钟开莱那时候是学生。

季理真：学生，达不到这么高的水平？

杨振宁：钟开莱我想也是，你要问我，他应该变成美国科学院的院士，但他始终没有。我的印象里他始终没有，因为他做人方面的问题。

钟开莱的脾气

季理真：脾气不好，很喜欢骂人。

杨振宁：大家都不喜欢他。

季理真：对，很喜欢骂人，我第一次碰到他好像就在骂人。

杨振宁：你见过他？

季理真：对，我见过他几次。

杨振宁：不，你跟他的领域有关系吗？

季理真：我以前做的有一点和调和函数有点关系。

杨振宁：他跟我同船去的美国。

季理真：同一个轮船的？

杨振宁：同船有20个人，大家都不喜欢他。

季理真：因为他好像意见很大，而且很喜欢评论人。

杨振宁：我想他是做数学做得很好，可是他的人缘不好。有一个叫樊畿（Ky Fan）的，你认识这人吗？我的印象他是做得非常好的。可是中国（人）不大知道他。

美国数学会樊畿基金

季理真：对，因为现在美国数学会设了一个樊畿基金，他的英文名字叫 Ky Fan，以他家里的名字捐了钱建立了一个基金会，来帮助中美学者的交流。我在这个基金会的委员会里。

杨振宁：他后来在美国。

季理真：Santa Barbara（圣塔芭芭拉市）好像什么地方。

西南联大数学系的优秀学生

杨振宁：后来（樊畿）也很不得意，最后我觉得到台湾去了几年。陈省身很欣赏他。西南联大数学系，还出了几个做得很成功的，一个是廖山涛，一个做群表示论的，叫王宪钟。

季理真：王宪钟，后来去了康奈尔大学了。

杨振宁：王宪钟是 Ithaca①（伊萨卡）的教授。

季理真：对，他去了康奈尔大学的。

杨振宁：陈省身对他也非常欣赏。

季理真：对，我知道他的一些成果，因为他跟李群的离散子群、齐性空间、对称空间有关。现在康奈尔大学的一个助理教授的头衔就是以他命名的。

杨振宁：叫什么名字？

季理真：叫 Wang assistant professor（王助理教授）。

杨振宁：你说以此纪念他的？

季理真：对，然后就是博士后，也是以他命名的。

杨振宁：他跟我好像在西南联大是同班的。

王懿荣、甲骨文和王宪钟

季理真：是吗？是同班的？

---

① 康奈尔大学。

杨振宁：他是王懿荣的孙子或者是曾孙，王懿荣是八国联军的时候的国子监祭酒，这就相当于今天的北大校长。他全家跳井自杀了，在八国联军（攻入京城）的时候。可能是王宪钟的父亲那时候不在北京，所以没有死掉，至少王宪钟那时候还没有出生。那么王懿荣有个非常重要的贡献，他发现了甲骨文。

季理真：是吗？是他发现的，是买药的时候。

杨振宁：这个故事是这样盛传的，王懿荣当时是重要的国学家，他是国子监祭酒。有一天他病了，大夫给他开了一个方子。他就让他的佣人去抓药，抓药回来以后他说让我看看。其中有一个方子是龟甲，就是一些龟甲的碎片。他一看有些碎片上面有一些刻的东西。他是钟鼎文的专家，所以他一看以后觉得这东西有点像钟鼎文，可是不是钟鼎文，他不认识。所以他就想到这个可能与中国的古文字有关系。他就让他那个佣人来，说你到那个铺子里头做三件事情，第一件事情，把所有的龟甲都给我买来；第二件事情，问它是从哪来的；第三件事情，告诉他不可以跟别人讲。佣人就去了。头一件事情做对了，第二件事情告诉他在一个好像是山东什么地方，第三件事情他就到处乱讲。所以其实很快地，北京就都听说这件事情了，觉得可能发现了古文字，所以大家就拼命买。那时候龟甲上只要有一个符号就卖一两银子，那是很贵的了。然后就派人到山东去，那地方根本没有这东西，就是骗你钱的，不过总之这就开始了，最后知道是在安阳。于是就派人去安阳，所以王懿荣家里就买了很多安阳的东西，后来他死了以后，这一组王家的东西就卖给了刘铁云。刘铁云就是写《老残游记》的。那么刘铁云就把他从王家买来的收藏的这个变成拓片出版了，是中国第一本龟甲文的出版的书，叫做《铁云藏龟》。在历史上是有名的，因为后来证明说这是中国最古的文字。我曾经问过王宪钟，说你家里头还有没有,他说没有一个了。

季理真:没想到,没想到他的祖上发现了甲骨文。王先生的书也挺好的。还有另一个陈国才(Kuo-Tsai Chen),您知道吗?因为陈省身也很推崇他。

杨振宁:中文叫什么?

季理真:陈国才。他在伊利诺伊大学厄巴纳-香槟分校,做拓扑的。九几年在南开陈省身还给他开了个会(纪念会,2000年)。他好像数学做得挺原创,挺不错。他也是西南联大的吗?

杨振宁:对的。还有一个做得很成功的叫王浩。

季理真:哦,王浩,逻辑的。

杨振宁:钟开莱,王浩,还有廖山涛。

季理真:对,你们都是同学?

杨振宁:廖山涛跟我同班。我的印象里,廖山涛后来回国以后,他做得很成功。所以如果你问西南联大数学系老师这一辈的人,除了陈、华、许他们三个人以外,我觉得没有做得……像江泽涵不过他的主要工作不是在拓扑学的贡献,而是他训练了一些中国的学生。段学复、程民德他们是比我年纪稍微大一点的,我的印象是他们后来都做得很好,不过如果在美国的话,他们都没有达到院士的阶层。段学复跟程民德后来都是北大的重要的人物。

季理真:对,许宝騄下面好像没什么学生,许宝騄好像自己学问很好。陈跟华后来好像都培养了很多人。

许宝騄和西南联大其他学生

杨振宁：许宝騄是在抗战胜利以后到南加州的，建立了一个中心，那个中心现在还在，在国际上数理统计这个领域一直是很重要的，他是创办人。他在那儿待了不久，不能适应外国的生活，所以他就回国了。

季理真：噢，是这个原因。那他回国以后后来影响大吗？

杨振宁：他回国以后，国内对他是很重视的，可是他始终没结婚。他的姐姐是俞平伯的太太，而俞平伯的儿子我很熟，俞平伯有两个女儿，一个儿子，我都很熟，那两个女儿都跟我小学同班。许宝騄我小时候就认识他，在联大时候还听过他的课。回国以后，他这人不善交际，我的印象是他跟大家好像不发生关系了，数学界跟学生大概都对他很尊敬，后来他在"文革"的时候自杀了。

季理真：是吗？"文革"自杀。

杨振宁：他"文革"时候自杀，你知道这个故事吗？跟我西南联大同班一个数学系的女同学叫做张景昭。许晨，请你，我看看，你把我的《读书教学四十年》给我一本，还有《曙光集》也给我。许晨，对不起，还得请你给我找一本书，就是那本《选集》，*Selected Papers*。我现在一时找不着这照片。

杨振宁和女同学张景昭

季理真：一个数学系女同学？

杨振宁：西南联大二年级的时候有一个数学系的女同学叫做张景

昭。我有一段时间对她非常感兴趣,她大概比我大一两岁的样子,我还有一张她的照片,我找着了告诉你,发邮件告诉你。结果后来这样子搞了几个月以后,是一学期,我自己……

季理真:不讨厌。

杨振宁:烦上了。

季理真:为什么?

杨振宁:我认为这个对我非常不好。

季理真:为什么不好?

杨振宁:我还记得我后来写下来,我当时自己做了一个反省,觉得我的情感世界本来像是很平静的那个湖水,这张景昭来了以后结果就波涛汹涌,所以我当时下了一个决心。

季理真:要专心读书?

杨振宁:要冷淡这个关系,所以后来就冷淡下去了,以后就跟她保持(距离)。因为我父亲跟我母亲,她是数学系学生,我父亲是数学系教授,所以她选课什么的有时候到我家里来过,我父亲跟我母亲都很喜欢她,所以她跟我们家一直维持非常好的关系,可是后来我跟她就没有交朋友这个事情。她毕业以后,跟一个经济系的毕业生,叫做王传纶的,结婚了,然后就到贵州去做了中学教员。抗战胜利以后,她就变成北大的教员,所以一直在北大数学系。

季理真:是吗? 后来做什么数学?

杨振宁:我想她没有做过什么重要的研究,不过她在北大的数学系,早年大概有很多贡献,而且她一直跟我们家有很密切很好的关系。比如说1957年的时候,我的小弟弟,叫做杨振福,是北大数学系一年级的学生,得了神经分裂症,所以我父亲就跟张景昭通信了,要她送我弟弟回家到上海，所以就是张景昭……

季理真：她送您弟弟去。

张景昭和许宝騄

杨振宁：张景昭那时候是教师，是教员，送了杨振福，坐火车一直到上海，所以她跟我们家的关系一直很好。许宝騄回国以后，在北大当教授，他没有太太，他又不会管理他自己，张景昭在西南联大的时候念过他的课，所以张景昭就请许宝騄住在他们家里头。她的丈夫叫王传纶，王传纶那个时候我觉得不是北大教授，是一个什么经贸大学的教授。结果在"文革"的时候就有谣言，说是张景昭跟许宝騄有不正常的关系，后来两个人都自杀了。我回国的时候，我1971年回国的时候，他们两个人都不在了，我听说他们都自杀了，可是我没有去追问，也没去……二零零几年，我回到清华以后，有过一个西南联大的同学会开会，王希季、许渊冲、王传纶都去了，在那里我看见了这个王传纶，就是张景昭的丈夫，我还见了他一面。那一次聚会，大家吃了一顿饭，我没有问起张景昭是怎么回事，后来王传纶也不在了，现在当然也不在了。对于许宝騄的历史，以及许宝騄这一段到底是怎样，我不相信这个当初说他们有不正常的关系，我觉得这个不可能是正确的，就根据我对他们两个人的了解，我觉得不可能。不过关于这一段事情，我还没看见任何人写过，不知道徐利治有没有写过，你可以写信问他。

季理真：对，我可以问问他。

杨振宁：让我想想还有什么人会知道呢？

季理真：其他人大概没有。我觉得那边的人已经没有什么人在了。

杨振宁：你等我想一想。王希季也许有点知道，到底王希季是联大的，而且他后来在北京。

季理真：那张景昭她有没有孩子？

杨振宁：张景昭啊？我不知道。

季理真：您不知道的，因为我想有孩子的话，她比较……

杨振宁：对，她的丈夫叫王传纶，他是联大经济系毕业的。

林徽因、梁思成和金岳霖

季理真：我听说清华还有一个类似的事情，是一个很有名的建筑学家，叫梁思成。他的太太是林徽因，是不是徐志摩喜欢的那个？

杨振宁：是，就是这个徐志摩。他们比我年纪早，早一些。

季理真：因为后来人家告诉我，我也念过这个书，还有北大的有个哲学系的教授也很喜欢林徽因，后来他们三个人住在一个院子里。

杨振宁：金岳霖。

季理真：这个故事是真的吗？他们三个人住在一起。

杨振宁：关于这个写过的文章很多，我不太清楚，说是他们那时候非常熟。

清华教授的太太们

杨振宁：梁思成的太太是一个非常外向的女人。讲起这个，我有没有跟你讲过，我小时候在清华园住了八年，那时候我们住在西苑。清华那个时候你要问我，我想有不止 50 个教授，但不到 100 个。

季理真：是吗？那挺少的。

杨振宁：这些教授的社会关系就分成三种，看他们的太太是不是比较社交型的。一组，就是我母亲这一组，没受过很多教育的；然后一组，是在中国念到了比如说是大学的；最后一组是留过学回来的。很显然这三组家庭彼此之间的往来是比较少的，而每组自己（之间往来相对多一些）。比如说我母亲就跟熊庆来的太太很熟，因为她们是差不多年纪的，她们都曾经裹过小脚，后来解放了叫做解放脚，她们来往比较多。另外一组像是周培源的太太，她是上过大学的，她们又是一组。有很少的几个人是留过学的，梁思成的太太就是其中的一个，所以她们就变成了完全不同的社交群。我还没看见有人写过文章，关于这个。事实上这个也是很有意义，尤其是这些人的子女，那时候在清华园里成长，像我这样的，比我多半年轻一些的，有很多人。他们前些年出了一套书，等于是把清华园在抗战以前，不同的家庭后来都是什么样的，编成了几个画册，做这件事情的主要是江泽涵的儿子好像叫江丕栋。你们如果查这个，清华图书馆一定有他们这些书，你如果 look under（查找）江丕栋的话，栋是栋梁的栋，会找到这一类的书。

季理真：对，我觉得以前的清华园更有感觉，比如环境，比现在感觉好一点。以前那边是不是老师比较精，因为现在的话就是大学比较多，有点分散。以前个人感觉就是清华比较特别。

杨振宁：有部分道理是因为现在清华大得不得了。这个是不是江编辑的？

季理真：没有。周文业。

杨振宁：那我弄错了，是这个周文业编辑的。

季理真：周文业，对。另外一点就是西南联大这么成功，我想跟学生的质量好也有很大的关系。

西南联大毕业生的好时光

杨振宁：有一点我觉得大家讨论西南联大都没有讲的，就是它的时代对了。西南联大的毕业生，到了新中国成立以后，就变成"文革"以前17年这个建设期的重要贡献者。这些人在不同领域里头，有这个机会，因为等于是一个从零开始的国家。从零开始的国家，得要有很多有知识的人，这些人很多都是联大的。当然你要问了，那时候还有些别的学校，那些别的学校它没有像清华像联大有那么好的学生？因为当时全国最好的学生在联大，这是没问题的。比它稍微差一点的另外一个学校是重庆的中央大学，我想这两个学校的毕业生，对于解放以后，对于新中国成立以后17年的贡献是成就这两个学校的主要的道理。

季理真：对，时势造英雄，就是这样。我还有个问题，您刚才说您在西南联大的时候，和张景昭有一段时间谈恋爱，后来您觉得分析一下以后……

杨振宁对张景昭的感情做了了断

杨振宁：我想不能叫做谈恋爱，我想是对我的影响很大，对于张景昭的影响……

季理真：那她知道您喜欢她吗？

杨振宁：当然是显然的。不过我想对她的影响没有对我那几个月的影响大，我是比较不成熟，她也许年纪比我大一两岁，我想她这个做人的态度什么的，就是她是非常成熟的一个人。

季理真：您当时有多大，是大学几年级？20岁左右？

杨振宁：我们是二年级。

季理真：二年级的话19岁？

杨振宁：我是17岁。我16岁进的大学。

季理真：17岁，那我觉得这很不简单，我想一个男孩子喜欢一个女孩子，您怎么可以挺得住？因为您后来分析一下，下定决心，您觉得您这个心应该要平静，我觉得这个一般人做不到。

杨振宁：我写下来过，回去我要找着这个，我会发邮件给你。

季理真：我觉得这很不简单，一般人做不到。因为一般男孩子如果真的很喜欢一个女孩子，很投入的话，心情很难平静下来。

杨振宁：我想这个又到了……因为假如你看了这个《未央歌》，或者你看了许渊冲所写的自传，你就知道西南联大当时的同学很多跟我走的是不同的道路，就是我那时候可以说是中国传统教育教育出来的一个好好的学生。

季理真：能够克制自己的感觉。

杨振宁：自律很严的一个。

季理真：是嘛，我觉得一般人做不到，现在也一样。因为我想天底下有多少男女，因为感情的原因，对他们的生活影响很大，能做到这点真的很不简单。您刚才说数学系出了不少的人，那物理系呢？物理系就你们两个吗？您跟李政道？

西南联大物理系学生

杨振宁：物理系，比如跟我同班的有几个人很重要，一个叫做戴传曾，他后来做了科学院的一个研究所的所长，在北京附近，在周口店。现在那个所还在，是一个很大的研究原子核物理的地方，他后来搞这个东西。有一个叫做向仁生，后来到美国留学，回国以后，我的印象他对中国声学（微波磁学）的发展有重要的贡献。西南联大物理系毕业的学生有一个叫做黄祖洽，他很重要的，比我低，他是跟李政道同班，在1945年到1946年是跟李政道同班。他后来是中国原子弹工程里头重要的人物，可是没有被选进23个人里头，这个是中国原子弹工业的很有名的一件事情。就是他在里头是非常之聪明，可是这到底是什么故事，你得要去问中国原子弹方面的人。总而言之就是他对中国的国防工业有重大贡献，仅次于23个功臣。西南联大那时候还有一个叫陆祖荫，李政道、黄祖洽、陆祖荫、叶铭汉他们几个人是同班的。不过他们在这个物理学国际学术上的地位，像黄祖洽对中国有很大的贡献，但到了应用方面，在国际物理学界其实没有什么地位。另外一个重要的人物他不是联大的，是清华早年的，那是重要的人物，叫彭桓武。彭桓武是那23个功臣之一，他是回国了，我想大概比我大五六岁的样子。我在联大念书的时候，他回国了，是云南大学的教授，后来他是中国原子弹发展的重要人物。在30年代和40年代，这些人大家都很注意，比如说是念物理有名的几个人，最初是清华的，后来也有北大的，就是王竹溪、张宗燧，你知道张宗燧吗？

季理真：我不知道。

杨振宁：你没听说过张宗燧？

季理真：是做数学还是物理？

杨振宁：张宗燧是清华毕业的，他们比我大十岁。还有吴大猷。

季理真：吴大猷我听说了。

杨振宁：马世骏、彭桓武、林家翘。

季理真：林家翘我也听说过。

杨振宁：这六七个人是当时物理跟数学在 30 年代新出来的人里头最有名的几个。

季理真：是清华的，那西南联大呢？

杨振宁：有多半是清华的，也有北大的。

季理真：是西南联大的。

杨振宁：对，其中就有这个彭桓武，彭桓武是清华 30 年代在北京毕业的。他后来到英国去，在抗战的时候，他很长时间在英国爱丁堡大学，跟薛定谔那时候在爱尔兰都柏林，跟威廉·罗恩·哈密顿他们都很熟。彭桓武在我到美国去留学的时候就很有名，因为他那时候跟哈密顿提出一个叫做 HHP 的理论（Hamilton-Heitler-Peng 理论，即哈密顿-海特勒-彭桓武理论），我在芝加哥念书的时候他很有名，不过这理论后来没有成功。所以彭桓武在物理学界长期在学术上没有什么重要的贡献，可是他对于中国的原子弹工作有重要的贡献，所以他是 23 个功臣之一。所以你如果要问 30 年代西南联大培养出来哪些人，那我想他当然是重要的人物之一。

关于张宗燧有一些文章，不过其实是值得有人去写一个传的。张宗燧我想是非常聪明的，我不认识这个人，大概有点傲慢。我觉得他是 1912—1914 年左右出生的。怎么能够知道呢，他在清华毕业以后，就到英国去做了研究生，很快就得了 PhD。在英国的时候就跟狄拉克变成好朋友，所以他始终跟狄拉克有非常好的关系。然后他就回国了，抗战胜利以后他就回国了，回国以后在北大做教授。现在还有一些人是他当时的学生，当然现在都已经退休了。他的父亲叫张东荪，是有名的哲学家，所以他跟他的父亲两个人……我们怎么知道他当时在英国非常聪明呢？

因为他是狄拉克的好朋友,他比狄拉克年轻了十岁,他很快就得了博士学位。他跟王竹溪先生是同一个博士导师,所以他博士的文章跟王先生的文章都是统计力学的。统计力学在那时候不是最红的学问,最红的学问是场论,他也搞场论,所以他在 PhD 念完了以后就经过狄拉克推荐到了哥本哈根,到了玻尔的研究所。20 世纪 30 年代玻尔的研究所是全世界尖端物理的中心,他在那儿跟玻尔父子变得非常之熟,然后他就回国了,回国以后在解放以前,抗战胜利以后,他又去了哥本哈根几年。因为这样子,所以他跟王先生不一样。王先生回国以后一直跟当时最红的领域,就是场论,没有关系,他老是留在统计力学里。可是张宗燧就放弃了统计力学,搞的是场论,所以我还念过他的文章,他 30 年代场论的文章。所以说我去美国的时候,大家如果要问起中国哪几个年轻的人是理论前沿的物理最有名的,那时候最有名的两个人,一个就是张宗燧,还有一个是比他大了十几岁左右的,叫做王守竞。你晓得这个人吗,王守竞?

季理真:我不知道,也是清华毕业的吗?

杨振宁:王守竞,守是太守的守,就是攻守的守,竞是竞争的竞。王守竞我觉得是大概 1926—1927 年量子力学刚开始的时候,他在哥伦比亚大学念书,就写了一篇文章,变成当时最有名的很年轻就要念博士的物理学家之中的一员。

季理真:那就是非常有前途了。

杨振宁:非常有前途。因为量子力学刚开始的时候,是泡利跟薛定谔他们解决了一个问题,你一定念过的,谐振子。像这一类的(问题)用这个谐振子,薛定谔方程都能解,除了那个以外,还有一个没解的就被王守竞给解了。所以他立刻就变成当时尖端物理里头最有名的年轻人。跟他同时在哥伦比亚念书的人叫做拉比,拉比后来变成美国的诺贝尔奖获得者,是一个实验物理学家,在50年代是美国物理学界执牛耳的人。他跟王守竞是同班,非常佩服王守竞。王守竞回国以后,我不知道在哪儿了,教了一两年书就被蒋介石请到军工厂去。所以后来在抗战的时候,他是军工厂厂长。

季理真:后来不做物理了。

杨振宁:以后就一直是在政府里,地位很高,都是做这个技术方面的事。解放以后他就没回国,留在了美国。留在美国也有个很奇怪的事情我始终没懂,那个时候美国正在发展,所以各个大学都在请教授,他如果想要去做一个大学的教授,那我想拉比立刻就会推荐他,但他不去。所以他没有在物理学界,他结果跑到麻省理工学院的一个研究机构里头,在里头做这个程序员,一生后来都做程序员。他有几个弟弟在中国贡献很大,有两个弟弟,一个叫王守觉,一个叫王守武,先后是半导体所的所长。这个王家是非常显赫的,他们兄弟姊妹几个人在中国的教育界都非常有名。除了王守竞、王守觉、王守武以外,他们还有一个姐姐,前几年她在清华过去的,是一百多岁,叫王明贞。密歇根大学很多年最重要的、最有名的、在国际上有名的物理系教授,叫做乌伦贝克,有两个非常好的中国的女博士研究生,一个是王明贞,还有一个叫做王承书。这两个人回国以后,她们在物理学界都有相当好的地位,她们是乌伦贝克最好的几个研究生。而王明贞后来长期是清华大学教授,前几年100岁左右才过去的。第二个是我非常熟的,是对中国(有重大贡献)的,我觉得她其实应该被选成那23个功臣,可是没有选成,她是对于中国做原子弹同位素分离里头有重大贡献的人。

西南联大学生获过的国家科学奖

季理真：那不简单。还有个问题，您说西南联大数学不错，有好几个人拿了科学奖，华罗庚拿了一等奖，许宝騄好像拿了二等奖，钟开莱拿了三等奖。那当时这个奖，在社会上的影响怎么样？

杨振宁：影响非常大。

季理真：媒体反映怎么样？现在媒体比较发达。

杨振宁：华罗庚他没有受过高等教育，所以这突然一下子变得很成功，使大家对他特别注意。

季理真：因为他拿了那个奖，后来他名声就很大是吧？

杨振宁：他没有受过高等教育而成功了，这一点是中国非常佩服的。美国也佩服，中国更佩服。

季理真：对。他完全自学成才，是不简单。

华罗庚是天才

杨振宁：他是天才，没有问题。

季理真：当时在这个时候拿个科学奖，在社会上影响很大的，媒体各方面。

杨振宁：对，而且他不止是（在国内有影响，在国际上也有），比如说在苏联，当时伊万·马特维耶维奇·维诺格拉多夫对他非常注意，所以特别把他请到苏联去了。

季理真：我前几天看传记，说他们已经决定要给华罗庚发一个斯大林奖还是什么奖,后来没有发,因为斯大林去世了,没拿奖。

杨振宁:我想你如果问在斯大林的时代,苏联想给一个中国人发奖的话,我想那一定是给华罗庚了。

季理真:但是物理方面没人拿奖吗?

杨振宁:没有,而且物理方面当时没有人做出来一个。我想想,物理方面刚才我不是讲张宗燧或者是王守竞、王竹溪、彭桓武他们在国际物理学界的地位,都没有那么高。

季理真:那吴大猷怎么样,好像吴大猷的影响挺大。

杨振宁:吴大猷是得过奖的。

季理真:是得过这个科学奖的?

杨振宁:他得过的是哪一种奖我不知道,对,如果你问在1945年的时候,中国的物理学界,哪一个人在国际的物理学界有地位,我想吴大猷必须是一个,另外是彭桓武跟张宗燧、钱学森。

季理真:钱学森。

杨振宁:我想他们几个人是比较有名的。

季理真:对。还有另外一个问题。上个星期菲尔兹奖刚宣布,您听说过的,就是世界数学家大会每四年开一次,上个星期一刚宣布,宣布了以后,有很多人有点惊讶,比较失望,觉得菲尔兹奖好像质量在下降。

杨振宁:有几个人?

菲尔兹奖和诺贝尔奖质量每况愈下

季理真:对,有几个人就没想到,我碰到的很多人都表示失望。我觉得诺贝尔奖的质量比较好,那诺贝尔奖当中是不是有的人拿奖以后,其他人也觉得有点惊讶,也比较失望了?还是诺贝尔奖一直质量保持得比较好?

杨振宁:你再讲一下,你说大家对于数学界这四位菲尔兹奖获得者有什么反应?

季理真:有一个人大家都觉得绝对没问题,都很佩服和公认。

杨振宁:结果没拿?

季理真:不是,拿了。

杨振宁:拿了。

季理真:那其他三个就有问题了。

杨振宁:其他三个就有点大家不太懂,是吧?

季理真:对,为什么可以拿?有一个人,他用一个全新的方法,解决了一些问题,大家觉得这个他应该拿。而其他人只能说做得不怎么样。

杨振宁:这四个人有几个美国人?

季理真:好像没有,一个是德国人,一个是意大利人,一个是伊朗人,还有一个……

杨振宁:有个伊朗的?

季理真:对,伊朗的。

杨振宁:人在什么地方?

季理真:现在在英国。哦,加一个印度人,现在在美国。

杨振宁:他们有没有人搞弦论?

季理真:没有。

杨振宁:所以你说是有一个人,大家公认应该得奖,另外三个有争议。

季理真:大家觉得很惊讶,有很多人觉得好像奖的质量在下降。好像诺贝尔奖的质量还不错,诺贝尔奖选得比较小心。或者是评选委员会比较小心。

杨振宁：我想这个现象诺贝尔物理学奖里头也有。

季理真：也有？

诺贝尔奖的一些问题

杨振宁：不过性质有点不一样。我给你举个例子，大概五六年以前，他们忽然给了一个奖，这个奖是因为当时以为有一种新的材料是可以有非常重大的贡献。在一个新的材料的领域有了一个新的发展是很惊人的，所以很多人觉得这个东西前途很广，可是多半的人还在采取观望的态度，所以给了这两三个人以后，多半的物理学家都有点吃惊。

季理真：是什么奖，诺贝尔物理学奖吗？

杨振宁：诺贝尔物理学奖，不过并没有引起很多的讨论。可是现在过了几年以后，就发现当初的热情有点过早，所以现在多半的人觉得这个奖……

季理真：有点给错吗？

杨振宁：或者不应该给，或者至少是不应该给得太早。我想这个现象在物理里头……那讲起这个来，我跟你讲一个与我自己有关系的。你知道如果你去找这个诺贝尔奖的网站，大概是 nobel.com，它里头有个 application（应用），你上了那个 application 以后你就可以问霍夫特是什么人推荐得的诺贝尔奖，它就会给你列出来。你也可以问霍夫特什么时候推荐过什么人。所以前几天我就让许晨到那上面去，问杨振宁是什么人推荐的。

季理真：对，我觉得这是很好的问题。

杨振宁：被屏蔽了。

季理真：是吗？为什么？

杨振宁：杨振宁是什么人推荐的？被屏蔽了。

季理真：什么原因，是不是比较老？

杨振宁：后来我问了一个诺贝尔基金会内部的人，他说他们把关于杨振宁的这个屏蔽了，一直要到与杨振宁有关系的这些人都不在了，才可以看见。所以你们将来可以去查这个，我不在以后你们看。

季理真：那他实际上……

杨振宁为何没有第二次获得诺贝尔奖？

杨振宁：我疑心是什么缘故，因为我想我没有第二次得诺贝尔奖，是物理学界一个大家都觉得奇怪的事情。

季理真：对，这 Yang-Mills 是很重要的。

杨振宁：那么我想这时他们并没有屏蔽李政道，至少李政道没有完全被屏蔽。

季理真：那谁做这个决定，屏蔽还是不屏蔽？

杨振宁：就是诺贝尔基金会自己。

季理真：哦，诺贝尔基金会自己做的。对，我觉得 Yang-Mills 的影响应该比您以前那个对称要大很多。

Yang-Mills 理论与杨振宁获得诺贝尔奖的工作的对比

杨振宁：那我可以说这个影响力是非常之大，而且是长久的，因为这是一个原则。本来只知道一类的方程,就是麦克斯韦方程,现在突然发现原来麦克斯韦方程只是一类的方程中最简单的一个,而且那一类的方程现在证明是对于核力(nuclear force)有重要的结果,就是叫做标准模型。实际上这个就是在支配现在的整个物理学界,而且还要继续支配下去,觉得还得要再做文章。关于怎么个做法现在没人找出来,这就是弦论在搞的。

季理真:对,我觉得非常重要,标准模型全部都用 Yang-Mills 来做。

杨振宁:你们密歇根一定有好多人做弦论。

季理真:大概走掉几个,以前有一个我忘了叫什么名字,后来去了 Texas A&M(得克萨斯农工大学),我们有好几个做弦论的。弦论现在怎么样也很难说,您说是潜在的(potential),大家说都是潜在的,但是不是很清楚?

杨振宁:我觉得弦论现在也是在一个有点困难的状态,因为做了这许多年没有跟实际发生关系,里头是有些很妙的数学的东西,可是好像没有新的想法。

杨振宁:就是对于弦论非常热心的年代已经过去了。

季理真:已经过去了?

杨振宁:所以现在弦论也在寻找出路。

杨振宁的一个数学问题

杨振宁:本来我预备问你一个问题。你们不是给了我那本书吗,就是菲利克斯·克莱因那本我去看了看。菲利克斯·克莱因最重要的工作是不是就是自守函数?

季理真：对。

杨振宁：自守函数为什么重要？

季理真：因为它描写了很多数列的法则，自守形式的 Pearson（皮尔逊）系数。比如有一系列的数，一系列数没有什么规则，如果把它放在一起的话，然后成为一个自守形式。

杨振宁：你说一系列的什么？

季理真：数字。你比如说 a_1, a_2, …，全部放在一起，没什么东西，你把它放在这里，然后它就变成了一个生成函数。

杨振宁：你是讲 zeta 函数？

季理真：对，有点类似 L 函数，zeta 函数，模形式。

杨振宁：L 函数是 zeta 函数的推广。

季理真：对，推广。

杨振宁：L 函数跟自守函数有什么关系？

季理真：给定一个自守形式，我可以构造一个 L 函数，猜测大致就是基本上 L 函数都来自自守形式。

杨振宁：是谁最早发明自守函数这个领域的？

季理真：庞加莱和克莱因。

杨振宁：庞加莱和克莱因后来还打架了。

季理真：对，就是因为这个东西。

杨振宁：他们发展的时候就是跟 zeta 函数有关系吗？还是并没有？

季理真：没有。

杨振宁：因为自守函数是椭圆函数的推广。

季理真：数学家比如欧拉开始学习椭圆函数，然后阿贝尔、雅可比推广了它，然后黎曼和魏尔施特拉斯又对阿贝尔的进行了推广，是从那个方向来的,后来是庞加莱和克莱因他们。

杨振宁:对,据我的了解是这样,椭圆函数很妙,是周期的。可是那个群是一个阿贝尔群,他们说我们用一个 SL(2,Z)那个群,是非阿贝尔的。而它不是对整个复平面,它是对半个复平面,这个就是他们两个人搞的。他们搞的时候跟 zeta 函数并没关系。

季理真:没有关系。

杨振宁:zeta 函数跟那个关系是后来的。

季理真:对,后来的。

杨振宁:所以他们搞的是不是受了椭圆函数的周期性的影响呢?

季理真:是的,有非常大的影响。其中主要的一个动机是要证明单值化定理。

杨振宁:单值化?

季理真:黎曼曲面的单值化定理,您有没有听说过?比如说一个曲线 $P(z,w)$ 等于 0,这个 P 是 z、w 的多项式,在 C^2 平面里,定义一个代数曲线,这个方程定义 w 为一个多值函数,不是通常的单值函数,然后要单值化。就是你要找到一个新变量,把 z、w 通过这个新变量来表示单值函数,这就叫做单值化。这个定理是数学上非常大的一个定理,后来庞加莱和克莱因为了这个闹得不愉快。

杨振宁说如果可以从头来,他要学习数学

杨振宁:你知道我讲了一句话,就在前几年,我说假如今天我再做研究生,我一定搞数学。

季理真:因为数学比较有趣,是吗?

数学和物理学的差异

杨振宁：因为数学跟物理不一样，在数学里头方向很多，而且很妙。物理是在不同的时代有起伏，今天不是一个最繁荣的时代。

季理真：对，不过你们物理学家有很多洞察力（insight），数学家没有。

杨振宁：数学，它有点像艺术，可以向种种方向转。

季理真：对，好的，谢谢您！我3月份再来，我们到时候来见您。

第七次访谈

访谈时间：2019 年 3 月 6 日
访谈地点：杨振宁先生清华大学的家里
采访人：季理真　王丽萍　林开亮
录音记录：王丽萍
整理：彭程　王丽萍　季理真

这是我们第一次在杨振宁先生在清华大学的别墅里对杨先生进行访谈,让我们得以了解杨先生的日常起居生活。杨先生的精力依旧无比充沛,整个访谈进行了两个多小时,最后到了晚饭时间了,翁帆不得不打断我们。伟大的科学家自然会留下不少伟大的作品,我们和杨先生聊起如何对这些伟大科学家留下的宝贵的著作和文章进行重新整理和出版。比如,华罗庚曾在其文章和著作里表达的对数学的热爱,对青年一代很有启发,阿蒂亚直言不讳地对数学和数学家的评论令人深思。本次访谈还是集中在物理学家和数学家的人物个性和工作,例如:陈省身与安德烈·韦伊在高斯-邦尼公式上的工作。一些物理学家,例如费曼、默里·盖尔-曼和海森堡,他们对数学的鲜明态度令人惊讶。杨先生虽然是物理学家,但是他认识很多数学家,了解他们所做的工作,也知悉一些数学家们之间复杂的关系。许多伟人似乎对其他伟人在世界上的排名和分类非常在意,杨先生也谈到了他对阿蒂亚列出的世界上最伟大的70位数学家名单的看法。杨先生还和我们分享了他对数学和科学政治的观察,尤其是在超级对撞机方面。访谈结束后,我们无不对杨先生的超人的记忆力、超常的学识和坦率的看法表示钦佩。

季理真：杨先生，前几天我去了趟上海，访问了华东师范大学出版社。我们在那里看见了一幅您的画像，您看见过那幅画吗？陈列在一个餐馆旁边的一个书店里面，新画的。

华东师范大学陈列的杨振宁画像

杨振宁：这个就是去年10月画的。事情是这样的，因为张首晟的太太是华东师大数学系毕业的，所以张首晟就跟他们讲，叫他们安排我跟张首晟夫妇都去访问华东师大，就是去年10月。所以我到那里访问了两天，也看见了张奠宙。

你认识谈胜利吗？他现在是他们数学院的院长是吧？他大概跟张首晟的太太是同事，因为张首晟太太是念数学的。

华东师范大学出版社计划出版的新书系列

季理真：哦，我都没想到是这样。我那次去华东师范大学，是因为华东师大出版社的上海数学出版中心这个计划。他们一些数学书的出版要我帮忙。我给他们一个建议，出一套《大师论坛》。我的意思就是说好的学生需要跟大师学，我的想法就是直接用大师的原话、原来的作品来给他们看。因为有的东西经过人家加工以后，就把好多好东西去掉了，所以我计划当中想开始出这么几本。因为我们和您进行了多次访谈，每一次都进行了录音，我们把所有的录音整理成文字之后，加上这次，出成一本书，这是计划中的第一本。第二本书就是，您在西蒙斯中心接受的访谈里面人家说您的数学和物理的字典，同时对辛格、阿蒂亚他们规范场理论的影响，然后对西蒙·唐纳森的影响，我要把那个访谈稍微整理出一部分来，同时再加上您在清华讲的《美与物理学》，在那本书里您对狄拉克和海森堡进行了比较，包括他们的学问和他们的为人处事，我觉得那个讲得非常的好，基本上很多都是您的原话，我们可以再组合成一本书。林开亮他前段时间不是翻译了戴森的一些东西嘛，这个可以出成一本书。我还准备编一本关于华罗庚的书，华罗庚以前写了不少教人家怎么读书的文章，比如说他第一篇成名的文章是关于五次方程的解，一般人都知道这篇文章，但很少有人看过，我想把这些文章重新来编撰一下。对，我们开始准备做这些，以后再进一步拓展，我们将这套书命名为《大师论坛》，他们社长挺支持这个事情。所以我就先听听您对这个想法有什么建议。

杨振宁：我想这个做得好不好，先要看你选了哪些文章，而且并不一定是中国的学者讲的话吧？

季理真：不只是中国的学者，也包括国外的，比如做好了你们三个的书以后，接下来要做阿蒂亚的，他写了不少文章，有很多见解，我过会儿还要再问问您关于阿蒂亚的看法。我们还想出一本庞加莱的书，庞加莱他这个人非常有想法，但是出书有点困难，因为庞加莱很多的东西都是法文写的。

杨振宁：庞加莱有一些很有名的文章，不过大多是哲学性的，还有雅克·萨洛蒙·阿达马也有。像庞加莱跟阿达马的这些，有没有翻译出来过？

季理真：有很多翻成英文，庞加莱的几本书和阿达马的书都应该翻成中文了。但我这里想加一点数学的，因为除了他哲学方面的东西，我希望加一点他的数学。庞加莱他在数学上有很多想法，我觉得最近100年以来，没有谁能超过他的影响。我还想做一本爱因斯坦的书，爱因斯坦很喜欢写东西，写了很多。他的全集有16本，但很少有几个人会耐心地看他的这16本著作。我想找一个人，把这16本著作都看一下，选一些文章。一般人比较感兴趣的，能编出来也很好，因为我从来没有看过爱因斯坦的全集。您觉得这个想法怎么样？

杨振宁：爱因斯坦科普一类的工作很少。我觉得最容易使得外行的人增加对爱因斯坦的了解，是他写的他的朋友的一些故事。他的朋友不在了，他就写了一些关于他们的故事，把这些编集起来成为一本书，比如说是《居里夫人》，比如说是利奥波德·因费尔德，利奥波德·因费尔德是他的朋友，你恐怕看过这些……[①]。

[①] 名著《物理学的演变：从早期概念到相对论和量子》就是爱因斯坦和因费尔德撰写的。

季理真：我对这本书没有印象。

杨振宁：有一本小书收集了很多爱因斯坦的文章或者谈话，比如，他对于物理学前途和发展的看法，还有刚才我讲的那些。这个小书已经变成口袋书了，我回头用 email（邮件）给你们它的名字。

华罗庚对数学的热爱

季理真：我还想到一点，有的时候我觉得对学生很重要的东西，并不是这些大师做的学问，而是他们如何做学问，他们怎么看问题。能学到这种方法、这种气魄，我觉得也是很重要的。因为有些时候学问也许随着时间的变化会被新的取代，但他们为什么成功，他们为什么愿意做这种事情，我觉得是很了不起的事情。比如说华罗庚，在我所有认识的数学家当中，我觉得最喜欢数学的就是华罗庚，他真的很喜欢数学，他愿意跟大家分享。陈省身我就没有这种感觉，你看华罗庚先生都是告诉人家应该怎么念书，怎么做研究，怎么工作，比如说课堂里面应该怎么做，自学应该怎么做。而且他愿意编很多教科书，比如说《高等数学》，从大学生开始，其他的科普是从中学生开始，后来又写了一本《从单位圆谈起》，是告诉研究生如何开始做研究。我觉得这种精神很宝贵。而且因为他做的数学很广，把数论、几何、指数形式、PDE（偏微分方程）很多东西都结合在一起，这些对学生来说特别重要。庞加莱的我也想选一些数学方面的，因为庞加莱很了不起，您看他开始做微分方程，后来做群论，后来做很多。他为什么会这么去做？我想因为很多学生学得很窄，特别是国内，老师也做得很窄，如果学生与老师都能学到庞加莱的这种态度和能力的话，这一点就很重要。好像他写了三本书，关于天体运动的书，因为他当了天文学的一个教授，他要教书，他必须好好教，所以后来干脆就写书。一般的教授我觉得没有这种魄力，一般的学生更是没有。所以这套书我当时跟华东师大出版社的社长说，所有的东西并不一定容易，但至少让人家翻开书以后能感觉到这种气魄。有时候里面的东西并不是很重要，而是大师如何对待这种问题，我是这么想的。到时候我想如果您有时间的话，我们可以把一些题目先给您看一下，因为我初步选了一下，我选了16个人。后来出版社那边说版权问题解决起来很麻烦，从国外翻译过来需要解决版权问题。所以我想先做三本，因为对您的采访您已经同意授权了，华罗庚的版权比较好解决。可能再做塞尔的，他的东西比较数学化。下一本是阿蒂亚，还有戴森。

阿蒂亚评论数学和数学家直言无讳

杨振宁：我没看过阿蒂亚的科普谈话，有吗？

季理真：他不是科普，阿蒂亚就是告诉人家，什么是好的数学，如何学习数学。阿蒂亚对很多方面会做一些评论，比如说数学发展得怎么样，有时候他会对一个数学领域做解释。

林开亮：他有一篇很有名的文章叫《20世纪的数学》。

杨振宁：阿蒂亚的？这是他什么时候写的？

林开亮：2000年。

杨振宁：我当年没看见过这个。

季理真：因为阿蒂亚是这个样子，阿蒂亚很有胆量站出来评价什么是好的，什么是不好的，我觉得一般数学家有时候不一定愿意站出来评论。我想就是这个样子，基本上不完全是科普的，有些是科普的，有些是对学科的介绍，有些是关于怎么做学问，比如说阿蒂亚后来有篇文章是跟学生写的。

杨振宁：你刚才讲的这篇文章在 Atiyah Collected Works（《阿蒂亚选集》）里有没有？

林开亮：有的。

杨振宁：那是不是他基本上把他所有的关于数学还有与数学有关系的文章都放在里头了呢？

林开亮：差不多，应该是，对。

季理真：他的目的是这样，是全集不是选集，所有的都在。所以说我觉得我们可以给阿蒂亚出一本书。我刚才和您说的 16 个人的名字我记不清楚了，我当时只大概整理了一下。

林开亮：外尔有没有？

杨振宁：外尔。

季理真：外尔有，我觉得要写的。还有一位日本的数学家志村五郎，您可能知道。我听说他在日本写了很多书，而且他胆子很大。为什么说他胆子大呢，因为日本的数学是在高木贞治带动下整个发展起来的，但是志村五郎很敢写，他居然敢批评高木贞治。

杨振宁：他是不是跟安德烈·韦伊很熟？

季理真：安德烈·韦伊和他都在普林斯顿，但志村五郎是年长一辈。

杨振宁：有一个很有名的猜想。

季理真：对，就是他。那个 Taniyama-Shimura-Weil（谷山-志村五郎-韦伊）猜想，是那三个人。

杨振宁：他这个人现在还在？

季理真：还在，还在普林斯顿，但年纪也很高了。

杨振宁：他在普林斯顿？你说他在普林斯顿很多年了？

季理真：对，好几十年了。他在普林斯顿很多年。上次我在东京大学图书馆找到一本有用的小册子，是讲志村五郎怎么做学问，和孔子理论做对比。如果有人能找到这本册子，可以再做。但是我想先把名单发给您。

杨振宁：我想是这样的，你刚才讲的这个计划，可以有个很大的范围，所以最后成功不成功，要看你怎么选择。

季理真：是，也看我们开始的几卷，开始几卷做得好就很好。因为我们跟高教出版社做了一套《数学概览》，还算比较成功。

王丽萍：已经出版了20多本，市场反响很不错。

季理真：对，《数学概览》里面我选的并不都是大家，其他人的也有。在上海做的话，我想直接就用大家的原话，我们最多加一些注释，基本上应该直接引用原来的。为什么这么做，是因为我看了国内关于华罗庚的书也不少，但后来写的和华罗庚自己写的就不一样了，不是原汁原味了。

陈省身与安德烈·韦伊关于 Gauss-Bonnet 公式的工作

杨振宁：我只知道陈省身的有名的 A simple intrinsic proof of the Gauss-Bonnet formula for closed Riemannian manifolds（闭黎曼流形的高斯-波涅公式的一个简单的内蕴证明）那篇文章出来以后，安德烈·韦伊写了一个 review（评论），那个 review 很重要，陈省身自己讲很重要。那个 review 与后来陈省身发展的方向都有密切的关系。

季理真：是吗？那我来看看。

杨振宁：就是数学有一个杂志叫做 *Math Review*（《数学评论》）。

季理真：对，我知道。陈省身的 Intrinsic proof of the Gauss-Bonnet formula（高斯-波涅公式的内蕴证明）是很有名的结果，是很受安德烈·韦伊的一篇文章的影响，拿这个来看看。我觉得看一些大家的文章或者他们的评论都很重要。我是希望鼓励学生去看这种东西。这套书可不可以请您做顾问。

杨振宁：不必了。我可以实际做顾问，但不要署名。

杨振宁在高等研究所的邻居们及他们的工作

季理真：我想您的这本访谈录很重要。

杨振宁：这个里头访谈是比较特别，因为牵扯的东西很多，而且很难讲是有固定的题目，比如包括乌伦贝克怎么到密歇根大学去，也包括我是第一次才知道你原来跟博雷尔很熟。这个博雷尔跟19世纪的博雷尔没关系吧①。

季理真：没有关系，很多人问过他同样的问题，我也问过。

杨振宁：虽然博雷尔是我们的邻居，但我们很少往来。我不知道他跟戴森是不是有过交往，因为我们都是近邻，我的房子、戴森的房子，和博雷尔的房子都很近，哈里什-钱德拉的稍微远一点。

哈里什-钱德拉的那个房子，本来是约翰·阿奇博尔德·惠勒的。我的印象是，惠勒在30年代、40年代在高等研究所的地皮上盖了这座房子，然后惠勒搬到别的地方去了，李政道就住在里头。李政道从1960年

---

① 19世纪的博雷尔因他在测度论（measure theory）方面的工作而闻名，现在的博雷尔以李理论和许多相关应用而闻名。

到 1962 年在高等研究所做了两年教授,他就住在那里头。李政道 1962 年离开以后,哈里什-钱德拉来了,哈里什-钱德拉就住在那里。

季理真:对,是很了不起,如果一般人去那里不知道以前什么人住过的话就印象不深,我们知道以后就不一样。

杨振宁:我也要问你一个问题,我上回不记得是问谁,也许是问你,说是朗兰兹在干什么。回答是说他在研究自守形式的表示理论。自守形式跟这个朗兰兹的离散群有着密切关系?是不是所有的自守形式都是不同的离散(群)?

季理真:对。

杨振宁:所以它代表表示理论,其实就是非紧致离散群的表示。

季理真:不是。它是这样的,比如说三角函数 sin、cos,因为它们是周期的,对这个 Z,然后高维的话是 Z^2,比如说两维的是 lattice(格子),三维的也是 lattice,然后它这个群是阿贝尔群,那我们取一个非阿贝尔无限群,相当于 SL(2, Z),如果现在……

杨振宁:它是非阿贝尔的,而且不是有限的。

季理真:对。

杨振宁:哈里什-钱德拉的重要工作是不是就是他研究非紧致群的表示?

季理真:他研究的是李群,它不是离散群,李群里面含有离散群,比如那个实数 R 里面有 Z,是那 Z 轴上面我们看到周期函数,比如说 R^2 里面有一个 Z^2,李群的话 SL(2, R)是一个李群,里面你把系数 R 换成 Z 就是一个无限的离散群。

爱因斯坦以及其他物理学家对数学的观点

杨振宁：现在我忽然有一个想法。我想有一个很有意思的题目，就是数学跟物理的关系，而且关于这个关系，不同的数学家跟物理学家在不同的时代的态度是有变化的。起初就是爱因斯坦，爱因斯坦晚年的时候自己讲了，他说他年轻的时候不懂数学有什么用处，他不走到数学里去，是因为他对于数学里什么问题重要、什么问题不重要，他不会把握。等到后来，我猜想他指的就是狭义相对论到广义相对论，他后来了解了一些闵可夫斯基的工作，这才使得他改变了看法。所以到他晚年的时候，他讲出来的话跟他年轻时候是相反的，他觉得数学非常重要。

季理真：数学是很重要，对。

杨振宁：另外一个非常有意思的跟这个有点像，是海森堡。可以看见很多海森堡早年讲的话，他是看不起数学的。可是他晚年也讲了一些话，使得你觉得他有些改变，他这个改变没有爱因斯坦那么明显，不过很显然也是改变了。这个不同只是多半的，你像费曼跟盖尔-曼他们就觉得数学没用处。费曼再三讲我们需要的数学我们自己可以创立，这话反映了他自己的经历，可是他把它归纳了，我想归纳以后肯定是不正确的。不过他所反映的是他自己的感觉，因为比如说路径积分，是基础的数学概念，这个数学概念他拿来用了，很有作用，可是到现在为止这个数学概念还没有被数学家建立起来。

季理真：对，没有严格地建立起来。

杨振宁：他不相信教育出来的数学，他只相信凭空猜出来的数学。

季理真：对，我前不久看了朗道的传记，翻译成中文的。

杨振宁：也说有一本朗道的，是谁写的？

季理真：是他的侄女。

林开亮：上次我给您带来一本，您翻了一下，后来还给我了。

杨振宁：它的名字是什么？

王丽萍：《朗道传》。

杨振宁：作者不是卡拉德尼科夫？

季理真：不是。

杨振宁：是他的学生是不是？

季理真：不是，是他的侄女写的，是他太太的侄女。

杨振宁：他的侄女。不是一个物理学家。

季理真：她不是一个物理学家。

杨振宁：我好像看过。

王丽萍：我上次给过您。

杨振宁：我记得你给我看了以后，随便看了以后，因为觉得作者不是物理学家或者数学家我就没怎么看下去。所以只是一些不重要的。

季理真：它里面有挺多朗道他认为什么样的数学重要。

杨振宁：对于朗道的个性，我认为可以有深入了解的书，是他的学生编的一本书，你晓得这书是吧？

季理真：翻成英文了是么？

杨振宁：(作者)叫做卡拉德尼科夫，是他的学生，也许是博士后。在他死了以后，他们几个跟朗道非常熟的人每人写了一篇文章编成一本书。这书很有意思，因为这书描写了朗道怎么教他的学生，所以对于朗道学派的气氛讲得很好。

季理真：我借来看看，有英文的是吧？

杨振宁：这书我看的是英文的，我想是翻译过来的。

季理真：俄文翻译过来。

杨振宁：你晓得这书是吗？

季理真：对，那我找来看看。

林开亮：我想起来了，当时您是不是在清华的时候，陈省身讲了这样一句话，就在这里，他说当年在芝加哥那边教书，有一位先生就认为学物理的不要念太多数学。这个人是谁呢？

杨振宁：陈省身去芝加哥的时候是1950年左右，他在那儿待了十年，那个十年之间，费米不会讲这话，泰勒也不会讲这话。我不知道陈省身讲的是谁，他可能讲的是盖尔-曼。盖尔-曼人还在，今年90岁，他对高能物理有非常重要的贡献。他恐怕是在1952年到芝加哥做助理教授，在芝加哥几年，那个时候就是芝加哥最有名的我这一辈的年轻物理学家，所以陈省身一定认识他，他可能讲这个话。不过他这话讲得没有费曼讲得彻底，换句话说他没有费曼更相信这句话，盖尔-曼讲话有时候是半开玩笑的。

林开亮：我记得。因为这个版本是我们整理的，我记得当时一开始台湾那个版本上说的是哈密，他说芝加哥大学有一位哈密先生，有这个人吗？

杨振宁：你等我想一想。不知道这是谁。

林开亮：那可能当时没有记录好。

杨振宁：那个时候，除非他是一个念数学的人。物理系没有这样一个人，50年代，他的名字或者是姓是哈密，不晓得是谁。陈省身也没跟我讲过这话。

杨振宁对阿蒂亚、塞尔等一些数学家的印象

季理真：我看了您在清华的《美与物理学》的讲座，我觉得很有意思，很受启发，您比较了狄拉克和海森堡他们的性格和他们的学问。我们现在讲讲您认识的一些数学家，看看他们的性格和他们的学问。我想从阿蒂亚开始，因为阿蒂亚最近刚去世，而且阿蒂亚前不久宣布解决了黎曼猜想，引起了很大的反响。谈谈您对阿蒂亚的印象怎么样？比如说他的为人处事，他的学问。

杨振宁：阿蒂亚的算学的伟大我不能去评价，因为我没有学过过多的（数学），可是我听大家讲，尤其听陈省身很早年就讲，他是极为重要的，他把分析、代数、几何跟拓扑都搞在一起。我跟他有些接触，他50年代在高等研究所的时候，我那时候不认识他，也不知道他，当时也没有听说他是非常重要的物理学家。比如说塞尔，塞尔比阿蒂亚年纪大一点，可是很快我就听说塞尔是非常有名的，没听说阿蒂亚，所以50年代的时候一直到我离开普林斯顿到石溪，都没有印象阿蒂亚是重要的数学家。后来我是听陈省身讲的，我才第一次知道。

等到后来规范场理论发展的时候，就是吴大峻与我写了那篇文章以后，不是有字典吗，这个事情我记得很清楚，很多人都记得很清楚，比如辛格就记得清楚。辛格跟我在芝加哥做研究生的时候是同学，他本来也是念物理的，半途转成念数学，所以他的 PhD（博士学位）是在数学系里头的，当时我认识他但不熟。在70年代他来访问石溪，他不是访问我，我不知道他访问数学系的什么人，因为数学系有好多搞几何的。他到我的办公室来，我就给了他预印本，上面有这个字典，后来他说他把这个字典带

到牛津去了。结果就发现了原来我们所讲的规范场理论是纤维丛,而纤维丛里头一个简单的数学问题就叫做瞬子①。瞬子当时已经有物理学家写出来了,是很有名的三四个人,那篇文章很有名。于是他们看了这以后就知道原来物理学家搞出来一个数学,这个数学是数学家觉得很妙的东西,就是纤维丛,而这个纤维丛里简单的一个例子是单极子。因为 U(1) 的这个太简单,所以要 SU(2) 才比较复杂,数学家们才会发生兴趣。而最简单的 SU(2) 是四个维度的问题,数学就是瞬子,结果他们也是去求解,用了指标定理,就可以知道这个解有多少参数。这一来使得数学……因为数学家已经多多少少知道,物理学家那时候搞的东西跟数学有关系,可都是模糊的。其实有很多人……你如果看我跟吴大峻的那个文章,我们有一个很长的脚注,为什么呢,就是因为在我们之前,数学家和物理学家都多多少少知道原来电磁跟纤维丛理论有密切的关系,可是都没有清楚地弄出来。所以这个人写一篇文章,那个人写一篇文章,有数学家、物理学家。我们在写那篇文章的时候,我们说我们得注意,要不然这些人就会说我们偷了他们的想法,所以我们就尽量写了很多人的名字,有些数学家是很有名的,比如说一个法国很有名的数学家,搞微分几何,L 打头的。

季理真: 因为他做的是旋量,我知道他的名字安德烈·利什内罗维奇。

杨振宁: 我们就把他们都列在上面,原因就是这样。我想我们的贡献是什么,他们都不清楚,因为这是两个不同的概念,而我们的重要贡献就是做了一个字典,使得原来这两个概念根本就是同一个事情,而且是一对一的。我想那个最容易使数学家发生兴趣的就是狄拉克单极子了,是

---

① 瞬子是爱因斯坦方程和其他场方程的解,其中时间和空间坐标不能区分。

一个非平凡纤维丛,从平凡纤维丛到非平凡纤维丛,这在数学上变成非常有意义的了。这个我想很多人包括陆启铿……

陆启铿与杨振宁

林开亮:是这样,我们学校有个老师就是他的学生。那个老师知道我在跟您接触,所以他就跟我提了这个事情。

杨振宁:这个事情是这样的。我 1972 年(在国内)作了一个演讲,这个演讲很重要,为什么呢?因为我 1972 年作了好些演讲,其中有两个演讲现在有记录,一个是介绍规范场理论的,一个是介绍可解的统计力学,这两个领域都处在重要的发展期,中国完全不知道。

季理真:七几年中国是很封闭。

杨振宁:它不只是封闭,是层子模型,他们被层子模型迷住了,所有的东西都是层子模型,任何一个人要走出这个领域就会被大家排挤。所以我等于是告诉了中国这两个领域很重要,结果(一些人)立刻对规范场理论发生了兴趣,(这里面)除了谷超豪以外,谷超豪是搞数学的,还有一个叫李华钟,在中山大学……是因为北京有一组人,他们忽然发现规范场理论原来在当时的国际文献上变得非常重要,他们有点害怕,所以他们就尽量地不准许人搞这个东西,于是他们就排挤李华钟。最后到了 70 年代的末年,他们挡不住了,所以后来才准许年轻人去搞规范场理论。不过陆启铿他大概从我的演讲里头懂了一些,于是他就写了一些文章,他自己说还寄给我了。我看了但我不懂,因为他用的是数学家的语言,所以我看了并没有懂他的意思。这种文章多得很,他事后认为吴大峻 1975 年跟我写文章的时候没有引用他的,其实我根本不懂他做的是什么东西,他就始终不高兴。那个法国人是 L 起头的,叫什么?

季理真:安德烈·利什内罗维奇。

杨振宁:他后来也不满意我。他是个很有名的数学家。

季理真:对,因为他有一个消灭定理,一个非常重要的等式,它可以证明什么时候有些旋量消失,安德烈·利什内罗维奇是很重要的。阿蒂亚当然是非常伟大的数学家,比起其他的数学家,我觉得还有另外一点,他是个公众人物,那您对他这方面怎么看?因为他真的出来做演讲,引起很多媒体的注意,一般的数学家没有引起人家这么多注意的。

杨振宁:我的印象,我的印象不是来自他的工作,因为他在数学里头妙的地方我没懂,不过我想我很欣赏外尔的话,外尔说他喜欢的数学是一个有广阔的大视野的数学。我猜想阿蒂亚、安德烈·韦伊跟外尔都有向这个方向发展的经验跟能力,我觉得是这样,这是我的一般的印象。

季理真:我也听说,阿蒂亚最有名的成果是跟辛格的指标定理。

阿蒂亚与辛格

杨振宁:那个定理我的印象是这样,是阿蒂亚在做,可是搞到微分几何里头,他有些东西不懂,于是他就跟辛格(合作)。所以我的印象是这个想法基本上阿蒂亚已经有了,可是用在微分几何方面需要具体化,这个具体化是辛格帮他搞出来的。陈省身很快就告诉我那篇文章非常重要。

季理真:陈省身也是这么看吗?

杨振宁:我的印象,他说这是近年来最重要的一篇数学文章。

季理真:我想阿蒂亚的面很广,因为他能够把指标定理用到很多地方。后来威滕出来以后,也使阿蒂亚很推崇数学与物理之间的关系。

杨振宁:威滕出来了以后,阿蒂亚非常欣赏。我猜想是阿蒂亚提名他得到了菲尔兹奖的。

季理真:对,他后面推动的,很好的。

杨振宁:那么你要问我对威滕的印象,威滕所做的东西我不懂,好像威滕是一个很有天才的数学家。他对很多数学的东西,没有具体以前他就有些见解,这也是其他数学家非常佩服的。可是他所做出来的东西到现在为止都还没有落实到物理里头。

林开亮:没有应用吗?

杨振宁:没有,他对于正质量的定理,好像是有些贡献。

季理真:有个新的证明,威滕给出了一个很好的证明。

杨振宁:这个当然是跟物理有关系了,这个不是物理的一个重要的结论。

阿蒂亚的 70 位伟大的数学家名单

季理真:对,是比较数学化的物理。阿蒂亚还做了一件事情,我不知道您知不知道。阿蒂亚和他太太选了历史上的 70 位数学家,对他影响比较大的。

杨振宁:还写了一篇文章吗?

季理真:不,他有一个网站。(网址是 https://www.maths.ed.ac.uk/~v1ranick/atiyahpg.pdf)

林开亮:一个影集,我发给您过,一个小的影集,上面有一些数学家的照片。

杨振宁：70位数学家？

林开亮：对，跟他有关系的70位数学家。

季理真：就是他认为比较重要的。

杨振宁：和这个类似的，你email（发邮件）给我。他有70位。70位有多少位是20世纪的？

季理真：挺多的。

林开亮：大部分是20世纪的。

杨振宁：绝大部分是20世纪的？

林开亮：跟他们两口子有关系的人。

季理真：因为他有不少学生。

杨振宁：他太太也是念数学的吗？

季理真：对，是教数学，不是做研究的。

杨振宁：我没见过他太太。

季理真：他太太是他研究生的同学，也是在那边做数学的。我觉得有些人如果愿意站出来，告诉大家哪些人比较重要，这对年轻人也挺重要。

杨振宁：这个部分要看阿蒂亚是怎么讲的。他是说这是有史以来最重要的数学家，我认为最重要的数学家，还是说是有史以来我认为对于我的工作影响最大的数学家，这是不同的话。

季理真：他是这么说，对他工作比较有影响，但是大家往往会解释成……因为大家自然而然都会反应，阿蒂亚作为一位名数学家，你把这种名字列出来，大家自然而然地认为你很看得起他们。

杨振宁：这个名单我想是很有趣的，尤其是19世纪跟20世纪，他放了些什么人才。像菲利克斯·克莱因在不在里头？

季理真：菲利克斯·克莱因我忘记了，不一定有。

林开亮：这个好像不一定有。

杨振宁：李已经在里头了么？因为什么都是李群。

林开亮：对，我想应该有。

季理真：阿蒂亚提的一件事情很有意思。阿蒂亚在做研究生的时候，安德烈·韦伊当时经过剑桥时，劝阿蒂亚叫他不要学数学。

安德烈·韦伊对阿蒂亚的劝阻

杨振宁：安德烈·韦伊劝阿蒂亚干吗？

季理真：他叫阿蒂亚不要学数学。

杨振宁：不要学数学？

季理真：对。

杨振宁：为什么？

季理真：安德烈·韦伊可能觉得阿蒂亚就是不够好，一直不够好。

杨振宁：那是阿蒂亚很年轻的时候。

季理真：对。听说阿蒂亚毕业的时候，写了一篇毕业论文，还把文章送给安德烈·韦伊。安德烈·韦伊把文章拿来以后，拿了一张纸，在上面很重地写了一下。纸拿走以后没有字在上面，但是你可以很清楚地看见他写了什么东西，安德烈·韦伊说"This is junk"（这是一个垃圾）。

杨振宁：他们有没有在什么问题上竞争过？

季理真：应该没有，安德烈·韦伊比阿蒂亚应该早一辈，而且他们做的也不一样。我只能这么说，也许安德烈·韦伊觉得阿蒂亚这个人能力不够好。

杨振宁：阿蒂亚的讲话对于一个数学家，是很有野心的还是不够有野心的？

季理真：他不是很有野心。

杨振宁：我也觉得印象中他不是那么有野心的。

季理真：他不是很有野心。

杨振宁：安德烈·韦伊是比较难对付的人，而且喜欢批评人。我记得普林斯顿大学有一个数学家，写了一本《数论传》，你晓得这个吗？

季理真：《数论》？哦，费马，是《费马传》。

杨振宁：结果安德烈·韦伊写了一个评论。

季理真：对，我看过这个评论。

杨振宁：评论里他说，一个想写数论传的人，必须要懂数学，必须要懂古文字，第三个条件我忘了，他说这位先生这三个条件没有一个能符合。这个非常惨，因为那个人那个时候大概还没有获得终身教职，这一出来以后他就完蛋了。你们晓得这是谁？①

季理真：对，我念过这评论，我还看到一点就是安德烈·韦伊这个人非常的傲，后来他就提了很多东西，说这个东西该怎么讲，让人感觉他很傲。

杨振宁：我上回有没有告诉你这个故事，他后来对我不满意？然后他把这不满意带到……芝加哥大学有一个比我年轻十岁的物理学家叫做

---

① 这本书的书名是 The Mathematical Career of Pierre de Fermat，1601—1665（《费曼的数学生涯，1601—1665》），作者是迈克尔·肖恩·马洪尼（Michael Sean Mahoney）。马洪尼在普林斯顿大学获得了终身教职。安德烈·韦伊好像和马洪尼的导师，也是在普林斯顿大学，一个非常著名的科学史家托马斯·库恩，有过学术之争。安德烈·韦伊对那些不是很懂专业学科的科学和数学史家不是很看得起。

什么，这个我回头可以查出来。他写了一本书，这本书里头描写他跟我到苏联的经验什么的，可是中间也有段是讲安德烈·韦伊，就表示出来安德烈·韦伊对我很不满意，我到时候告诉你。然后在关于高等研究所一个历史学家的聘用问题上，我记得吵得很凶。于是我在一个会议里头我就讲了，我说我是从一个古老的文化出身的，这个古老的文化对于这个世界的看法，是比较看总体，不是注意一个方向。我讲话的意思就是说，高等研究所那时候说那人不得了，非要他来不可，我认为这个不符合中国要把东西放在更大的范围来看。这个安德烈·韦伊非常不满意，他觉得他也是来自一个古老的文化。

季理真：他的（文化）可能比我们的（文化）要年轻点。

杨振宁：我本来并不知道，他后来去跟芝加哥大学年轻的物理学家去讲这个话，被那个人写出来了。我下回找出这本书来。

林开亮：您好像给我发过，是不是叫 *Passion of Discovery*（《发现的激情》）？

杨振宁：对，那个作者好像最近死掉了。这个我想大概没有问题，安德烈·韦伊是20世纪后半期最最重要的几个数学家之一。他也是一个太爱批评人的人。不过他的贡献我想是多方面的，而且是会永久被认可的。

季理真：他后来离开了，60岁开始他不做数学了，他做数学史，也很重要。他好像是唯一一个真正懂数学的人去做数学史。安德烈·韦伊这个事情对阿蒂亚是有影响的，因为后来普林斯顿出了一本书叫 *Princeton Companion of Mathematics*①（《普林斯顿数学指南》），其中后面有一段是

---

① 中文书名为《普林斯顿数学指南》，英文版是由菲尔兹奖得主高尔斯（G. T. Gowers）主编、133位著名数学家共同参与撰写的大型著作。中文版译者为齐民友先生。

一些有名的数学家写给学生的建议,里面有一篇阿蒂亚的文章。阿蒂亚说如果一个学生没有经历过一段时间,他对自己的能力有怀疑的话,那这个学生不是很正常。一个学生有一段时间怀疑自己能不能做这个东西,也许他有戏。我看了以后感觉挺深刻的。

杨振宁:我跟阿蒂亚接触最多的时候,是因为我在邵逸夫奖里头请阿蒂亚做了 Mathematics review committee(数学评审委员会)的主任。他做了好几年,后来他说因为这个他一年要飞到香港两次,他觉得太多了,所以他后来不干了。

季理真:我刚想到这个问题,您在《美与物理学》里面对狄拉克和海森堡他们的性格与学术做了比较。

杨振宁:海森堡跟狄拉克的区别还是比较有意义的,你可以说海森堡跟狄拉克是不同思想方向的人,完全不一样,他们的直觉跟表示他们自己的方法都不一样。我还可以告诉你一个故事,这也许我上回并没讲。我 60 岁狄拉克 80 岁,在 Trieste(International Centre for Theoretical Physics,理论物理国际中心)有一个会议,狄拉克去了,所以我跟他有好几天的接触。中间我问了他一个问题,我说你觉得基础物理学的下一个突破是在数学里头哪个方向?是代数、拓扑、分析还是几何?我完全能预测出他说的是代数,为什么呢,因为他最有名的那篇文章就是狄拉克方程,就是用像反交换、矩阵反交换、矩阵这些。可是他给我的(回答)是我完全没想到的,他说是分析,我并没有懂他的哪一个工作里头用到了很多的分析,我不晓得。

季理真:是不是跟薛定谔方程有关?薛定谔方程也要用很多分析。

狄拉克最重要的工作

杨振宁：另外一件事情也是我对他的回答有点吃惊的，而且这个会使得所有的物理学家都觉得吃惊的，就是我问他说你觉得你最重要的物理的工作是什么？

季理真：对，那他怎么说？

杨振宁：我想90%的理论物理学家都会说是狄拉克方程，他回答不是。他说叫做变换理论，你晓得他讲这话（的内容）。我想了想我懂。

季理真：那他在变换理论里有什么贡献？是哪个群论？

杨振宁：就是说海森堡方程是要用希尔伯特空间理论来研究的。

季理真：那他用哪个群理论？

杨振宁：我想他并不是针对这个，因为矩阵和希尔伯特空间之间有一个距离。

季理真：对，一个是有限维的，一个是无限维的。

杨振宁：矩阵是离散的，希尔伯特空间变成无限大了。可是我觉得，这是我的猜想，是从我对于狄拉克的了解，他同时理解矩阵理论和这个希尔伯特空间，但不理解数学家怎么建立两者之间的关系，于是他就把他了解的这个矩阵理论用到这个无限维，所以他那个非对易变量（noncomutative variable）跟那个数学符号都是你可以从矩阵上来解，也可以从希尔伯特空间（上来解）。所以他一看见海森堡的第一篇文章以后，你知道这个是很有名的故事了，他觉得这个非对易变量是跟泊松括号有关系。他有这个想法，可是他不记得这个泊松括号是什么东西，所以他就等，因为那是礼拜天，图书馆关门了，到礼拜一早上，他就赶快到图书馆去查，果然就了解到了他从前忘记了的这个泊松括号是什么。他就知道这个东西跟海森堡的非对易变量有密切的关系，之后他很快就写出文章来了，这个文章就是他指的变换理论。我想其实可以了解……因为我想根据他这句话，你可以说希尔伯特空间的数学概念对海森堡理论是非常基础的，我也是对他第一个了解的。然后他就写了一本书，这本书就是狄拉克的量子力学。你如果看这本书的话，你就知道他的贡献不是他完全懂了这个矩阵论跟希尔伯特空间之间的关系与不同，我觉得他始终并没懂这个。可是他懂了，从他对矩阵论的了解，猜想到了希尔伯特空间，然后就把这个应用到量子力学，这个是他第一个做出来的。

季理真：那这就是他为什么认为分析比较重要，因为希尔伯特空间里面需要用到一些分析。

杨振宁：为什么这么说？

季理真：这是不是可以解释狄拉克为什么觉得分析很重要？因为希尔伯特空间理论需要用到一定的分析，能不能这么说？

杨振宁：他不是认为他懂了希尔伯特空间，他是认为他虽然不懂希尔伯特空间，可是他知道这个东西应该应用到海森堡的这个工作，所以他很欣赏这一点。其实这点没有人写过，这是我现在的理论，你看见他讲了说是变换理论最重要。所以我想那一次有两个使得我吃惊的，一个就是刚才讲的，他认为这个是他最重要的工作，还有一个是他认为将来的物理的发展是分析而没有讲是代数。这两点都会使大家、物理学家觉得奇怪。

林开亮：他是不是晚年也说他早年的时候认为非对易性很重要？

杨振宁：认为什么？

林开亮：认为非对易很重要，早年是这样认为，晚年的时候他认为是不可及相位因子很重要。

杨振宁：我开始讲的这话，他说他在30年代的时候，认为量子力学最重要的是非对易变量。他说现在他觉得这不是，他现在觉得最重要的是量子力学引入了一个相位（phase）。这是我引用过的他的话。

季理真：那我现在有个问题，陈省身和华罗庚的工作风格有什么不一样。

杨振宁：我感觉，陈跟华是很不一样的。华的新想法非常之多，建立得也很快。而陈省身好像是比较专一，陈省身真正了解了埃利·嘉当的微分形式论，那么陈省身就把这个方法发挥到极致，从而影响了整个微分几何。尤其是他用了这个得到了广义的 Gauss-Bonnet 定理（高斯-波涅定理），那个我想是20世纪非常重要的工作之一。所以阿蒂亚他那个几十个人的名单里有陈省身，这我不觉得稀奇，陈现在搞出来陈类这一类的东西，他们又把拓扑搞进去了。我写了一篇文章，可能粒子的量子数这是最最重要的结论，为什么世界有这么多量子数呢？这个来源呢？安德烈·韦伊不是猜想，是跟陈类有关系，你要问问他。我觉得猜想大概是对的，只是还没找出来，到现在所有的这一类的几何数还没有一个能对上去，所以我再三说将来假如对上了的话，当然陈省身就变成菩萨了。

季理真：那了不起了。

杨振宁：不只是罗汉了。我想陈省身自己也有了解，所以他才会讲出来罗汉跟菩萨对话。

李政道的 CUSPEA 与陈省身 Program

杨振宁：这事情是这样。那个时候李政道搞了一个 CUSPEA（中美联合培养物理类研究生项目），你知道吧？

CUSPEA搞得很成功,前后差不多一千个中国的留学生到了美国。我不知道是陈省身的想法,还是李政道的想法,反正陈省身就说要搞一个CUSMEA,把P变成了M。CUSPEA的意思是China-United States Physics Education Association①,把P改成了M就是Mathematics。所以就是陈省身来搞一个李政道所搞的这些事情。可是李政道跟陈省身的办法不一样,李政道是怎么做的呢,他就自己跟他的秘书花了很大的力量。他第一步写信给好多学校,说是现在中国可以让学生出来,中国有很好的学生,我呼吁你这个学校接受多少个研究生,是给资助的。这样写信给了好几个学校,大概有五六十个学校。很多学校都赞成了,而这个学校如果赞成的话就跟李政道通信,怎么样选这些学生,这都是李政道支持的。李政道从这好几十个学校里头又找了一些人,都是学物理的,大概有七八个人,他们做了一个筛选委员会来筛选中国的申请。这个事情做得很简单很成功。可是陈省身不愿意这样做,陈省身为什么不愿意这样做,是因为陈省身是不喜欢管事的。他是无为而治的这么一个人,这个太麻烦了,所以他说我就交给美国数学会,这不是很自然么,请美国数学会来组织这件事。这件事情使得一些中国人不是很满意,总的态度是说你为什么要找外国人来做这些,为什么不找我们中国人?换一句话说,为什么不找萧荫堂,为什么不找项武忠?

---

① CUSPEA是中美联合培养物理类研究生项目的简称。改革开放初期,美籍华裔诺贝尔奖获得者、美国哥伦比亚大学李政道教授主动发起CUSPEA项目,选拔优秀的中国物理学科学生赴美国学习。
从1979年到1989年,CUSPEA项目先后选送915名中国学生赴美留学,其中30%的人学成后回国。40年来,CUSPEA学者在物理、金融、生物、计算机、教育等领域取得多项骄人业绩,一批人跻身世界一流科学家或行业领军人物,有12人当选中国、欧洲、美国、加拿大等国院士,100余人次获各类国际科技大奖,300多人次在国际科技组织中担任职位,还有400多位成功的高科技发明家或企业家。

季理真：对，我记得好像陈是找了菲利普·A.格里菲思。

杨振宁：可能陈省身找了格里菲思。

季理真：对，是格里菲思。为什么要找格里菲思？

美丽的错误

杨振宁：这个错误显然是这样，A是一个mistake，B是代表这人有点厉害，才会出这个错误，所以那个人才会讲是一个美丽的错误。

季理真：您知道庞加莱拿了瑞典国王奖的时候，写了个三体运动的文章，全部印好了以后，在校验的时候发现一个重要的错误，后来一个错误发展成整个混沌系统，混沌理论。那个错误非常的重要，因此改变了整个领域，所以那样的错误应该就是非常伟大的错误，很有意思。

物理学家的孩子

杨振宁：我忘了，我有没有问过你们，认不认识密歇根大学物理系的几个华裔教授？一个叫做姚若鹏，York-Peng Edward Yao。

季理真：我不认识。

杨振宁：一个叫吴启泰。你都不认识？当然都退休了。吴启泰是搞数学场论的，好像比我年轻10岁。他在密歇根做了很多年教授，现在退休了。他身体不好，搬到他女儿家，在San Diego（圣地亚哥）。姚若鹏跟他年纪差不多，是一个广东人，还在密歇根。还有一个日本裔的，叫做友泽幸男，我想现在还在做……关于这个友泽幸男，他有一个儿子跟我的小女儿是幼儿园同学。有一年我送我的小女儿，叫做Julie（杨又礼），她是

1961年出生的,去高等研究所的一个小的幼儿园。大概有 20 个到 30 个小孩在里头,都是高等研究所的搞研究的人的孩子。比如说(拉乌尔·博特),他的孩子就跟我的大儿子同时(在那个幼儿园)。

季理真:您上次说几个家长一起劳动。

杨振宁:对,我的大儿子比女儿又大了七八岁的样子,所以到了我女儿的时候,我有一天去他们那个幼儿园,为了我女儿的生日,要有个生日会,所以我去了。去了就看见他们的小孩,跟我女儿杨又礼同时的一个男孩子,就是友泽幸男的儿子。我拍了一些电影,我们家里有。友泽幸男这个儿子非常有意思,他们那些小孩中间有一个节目是大家都躺下来睡几分钟,所以那些小孩都躺下来,每人拿着一个毯子放在那儿。但友泽幸男的小孩跟别人不一样,电影里头很清楚,他特别小心,他的毯子上面没有任何皱纹,所以是非常细致,我们当时就注意到了,最近我又看了这个。大概前几年我看见姚若鹏,我就问他,我说友泽幸男还在不在密歇根,他说在。我说友泽幸男有一个儿子和杨又礼差不多大你知不知道,他说知道,他这个小孩现在去了华尔街发财了。所以我想他发财可能与他非常小心有关系。

季理真:很有意思,人的性格很重要,对他以后做什么起到很大的作用。

杨振宁:我想数学家为人的性格不一样,他们的数学品味也不一样。

季理真:也很不一样,因为选题目做一些什么问题,非常的不一样。

华罗庚和陈省身

杨振宁:我觉得有些人更佩服华,再佩服陈。

季理真：不完全正确。前不久我看了两个纪录片，一个是华，一个是陈。我看了华的电影以后很感动，因为我觉得他出身这么困难，后来靠自学，而且这么热爱数学。陈省身的一些故事我也是第一次听说。后来很多人说华这样的求学态度很值得人尊敬，但是他对数学的贡献很难说会在历史上留下多少东西，陈的工作在历史上影响很大。可能华比较重视数量，而不重视质量。华在普林斯顿的时候，失去了很好的机会。外尔在那里，西格尔也在那里，如果华当年好好地跟大师学一点比较高深的数学，而不是写很多文章的话，也许对他的将来比较好。华在剑桥的时候，没有好好跟哈代学一些东西，然后自己再做东西。后来我觉得这种评论挺中肯的，这种话能不能在演讲当中去告诉大家？教人家怎么读书，怎么做学问，说的不具体没有用，这个例子就举得很好。因为我也是觉得华对数学的贡献真的很难说在历史上有多少，虽然他影响了好几代中国人。您对他的看法怎么样？我觉得他的品德可能还是比较……

杨振宁：我想是这样，华到伊利诺伊大学，单纯从他的数学生涯讲起来，他回国对他个人是有影响的。从他的品味跟他的能力，他如果留在美国，我想比他已经有的数学工作要进步很多，可以说那时候开始了20世纪后半世纪新的数学。以华的本事，和他这个兴趣，他如果留在美国的话，虽然伊利诺伊（数学）不是最热的地方，不过我想他还会受到点影响。所以我觉得从华的数学贡献的立场讲起来，他那时候回国是影响了他的发展。你知道他们在伊利诺伊的时候写信给华顺，他们的大女儿，要华顺到伊利诺伊去找他们。几个小的孩子都去了，结果华顺回信，说是她不要到美国去这样的话，这个我想是当时华告诉了我父亲他们。我想华很多年以后要是回想这事情，他会同意我的话，从那个立场讲起来，他是作出了牺牲。可是他是真心地希望能够提升中国的数学，而且他也真心地觉得他会有贡献。所以你要问我,现在都已经过去了,假如他留下来的话,到今天,我猜想他会做出很重要的工作,把那个结果跟他实际的结果来比较的话,我想他当时的决定影响了他学术的发展。

周炜良和陈省身谁是更好的数学家?

季理真:我也想起两个问题。您跟周炜良熟吗?

杨振宁:周炜良,认识,不熟悉。

季理真:听说安德烈·韦伊曾经在一封信里面评价,他认为周炜良的数学可能比陈省身好。您有没有听说过这个故事?

杨振宁:我不知道他讲这句话,不过我知道周炜良在代数几何是有奠基性的工作。

季理真:对,周簇、周环。

杨振宁:我想他因为没有学生,他这个人的个性太……所以我想他的贡献,事实上我觉得年轻的中国血统的数学家应该写些文章,把这个讲得更清楚一点。

季理真:对,把周炜良的贡献讲讲。

杨振宁:我想陈跟华都认为他的贡献非常重要,就是在那个领域里头有奠基性的作用。

我认识他,不熟,为什么呢,最主要我认识他的道理是因为,我是1966年去的石溪,西蒙斯大概是过了一两年就做了系主任,可是西蒙斯没做系主任以前,校长就拼命在找系主任,其中一个候选人就是周炜良。把周炜良请到石溪去,所以我还看见了周炜良。我不知道后来是石溪没有请他,还是请了他他不肯来。这个事情我想是可以查出来的,就是你写信问石溪的物理系、数学系，当然会有记录。不过你要问我的话，我觉得一部分原因是周炜良的个性跟作风。

季理真：会比较低调是不是？

杨振宁：他好像对数学不发生兴趣的样子，他给我的印象。

季理真：对，因为他好像没有像其他的人那样很会推销自己的工作，跟大家分享。

杨振宁：他是这样的，他在德国留学以后跟一个德国女孩结婚了，后来他就不搞数学了。

季理真：对，有十几年。

杨振宁：然后他回到中国。后来陈省身回来的时候，陈省身1946年回来的时候，大概又动员他回到数学，然后他的工作是那个时候才做出来的。所以后来他就去了Johns Hopkins大学（约翰斯·霍普金斯大学），Johns Hopkins当时很看重他。不过你要问我的话，我想他不是做系主任的这个材料，因为他好像一种……他没有做数学的热忱，他不使得你觉得这个人有做数学的热忱，所以他不是做系主任的材料。

季理真：他可能像中国古代的文人，隐居在山里面。

杨振宁：像他这样子的人很少，有些时候他是做了一个很重要的工作。

杨振宁的父亲对华罗庚的影响

季理真：对。我最近突然想起华罗庚成长的经历，他当时写了一篇文章，关于五次方程不可解的问题，后来去了清华。后来他做的华林问题，数论的华林问题，我觉得他这个工作很受您爸爸的影响。

杨振宁：他的最早的几篇文章是在东北大学。那些文章都是写华林问题的,而且是我父亲建议他做的。不过他很快就在英国发表文章了,他最早的几篇文章都是跟华林问题有关系的。

季理真:您爸爸有没有说起跟他当时的有些交往? 因为当时您爸爸已经是教授,华罗庚是学生……

杨振宁:因为华罗庚到清华来,我不知道是谁最先注意到的,说是他写了一篇文章。

季理真:是熊庆来。

杨振宁:不过系里头,当然熊先生是系主任,就跟唐培经说,因为唐培经好像是认识华,就让唐佩金把华找来,我的印象有一次找来了。找来了以后大家都觉得要做一个助理,因为他不能做研究生。那个时候他们有三个人,熊先生是搞分析的,孙光远是搞几何的。你知道孙光远吗?

季理真:听说过,但我不熟。

杨振宁:他后来到中央大学去了。我父亲是搞数论的,是搞代数的。所以自然华罗庚就来找我父亲,他的头几篇文章是我父亲给他的题目。你看这些文章都可以,这些文章我也见过,因为我在芝加哥大学的时候,那里有很强的图书馆,我翻了翻,就看见了这些文章。可是他后来很快就搞到别的方向去了,等到他到英国去的时候,他已经不再做华林问题了①。

季理真:他第一次出名的时候,拿奖的时候是因为堆垒素数论,我想

---

① 《美国数学会会志》(*AMS Notices*)有一篇关于狄金森及其对他学生影响的最新的文章,提到三个学生,包括杨振宁的父亲和华罗庚。
Dumbaugh, Shell-Gellasch, The "wide influence" of Leonard Eugene Dickson. Notices Amer. Math. Soc. 64(2017), no.7, 772-776.

那个和华林问题还是挺有关的,也是他的成名作。

杨振宁:他到剑桥去是因为,我不知道是阿达马的建议还是诺贝特·维纳的建议。

季理真:对,诺贝特·维纳的建议。那我再问您一个问题,吴文俊。

吴文俊和他的数学工作

杨振宁:吴文俊?

季理真:对,我几个月前看了一个中央电视台采访他的视频,后来我把这个采访视频的链接寄给了某些人,有人看了以后不喜欢。

杨振宁:为什么呢?

季理真:因为吴文俊在里面说了几句话,挺有意思,他说你不要看有些人年轻的时候很厉害,后来就不行了。他觉得他没有明说,像他这样的人好像一直在做学问,其实我们都知道他指的那个年轻人是谁,是勒内·托姆。勒内·托姆是拿了菲尔兹奖的,差不多跟他是同学。您跟他交往多吗,吴文俊?

杨振宁:吴文俊,我也看过一些关于他的文章,还有他自己讲的话,我有一个印象,当然我不是搞这一行的。他实际上对于当时的拓扑的贡献这个是被认可,但没有得到他应该得到的认可,就是说他那个时候有一个什么事情,他后来自己讲,他做出来以后震惊了巴黎的数学界,可是我后来从来没听说搞拓扑的人特别……就是那时候我的印象,塞尔、博雷尔跟他,还有托姆,他们当时是巴黎最有名的几个人。可是我想他们这四个人里头,他的名字现在……那三个人都变得很重要,就是托姆、塞尔、博雷尔变得很重要。你没有问过博雷尔关于吴文俊?

季理真：没有，我以前没有想到这个问题，没有问过。

杨振宁：我想，他回来了，他又是中国人，这不能说是人家歧视，只是很自然的，因为他的语言不一样，所以大家就不那么注意他。我想这个是很自然的事情，换一句话讲，假如他留在法国，我想这对他的研究要比现在好。

季理真：而且他后面还可以做很好的东西。

杨振宁：他后来做了很重要的东西，关于这个。

林开亮：机械化？

杨振宁：对，机械化。

季理真：您怎么看这个东西，您觉得这东西很重要吗？

杨振宁：这当然很重要，不是机械化，而是对于整个数学的结构跟逻辑这之间的关系，它是一个很重要的工作。我有一阵子还挺感兴趣的。这个工作我不知道计算机的领域对它是什么估价，非常不平凡的，是个非常不平凡的数学问题。

季理真：但是他的工作与现在的机器证明不太一样，你比如说那个四色问题，是用计算机来证明的，和那个不太一样。

杨振宁：对，你等我想想是这样么。对，这个其实值得去……以现在对于计算机的了解回去看当初吴文俊的这个工作。我想中国人对于做这一类的历史性的工作应该向日本人学习，我跟日本人说，我说日本人对于物理学的历史寸土必争，中国就没有人去搞这个。还有一个我觉得也是不公平的事情，就是王浩。

季理真：王浩，对，数理逻辑方面很有名。

王浩与彭罗斯瓷砖

杨振宁：我跟你讲过是不是。王浩对于彭罗斯瓷砖，其实那个本来（应该）是 Wang 瓷砖。

季理真：这个我不知道。

杨振宁：这个我可以找出来，我是不是告诉你 Scientific American（《科学美国人》）有一篇文章就讲得很清楚。本来是一个逻辑的问题，数理逻辑的问题，结果王（浩）就创作了一个东西叫做 Wang 瓷砖，是一个游戏。假如这个游戏的答案是有，有一个非重复拼图可以是无限大，假如有这么一句话，就证明出来了逻辑的一个定理。可是问题是有没有这样子的一个游戏，有没有这样的一组瓷砖是非重复的可以无限大的。这个想法是他提出来的，是一个数理逻辑问题，可是他当时没有解决这个问题。后来大概是他的一个助手解决了，说是要有什么 365 个不同的瓷砖就可以制造出来一个无限大的。然后这个文章发表出来就从 300 多减少到 200 多到最后变成两个。这两个以后彭罗斯就来了，设计出来了一个，不是现有的定理，是制造出来一个，这就变成了一个游戏，所以大家都知道了彭罗斯瓷砖，没有人讲 Wang 瓷砖。

季理真：实际上就是说彭罗斯他知道以前那是王浩他们的工作。

杨振宁：内行的人知道，可是这在国际上并不知道。你把那篇文章……我后来找着了这篇文章。

季理真：我最近看了一个对彭罗斯的采访，他说他跟他爸爸一起研究出来的，后来他要发表在什么杂志，他当时发了一个心理学方面的杂志。

杨振宁：你说谁？

季理真：彭罗斯。

杨振宁：彭罗斯？

季理真：彭罗斯自己讲，说他和他爸爸发现这个东西，后来他要找一个什么杂志发表，就发表在心理学的杂志上面。对，他是这么说的。您对彭罗斯怎么看？

杨振宁：我对彭罗斯？

季理真：对，您跟他熟吗？

杨振宁：有两个彭罗斯，兄弟两个人。奥利弗·彭罗斯和罗杰·彭罗斯。

季理真：是吗？两个都是搞数学、物理的吗，有没有是医生？

杨振宁：我不晓得哪个是哥哥，哪个是弟弟，一个是偏数学一点，一个是偏物理一点。

季理真：是吗？有两个？

杨振宁：我有一篇我自己觉得还不坏的文章，就是受了彭罗斯跟别人的一篇文章的影响。彭罗斯他们写了一篇文章，我从他们的文章出发写了一篇文章。这文章是我选的我的13篇最重要的文章里头的一篇。这个彭罗斯不是非常有名的那个彭罗斯。

季理真：那有名的是罗杰·彭罗斯？

杨振宁：就是大家所讲的彭罗斯，这个彭罗斯后来做了什么事情我不知道。

季理真：彭罗斯是做那个黑洞的，他好像是做相对论出名的，奇点。

杨振宁：对，你讲的是有名的彭罗斯。

季理真：那个有名的，后来我看了他的视频，把链接寄给一些人看。

我只是说彭罗斯讲得还不错，他讲那个复变量。但是也有人不同意我的想法，他们说一般人觉得听彭罗斯的报告，如果本来懂的就听得懂，如果本来不懂的就听不懂。我当时有个问题是关于彭罗斯的，另外一个问题是，您知道西北大学有一个科学史高等研究院吗，您去过那里吗？

杨振宁：不知道，是哪个人在那儿？

林开亮：曲安京。

杨振宁：我知道，是什么人？

季理真：以前的老先生是有名的。

杨振宁：他是研究物理学史，还是数学史？

林开亮：数学史。

杨振宁：他主要有些什么工作？

林开亮：数理天文。他的老师叫李继闵。

季理真：对。

杨振宁：我不晓得这个人。

季理真：我就是问您愿不愿意去西安，去给他们学校做个报告？他叫我来问问您。

杨振宁：愿意去西安。这个人在那儿是研究科学史的？

季理真：对，因为我以后也要去他们那里访问。

杨振宁：他对于什么人最感兴趣，他的研究主要集中在什么方面？

季理真：以前他是研究天文物理，现在是伽罗瓦理论。

杨振宁：哦，伽罗瓦理论。

季理真：对，他研究伽罗瓦理论。

杨振宁：所以他是研究数学历史的。

季理真：对，他也知道您很强调科学史的重要性。因为我下个星期去西安,我就说起问问您看,您愿不愿意去西安?什么时候能够给他们学校做个报告?

杨振宁:我想,伽罗瓦理论是这样,我倒很佩服伽罗瓦理论,不过伽罗瓦理论最妙的最重要的东西我还始终没懂过,所以我跟他没有很多共同的语言。

季理真:没有共同语言。其实我觉得他们……

杨振宁:我父亲对伽罗瓦理论佩服极了,我始终没有,所有的数学最重要的工作,就是它们都有一个最妙的地方,(但对于伽罗瓦理论)这个最妙的地方我还没掌握到。

季理真:但请您去,不讲和这个有关的,行吧?

杨振宁:不,我的印象是这样,在伽罗瓦以前阿贝尔已经证明了五次的不一定能够解。

季理真:不可解。

杨振宁:可是伽罗瓦厉害的是你写下一个方程来,他就根据这个方程制造出来一个群的结构,有了这个群的结构他就可以告诉你能不能解,所以这就更进一步了。

季理真:这个群论是很重要。

杨振宁:所以阿贝尔当然有重大的贡献,可是他的重大贡献的影响,我想不能跟伽罗瓦这个影响比,因为伽罗瓦这一来群论就变重要了,而群论涵盖了所有的东西。我相信我们在高能物理里下一个需要做的一件事情,非常重要的,还是要有新的对称。这个对称怎么来,就是弦论在那儿想,可是到处兜来兜去,还没有摸到正确的东西。我不知道20年、30年或者100年以后,会变成什么状态?当然我也可以告诉你,我觉得不是不可能,是人类不行。这个自然界的复杂是超过……我现在一直觉得,我们还是有限的。我想我们很厉害了,可是是有限的,因为我们神经元的数目太有限了。

翁帆:时间差不多了……

季理真:好,那谢谢!

杨振宁:对不起,各位。还有机会再谈。

第八次访谈

访谈时间：2019 年 6 月 20 日

访谈地点：杨振宁先生清华大学的家里

采访人：季理真

录音记录：季理真

整理：彭程　王丽萍　季理真

本次访谈安排在清华大学召开的纪念张首晟的一个会议之后,因此我们很自然地就聊起了张首晟和他的意外死亡。之后杨振宁聊起了周炜良先生,他的工作,他在数学系做主任的机会等。周炜良先生堪称20世纪顶尖的数学家,对塞尔等数学家的工作都有影响。将华罗庚和陈省身进行比较的话题再次被提及。然后我们又谈到了菲尔兹奖及其影响力,哪些数学家应该评选上。一个科学奖是如何运作的和持续有影响力的,比如邵逸夫奖。正如每一次的访谈,杨振宁先生对科学家以及他们的生活和工作都有着非常到位的评论和见解。

第八次访谈

张首晟其人其事

季理真：我上次听了纪念张首晟那个会的最后一个报告，我看到他的那个笔记很感动，没想到他记得这么整齐，他每天记什么，有些什么想法之类的东西。

杨振宁：他是很系统化的一个人。

季理真：对，很系统化。

杨振宁：你是听谁讲的（报告）？

季理真：是最后一个，下午5点钟那个报告。

杨振宁：我没去，是祁晓亮吗？

季理真：可能是他的一个学生，现在是斯坦福大学他的同事，以前是他的学生。

杨振宁：叫祁晓亮？

季理真：对，是祁晓亮。

杨振宁：是他最好的学生。

季理真：对，后来他放了一些他的手稿之类的东西。

杨振宁：他最重要的一两篇文章都是跟祁晓亮合写的。

季理真：是吗？因为我看见他开始写得非常整齐，后来又放了一个我记得是2018年的，就写得比较乱一点了，没有以前整齐了，所以我觉得也许他心里面的想法已经不一样了。我听到他去世的消息非常地惊讶，因为我们在三亚请他讲过一些讲座，我们在三亚有个大师系列讲座。

杨振宁：那是哪一年？

季理真：两三年前吧，好几年前。他当时做的那个拓扑绝缘体（讲座）做得挺好，还有清华大学副校长薛其坤和他一起讲。讲完了以后我还跟他通过信的，邀他写了一篇比较通俗的他的工作的文章，后来登在我们的《数学与人文》上。后来我就听说这事情发生了，感到很惊讶。

杨振宁：你说他去三亚演讲是哪年？

季理真：我记不清楚了，可能两三年前，可能有三年吧。

杨振宁：那不是，他是去年12月去世的，这中间跨了两年。

季理真：对啊，就这一段时间，因为我后来跟他再也没有联系了。您看星期五他们在讲的时候，有几个人讲得也都挺感动的，觉得挺伤心的。当然我在外面就听说了很多，有各种原因，他为什么走这条路。

杨振宁：这个是这样的，（他最重要的工作，）他是石溪的，是我的博士学生。不过他是这样，大概是1980年，他在复旦进修班还是什么，那时

杨振宁与张首晟（右），2004年摄

候他才十几岁。

季理真：对。

杨振宁：结果上海市跟德国达成一个协议，要送100个上海的年轻人到德国去，他参加考试就选进去了。他在德国Free University（自由大学）三年就得了个硕士学位，于是就到石溪来找我。他来找我的时候，我就给了他一个题目，他过了一个礼拜来，说他不喜欢这题目。那我说你喜欢做什么呢？他说喜欢做这个超重力的。超重力是我那个同事叫彼得·范·尼乌文赫伊岑做的，他说他想要跟彼得·范·尼乌文赫伊岑做这个。我说，好的，我说在美国没有说是不准你去换一个导师的。可是我说他所做的这个东西，离实际的有点远，你得要脚踏两只船，所以我说你也得学一点凝聚态物质，因为那是比较现实的。他接受了这个（意见），所以他就跟另外一个教授，那个教授这回也来了，叫做史蒂文·基韦尔森。

季理真：对，而且他也做了个报告呢。

杨振宁：也在斯坦福大学，不过那时候在石溪，所以他也去听了基韦尔森的课，还合写了一篇文章，然后就得了博士学位，这个博士学位的文章是跟范·尼乌文赫伊岑写的。然后他有好几个工作机会，我就跟他说你不要去芝加哥。我说如果你要去芝加哥，你做的东西就是纯粹理论的，如果你去圣巴巴拉，圣巴巴拉那个地方有一个诺贝尔奖获得者，我说他做的是凝聚态物理，所以他就去了那儿。

季理真：哦，这个样子啊。

杨振宁：去了那儿以后呢，我不晓得你认不认识一个叫做文小刚的人？

季理真：我听说过。

杨振宁：文小刚是麻省理工学院的教授，做得很好。他跟张首晟两个人差不多是同时的,两个人都是既搞很抽象的接近弦论的,又搞凝聚态物理,而且在圣巴巴拉还合写了文章。

季理真:是吗?

杨振宁:可是以后就走了不同的路。

季理真:哦,这个样子啊。

杨振宁:张首晟就完全放弃了弦论研究,而那个文小刚是继续主要在做弦论,原因是他是威滕的学生,他的博士是跟威滕做的,所以他还在那儿。张首晟就放弃了他跟范·尼乌文赫伊岑的东西。

季理真:哦,这个样子。

杨振宁:那么他最成功的工作是在2004—2006年,这个拓扑绝缘体就是那时候发的。这个写出来以后就有三个人,就是他,再一个美国人叫查尔斯·L.凯恩,也是跟他一样做理论的,还有一个俄国人是做实验的。这个俄国人跟查尔斯·L.凯恩这回都来了,大家都公认是他们三个人的功劳。

季理真:应该拿诺贝尔奖。

杨振宁:对,他已经被提名很多次了,为什么没得,这个现在还不清楚。我想他现在不在了,那两个一定会得。

季理真:那应该会拿的。

杨振宁:我知道有文章就是讲这个的,我可以email给你。

季理真:好的,email给我。

杨振宁:在2013年的时候,他又搞了一个基金。因为他人很聪明,他在斯坦福认识很多投资的人,这个基金也搞得很成功。所以那以后他又在干物理,又在搞这个基金。

季理真:后来是不是这个基金比较失败还是怎么回事情?最后是不

是……

杨振宁：他的基金弄了很多比特币，因为这个比特币大概是丢掉不少钱。不过这个不会让他自杀，因为丢掉的钱也不都是他自己的，所以不是这个问题。我的猜想是因为他常常到中国来。

季理真：FBI（美国联邦调查局）找他麻烦？

杨振宁：FBI在调查他，不知道发生了什么事情。

季理真：调查什么东西呢，也不知道？

杨振宁：是很可惜的。

季理真：我想他走了是比较容易，但你想他太太多难，还有孩子。我想可能他决定要走的时候，也很难想清楚。你想想，一个人离开了以后，对家里的影响有多大，我觉得他这么聪明的人也是应该考虑到这个问题。

杨振宁：这回他的女儿也来了。他一个儿子一个女儿，儿子在美国，这回没来，他太太带着女儿来了。

季理真：我星期六在华东师大，华东师大出版社社长就给我看他太太写的一篇清明节纪念他的文章。

杨振宁：因为他太太是华东师大的。

季理真：对，华东师大数学系毕业。所以我现在都觉得很惊讶。

杨振宁：你认识他那边数学系的哪个？

季理真：院长是谈胜利。

杨振宁：你认识吧？

季理真：对，我认识谈胜利。

杨振宁：是留德的，他是在德国？

季理真：对，到德国访问过，学校是德国哪儿我不太清楚。

杨振宁：他是在德国得的PhD（博士学位）？

季理真：不是很清楚。我这次去了华东师大，和他们出版社社长聊了聊。我们上次访谈的东西，他们已经有个人在整理，已经整理了一半。整理好了以后，就是王丽萍和我仔细看，然后再给您看，我们计划是今年或者明年初出版。

杨振宁：是出一本书还是什么？

季理真：出一本书。

杨振宁：有那么多的材料吗？

季理真：加上第一个已经出版了的访谈。您看上一次我们的谈话有50页，后来又谈了一次有五六十页，如果四五十页乘上五六次的话，就已经好几百页了。

周炜良、他的家庭和工作

杨振宁：讲起这个我还告诉你一个，也许我没跟你讲过。最近我听说周炜良做得很好，周炜良做得很好这件事情陈（省身）先生跟我讲过很多次。我去石溪是1966年，那个时候石溪的校长叫做约翰·托尔，跟我本来也是同行，他这人很会办事，就变成了校长。就是他当了校长以后，他把我从高等研究所拉到石溪去了。那么我去了以后是1966年，就发现数学系没有系主任，他就在积极地找系主任，他找的一个就是周炜良。

季理真：周炜良是个候选人。

杨振宁：所以周炜良特地从约翰斯·霍普金斯大学到石溪来，还做了一些演讲，我还跟他一块吃饭。

季理真：是吗？

杨振宁：跟他谈谈，我本来认识他。你认不认识他？

季理真：我没有见过他的面，我只是听说过他的定理。

杨振宁：他是讲话不多的那么一个人，就是很绅士的人。

季理真：很低调的。

杨振宁：他的太太是德国人，不知道什么缘故，他不愿意来石溪。

季理真：是吗？

杨振宁：我疑心他不想做行政的工作。

季理真：有可能。

杨振宁：他这人你看这样子就知道，不容易做行政工作。你知不知道这个周家是天津的一个大户？

季理真：对，我听说了，他家里的财产很多。

杨振宁：我觉得是不是他的祖父还是父亲是大的企业家？

季理真：有可能，因为他在德国拿了学位以后，回家里管理他家里的生意，过了十几年离开了。

杨振宁：是陈先生让他再回来搞数学。

季理真：因为就是抗战了嘛，后来他家里的这个公司可能有问题，他重新再回到数学，是很了不起，我知道。

杨振宁：你懂不懂他这个定理为什么重要？

季理真：是这个样子，有两方面。我第一次听说他这个定理是在一本代数几何书里面，听说一个 Chow 定理（周炜良定理），我说从来没听说这个人，好像是古代的中国人。他讲的是这个样子，你看在那个复射影空间里面，就比如说那个复空间里面，你怎么去确定它里面有一个子空间呢？有两种方式，你给定一个方程，方程能定义出一个它的子空间，定义方程的函数可以是 holomorphic function，全纯函数，也可以是多项式。你看全纯函数比多项式多很多，是不是？而且我们知道有些函数不是多项式,超越的,transcendental functions(超越函数)。然后他有个非常伟大的定理叫做 Chow 定理,就是说,any closed subvariety in complex projective space must be algebraic(复射影空间中的任何闭子簇一定是代数的),由全纯函数定义的子集肯定由多项式定义。

杨振宁:这个大概是什么时候的定理?

季理真:这个是五几年吧。

杨振宁:40 年代是吧?

季理真:可能是 40 年代,我记不清了,我要查一下。对,四几年的。后来塞尔先生,就是上次来清华见您的那个塞尔,做出更一般的理论,但最主要的精华在那个 Chow 定理里面。

塞尔和周炜良的数学工作

杨振宁:法国那个塞尔?

季理真:让-皮埃尔·塞尔。

杨振宁:怎么拼法?

季理真:S-E-R-R-E,让-皮埃尔·塞尔。一般认为他是当今最牛的一个数学家。

杨振宁:塞尔大概比我年轻几岁。

季理真:对,比您年轻。

杨振宁:我在高等研究所看见过他,他整天要跟人打乒乓球。

季理真:对,他一直认为乒乓球很好。

杨振宁:你说塞尔的东西跟周炜良的有关系?

季理真:对,塞尔 50 年代那时候在做多复变函数或几何,他其中有一个非常有名的文章叫做GAGA(代数几何与解析几何)。

杨振宁：可是我以为塞尔主要研究的是拓扑。

季理真：对，塞尔二十几岁出名的是拓扑，后来50年代转做多复变、代数几何，后来再转做数论，那个费马定理的解决和他也有关系。塞尔这个人做得挺广的，因为塞尔有篇非常有名的文章叫做GAGA，GAGA是法文，就是解析几何与代数几何，他就推广了Chow定理，Chow定理是周的一个非常伟大的工作。另外一个的话，就是我们在拓扑里面有上同调、同调理论，周的Chow环(周炜良环)在代数几何、算术几何现在也是很重要的，我想这两项都会传世的。

杨振宁：所以他不只是那一个工作，还有别的工作？

季理真：对，Chow簇(周炜良簇)，因为Chow簇实际上很重要。就是我们怎么描写一个空间比较丰富呢？里面有很多子空间，是比较有意思的空间。我们平面几何为什么有意思？(就是因为平面几何里)有直线，有三角，有很多有意思的空间。那我们学习代数几何、代数簇的话，有这种多项式定义的子空间，它们所有形成的空间有什么结构是个很重要的问题，这就是周另外一个很伟大的工作。

杨振宁：那大家都不懂为什么他后来不做是吧？

季理真：他后来也做。

杨振宁：后来也还做？

季理真：他一直在做。

杨振宁：你说他在约翰斯·霍普金斯大学还一直在做？

季理真：对，他一直在做。他后来就是做得比较少，不像之前。他还在做。

杨振宁：他有没有学生呢？

季理真：好像没有，我没有听说过。我们以前编过一本关于周炜良的文章介绍，我们想跟他家里人联系，后来通过约翰斯·霍普金斯大学一个老教授，同他的夫人女儿联系，我们还拿到一些照片。

华罗庚和陈省身：不一样的风格与数学成就

杨振宁：是这样，数学家，他的个性跟他的研究方法有些不一样的地方。我想，就是你把华跟陈来比，我想如果他们参加奥运比赛，华比陈厉害。华做了很多东西，当然非常聪明，他会解决很多问题，可是他没有解决一个影响特大的问题。陈先生，当然他这个内蕴证明也有机遇，因为首先他是听了内蕴证明的这个东西，又欣赏这东西，而自己正在搞这个东西。大家都想推广到高维，可是他不知道那被积函数是什么。结果当这个被积函数被安德烈·韦伊给找出来了，然后就告诉他，给了他这个文章。那个文章非常难懂，我想现在没人去看那个文章，那个文章是把一个高维的流形，切成一小块一小块，然后拼起来，这个简直难得不得了。结果陈说我就不用这个，所以就开辟出来一条新的路，这个当然不得了。

季理真：听说华先生失去了好几个机会，当时去英国没有跟哈代好好学一点东西。

杨振宁：没有跟谁？

季理真：哈代。

杨振宁：我以为他去那里是跟哈代合作。

季理真：没有。

杨振宁：没有合作？

季理真：对，他时间比较短。如果华当时真正向哈代这种大师学点东西，他的工作会比较深一点。然后去了普林斯顿，没有跟外尔和西格尔这种大师学一点真的功夫，他觉得挺可惜的。

杨振宁：我的印象他那个时候是跟西格尔竞争。

季理真：实际上没有。国内这么说的，王元写的华罗庚传记里面也这么写，实际上是不对的，因为西格尔差不多是20世纪最伟大的数学家之一，像安德烈·韦伊他们都很佩服。安德烈·韦伊在他的全集里面有一段话，他说我们这一辈的数学家，像我，像外尔，一个很有意义的事情就是去做评论西格尔的工作。后来他们也写了不少文章，我查了一下，有的文章就是更深地理解西格尔的工作，西格尔是非常非常的了不起。

杨振宁：你讲起这些，我不知道有没有跟你讲过，很多数学家都对100个20世纪的数学家这件事情……

季理真：对，有排名。

杨振宁：都多多少少有点兴趣，物理就做不出来。

季理真：为什么？

数学和物理学的差别及顶尖物理学家名单

杨振宁：这个就是代表物理跟数学基本不一样。

季理真：物理为什么不能？

杨振宁：它的这个价值，它们的价值观不一样，而它们要解决的问题也不一样，我想这两个领域关系很密切，可是有很大的区别。我想你不要说是一个研究生，你能不能举出来20世纪100个重要的物理学家？

季理真：举不出来。

杨振宁：举不出来，我想多半的教授也举不出来。

季理真：那一般觉得举前十名的，大家举得出来是吧？

杨振宁：对，这可以。我想大学的教授，美国的好的大学的教授，都可以举出 50 个人，可是要 100 个……

季理真：一般人的面太窄了？

杨振宁：原因是，我把它作为价值来看，就是你做了一个东西，过了些时候，就没有价值了，因为被别人超越了。超越以后，数学是这样，你可能被人超越，可是你做的那个东西还是有价值的，因为它跟艺术有关系。高斯有一个定理，他有多少种方法来证明？

季理真：对，那个 quadratic reciprocity law（二次互易律），八个方法。

杨振宁：他每一个证明，你说你已经证明了，别的证明不是没价值了吗？不然。因为它是一个艺术品，所以它有价值。而物理不讲究艺术性，物理是别人做出来以后，你（以前）做的这个已经做过的东西，就会被人忘记掉了，你自己也忘记掉了。

季理真：对，这个倒是挺对。

杨振宁：你要证明一个定理，在数学里头，就像你画了一幅画可以挂在墙上，永远觉得很有意思的，物理却不是这样。

为何诺贝尔奖是最成功的奖项？

季理真：对，是这样。我现在有一个问题。您看现在新的奖很多，比如说那个美国的 New Breakthrough（科学新突破）奖，奖金 300 万美元。现在中国不是有个未来科学大奖，还有香港的邵逸夫奖，还有各地地方奖项，数学有菲尔兹奖，也有不少，我看了一下，诺贝尔奖还是最好。问题是为什么诺贝尔奖这么成功？您觉得是什么原因让诺贝尔奖这么成功，影响这么大，没有任何一个奖可以比得上？

杨振宁：这个我想就比如说，为什么数学奖没有诺贝尔奖影响这么大？这有好几个道理，一个道理是恰巧诺贝尔奖开始于20世纪的初年，物理跟化学在20世纪的初年都有重大的发现，那么这一来的话就把这个诺贝尔奖变得这样，而且这些发现是每个人都可以懂的。你知道诺贝尔奖的第一个物理学奖是给什么的？

季理真：是不是一个澳大利亚人？

杨振宁：X射线。

季理真：哦，X射线，叫什么名字我忘记了。

杨振宁：他叫伦琴。

季理真：哦，伦琴，对。

杨振宁：因为所有的人你只要去看病就知道有这个，所以这个大家都懂。你比如说雅克·萨洛蒙·阿达马，证明素数这个定理。

季理真：人家都听不懂，也不在乎。

杨振宁：你跟人家讲，人家不懂这个事，这是不一样的，这是一点。而恰巧是20世纪的头几十年，数学跟物理都是突飞猛进，所以这就把诺贝尔奖搞出来了。那么生物晚一点，生物是到了50年代有詹姆斯·杜威·沃森和弗朗西斯·哈里·康普顿·克里克那篇文章以后才变得重要。不过总而言之这一来的话，因为诺贝尔奖有三个是科学的，两个不是科学的，那两个不是科学的它的名气之所以这么大，是被这个科学的给带起来的。另外一个道理是，它这个评选是相当的，基本上公平。

季理真：基本上还是比较公平。

杨振宁：也有错误，没有数学的那么公平，数学的更公平一点。

季理真：是吗？数学的更公平啊？

杨振宁：不过基本上是。

季理真：就还是公平的。

杨振宁：而它又历史悠久，你知道事实上 20 世纪初年有个很大的数学奖，我记得希尔伯特跟庞加莱都得了，好像叫……

季理真：Bolyai Prize（波尔约奖），是吧？

杨振宁：不是，是一个德国的名字。那个奖（的奖金）是马克，结果第二次……

季理真：哦对，降了。

杨振宁：第一次以后，马克钱不值钱了，所以那个奖后来就没有了。①

季理真：对，我听说过，那个奖的收益是用来请人的。

杨振宁：诺贝尔奖它钱多，所以它也有问题，就是诺贝尔奖在刚开始的时候，它的购买力很大，不过后来他们的投资太保守，所以到了 50 年代，就是我得的时候……

季理真：钱已经比较少了？

杨振宁：购买力是最低。

季理真：哦，是吗？

杨振宁：后来他们就改了这个投资政策，就是投资房产这类，所以第二次世界大战以后它又涨上去了。

季理真：噢，这个样子。

---

① 这个奖的名字叫 Wolfskehl Prize（沃尔夫凯勒奖），与 Fermat（费马）大定理有关。庞加莱 1905 年获得创始奖 Bolyai prize（波尔约奖），希尔伯特获得第二期的奖项。

杨振宁：可是现在又出问题了。

季理真：是吗？

杨振宁：现在出问题的原因是他们现在搞的活动太多，又开会，又组织（organization）什么的，又搞一个博物馆，这个开销变大了。所以诺贝尔奖将来是不是会管理得很好，现在还不敢讲。

季理真：对，我听说诺贝尔基金会他们对那个诺贝尔的经济学奖好像很不满意。

杨振宁：不，那不是。

季理真：它不算？

杨振宁：诺贝尔经济学奖不是诺贝尔基金会给的，是瑞典银行给的，可是大家以为它是诺贝尔奖。

著名奖项的影响力

季理真：对，大家都这么放在一起，它那个奖诺贝尔基金会觉得比较亏。有些科学家建议，他们说有没有可能数学里面也设一个诺贝尔奖，诺贝尔基金会绝对不干，因为他们觉得诺贝尔奖已经建立了很高的声誉，他们不想再做同样的事情，所以我觉得设一个奖也很不简单。另外一点，我上次在 email 当中跟您说起博雷尔，他说这种奖有好处也有害处，因为得的人很高兴，但是不得的人很沮丧。那天博雷尔来做一个学术报告，我跟其他三个同事和他一起吃饭，博雷尔就讲起这个事情，他说很多奖也许废掉比较好，因为有很多害处。

第二天一个同事在走廊里碰到我，他笑笑说，昨天晚上博雷尔也许在说他自己。因为博雷尔做了很多工作，但是博雷尔没有拿过任何大的奖。

我上次也向您介绍了一篇文章,有个人在分析拿了诺贝尔奖以后它的影响力问题,就是说有不同的影响力。数学上也是有这样的文章出现过,好像拿了奖以后,有的人的成果和创造力减少得挺多的。所以您是怎么看?这个奖好吗?是不是它的好处胜过它的坏处?

杨振宁:这个是这样,你要问我,我觉得两个抵消一下,还是正面的。就是它使得大家对于做科学研究发生兴趣,鼓励人做这个。至于说这里头有不公平的地方,甚至有错误的地方,这个是有的,可是总的平均起来,我认为是正面的。

季理真:是比较好的,对。

杨振宁:不过现在有新的现象,就是现在因为这个钱生钱的收益的关系,忽然出了无数多的亿万富翁,中国现在就出了些亿万富翁,他们现在都在办各种不同的奖。那么这些奖办了以后呢,当然就不能够(和诺贝尔奖比),因为诺贝尔奖办得早,所以它占了一席之地,你就没法子把它挤掉,所以现在就做种种的这个……我想这些奖都在竞争,外国也在竞争,中国也在竞争。尤其中国现在看得很清楚,不过中国现在有一部分我觉得他们比较懂了,它不是像诺贝尔奖这样的奖,它是要,比如说最近一个奖,我忘了叫什么名字。

季理真:叫 frontier,就是前沿。

杨振宁:那个是未来(科学)大奖。

季理真:哦,叫未来大奖。

杨振宁:最近又有一个。

季理真:又设了一个啊?

杨振宁:最近一个叫做,我忘了叫什么名字,它的目的是要鼓励年轻人,所以它主要是对着年轻人。可是数目很多,不是一个两个,是几十个几百个,所以这个的目的又不一样。

季理真:您说拿奖的人比较多?

杨振宁:对。

季理真:是有点像 scholarship(奖学金)一样,那这个倒挺好的。

求是奖的建立

杨振宁:对,事实上我参与这个奖很多年了,叫做"求是奖"。

季理真:哦,"求是奖"。

杨振宁:"求是奖"已经给了 20 多年了,25 年了。

季理真:一般是给谁? 我只是听说过"求是奖"。

杨振宁:"求是奖"是这样,香港有一个有钱的人,是一个亿万富翁,他不在了,叫做查济民。

季理真:是不是和金庸有关系?

杨振宁:他们都是姓查,他们是远房的亲戚,可是他们认识,不熟。

季理真:这个样子。

杨振宁:这个查家在清朝的时候还出了个大的画家。

季理真:是吗?

杨振宁:这个查老先生,大概比我大十岁,他是亿万富翁。在 1992 年左右,他就觉得他想帮助中国发展科技。他赚钱是从纺织业开始的,他的纺织工厂在尼日利亚,是尼日利亚最大的纺织工厂,然后他又做房地产,又做金融。他跟中国大陆的关系很好,原因是什么呢,他之所以有钱,是他的岳父有钱。他的岳父姓刘,是常州人,江苏常州人。

季理真:常州纺织业很好。

杨振宁：江苏在民国初年出了几个有钱的人，他家就是一个，就是这个刘老先生。那么查济民是刘的女婿，在打仗的时候，这个查（老先生）就帮助他的岳父在重庆发展纺织事业。解放的时候，刘老先生留在大陆，女婿跟女儿就到香港去，然后就发了大财。刘老先生留在南京，他跟南京的那个非常有名的解放军的将领非常熟。

季理真：南京的我也不怎么知道，是不是那个司令？

杨振宁：大概是南京军区司令。

季理真：对，我好像记得这个名字，但我记不清楚，是不是许世友？

杨振宁：许世友，这个刘老先生跟许世友非常熟，所以这个查（老先生）当然也就跟中国的关系很好。所以在1992年、1993年的时候，他就想要捐钱，帮助中国搞科技的试验，他就找了陈（省身）先生。因为他有一个儿子，现在还在斯坦福，有一个金融公司，查老先生在帕洛阿尔托有一个房子，所以他就跟伯克利、跟帕洛阿尔托、跟斯坦福都很熟。他捐了很多钱，就认识了陈先生，通过陈先生找着了我，然后伯克利那时候还有李远哲。所以他数学是找了陈先生，物理是找了我，化学是找了李远哲，生物是找了一个叫做简悦威的。简悦威是一个非常重要的生物学家，人还在，比我年轻几岁，是 UC San Francisco（加州大学旧金山分校）的教授，他几乎得到诺贝尔奖。

季理真：是吗？四个人都很厉害。

杨振宁：所以从我们这四个人开始做他的顾问，第一次发奖是1994年在北京。

季理真：数学是发给谁？

杨振宁：第一次发奖给了十个人，其中四个是搞原子弹工程的，四个是卫星上天的工程，还有两个，一个是断肢再植。

季理真：哦，断肢再植，transplant。

杨振宁：断肢再植是中国人发明的。

季理真：是吗？我不知道。

杨振宁：因为是这样，你这个脚假如断掉了，要接起来，要接很多的血管跟神经，外国人他不够细心。他发展了这个，我想这个是诺贝尔奖级的工作，可是这种工作诺贝尔奖不给，就是它比较临床。

季理真：它没什么理论。

杨振宁：诺贝尔奖要研究原则性的，所以我们就给了这个团队。是这样子，最开始的时候是要特别给对于中国国防有大贡献的人。

季理真：国防方面的。

杨振宁：这种当然就不能够继续给下去。

季理真：对，没有这么多人。

杨振宁：过了二十几年现在就变成这个"求是基金"（求是科技基金会），现在查老先生不在了，是他的儿子在做，叫做"求是基金"，每年都要发奖的。

季理真：那您现在还在那里，还是顾问？

杨振宁：每年10月要发奖，今年10月发过奖以后我就退了。现在有新的一些顾问来代替我们几个。

季理真：那我有个问题，就是您现在发这个奖有这么多年，您认为发奖比较满意的、比较成功的，还有些不好的方面是什么？就是需要改进的。

杨振宁：这个"求是奖"跟诺贝尔奖不一样，它的目的是特别希望促使中国的科技发展。

季理真：哦，针对中国的。

邵逸夫奖的建立

杨振宁：那么我的另外一个事情呢，就是邵逸夫奖。

季理真：对，邵逸夫奖。

杨振宁：邵逸夫奖与这个查老先生没关系，是邵逸夫来找我。我为什么认识他呢，因为他是（香港）中文大学的。

季理真：校友？

杨振宁：逸夫书院的校董，所以我做了中文大学的教授以后就认识他了。他就问我，那个时候他还不到90岁，他就问我说为什么诺贝尔奖这么成功，我就给他写了一封信，结果就没消息了，所以我觉得他可能……

季理真：可能不怎么想做了。

杨振宁：我信上说的最主要的是成功的道理，一个是评奖比较公正，一个是钱多，一个是长久。结果邵逸夫爵士没有回答，所以我想他不感兴趣。结果过了十几年以后，他到90岁了，他和他的太太来找我，说他现在感兴趣了，他要成立这个，所以后来就成立了邵逸夫奖。邵逸夫奖的目的就是要跟……

季理真：跟诺贝尔奖竞争啊？

杨振宁：是要跟诺贝尔奖竞争，你要问我的话，是相当成功。怎么一个方法是相当成功呢，就是每年给……

季理真：一到两个数学奖？

杨振宁：一个数学奖，一个天文奖，一个生物奖。为什么数学跟天文呢？因为这两个都是诺贝尔奖没有的。

季理真：诺贝尔奖没有,对。

杨振宁：为什么给生物,诺贝尔奖有生物呀,是因为我们大家讨论以后,觉得生物现在花样多得很,而且这个发展得很快,所以可以再给。所以给这三个奖,现在已经20年了。

季理真：现在很成功。

杨振宁：很成功。为什么成功呢,因为现在已经有十几个……

季理真：邵逸夫奖之后拿了诺贝尔奖是吧?

杨振宁：先得了邵逸夫奖,过几年得了诺贝尔奖,所以……

季理真：你们的判断很成功。

杨振宁：就是评得很成功。那么数学你当然晓得了,有几个都是……就是我想大家都认为邵逸夫奖到现在为止没有说是给了一个不应该给的人。

季理真：上次大卫·布赖恩特·芒福德来跟我谈起这个事情,我们是在开会的时候碰到,他说这个话很有意思。他说他当时拿邵逸夫奖是跟吴文俊一起拿的,他解释说他为什么拿邵逸夫奖,他觉得可能是评选委员会想用他来推吴文俊。您怎么觉得,怎么看?他跟我这么说的,是芒福德自己这么说的。

杨振宁：他是得了是不是?

季理真：对。

杨振宁：他是哪年得的?

季理真：我记不清楚了,他跟吴文俊是同一年得的邵逸夫奖。

杨振宁：最主要的道理,是因为我们这个评奖委员会的人是对的。最开始评奖委员会里,很长一段时间是阿蒂亚,那么假如阿蒂亚做评奖委员会主席,他当然不会选不好的人。所以这是最重要的,就是这个评选委员会的五个人,都是要真正懂的。

季理真:懂数学的。基本上有几个人我是知道的,朗兰兹,因为朗兰兹以前没有拿过大奖。

杨振宁:朗兰兹我们给了他这个奖。

季理真:对,我觉得很好。

杨振宁:结果他做一个演讲,要做一个半通俗的演讲,但你根本不知道他在讲什么,我想他大概是最不会演讲的。那个英国人叫什么名字?是搞数论的,得了这个邵逸夫奖,他太太是中国人。

季理真:理查德·泰勒。

杨振宁:他这个演讲好极了,非常容易懂。

季理真:他是跟安德烈·韦伊一起证明费马定理的。还有孔采维奇也得了这个奖,俄国人,在德国。邵逸夫奖基本上得的人都很成功。

杨振宁:邵逸夫奖跟别的奖不一样的地方,是因为它有三个。像Abel奖(阿贝尔奖),它只设了一个,Craford奖(克雷福德奖)也是。

季理真:一个还是两个。

杨振宁:我记得它们是轮流,是今年给这个,明年给什么,后年给什么。邵逸夫奖比较像诺贝尔奖的样子。

季理真:对,是每年都有。

杨振宁:现在邵爵士不在了,就由他的太太管,他太太忽然又不在了。那么现在邵逸夫集团的钱归一个姓陈的管,那个姓陈的叫陈伟文。我已经退休了,我退休的时候邵爵士的太太还是主席。过了两年还是三年,就是前年这个时候,他太太不在了。他太太不在了以后,我们就都有点担心,不知道它那个钱会怎么样。结果这个陈来了,他不是学术界的人,可是他对于这件事情要继续下去很有兴趣,所以看样子是可以继续下去的。

季理真：因为诺贝尔奖它有个基金会，它的钱总是在那里的，而邵逸夫奖如果没有这样的保证能继续下去吗？

杨振宁：对。

季理真：那还是有点危险的，因为万一管钱的人变了想法的话，那以后就没有了。

杨振宁：不错，这个是有危险，这个也是没有办法的事情。不过因为它的钱非常多，它远比这个……

季理真：比诺贝尔奖的钱多？

杨振宁：邵逸夫留下来的这个钱，只是很少的一部分拿来就可以支持这个奖，所以一时不会发生危机。不过你讲的是对的，事实上邵爵士还在的时候，我们这个委员会里头的人就跟他讲……不对，是他太太在的时候，我们就跟她说要变成一个基金，像诺贝尔奖一样，她始终没肯。她没肯的原因，我觉得是因为她自己说，如果要搞一个基金的话，她必须要找一个人来管这个基金，她一时找不出来这人，所以基金撑不住。不过结果在这个状态之下，她不在了，所以我们就不知道要发生什么事情，结果她在遗嘱上把这个钱给了这个姓陈的人管。姓陈的这个人我基本不认识。

季理真：他没有后代啊？邵逸夫没有孩子啊？

杨振宁：邵逸夫的孩子，他是这样。邵逸夫他成功，是兄弟两个人，他是弟弟，他们两个人都是在马来西亚、新加坡发财的。发财以后，到了解放前后他们就分开了，他的哥哥留在马来西亚新加坡，邵逸夫到香港来发展，而且把他们两个的儿子交换了。

季理真：儿子交换？为什么要交换？

杨振宁：这个就是中国从前的……就是邵逸夫带着他的侄子，他的侄子住到他家里来，而他自己的孩子送到他哥哥那里。所以结果他最大宗的遗产里头，没有给他的家里的。

季理真：是吗？

杨振宁：邵逸夫不在的时候有一个追悼会，我还去了，他们介绍我，他的儿子跟我拉了手，可是他儿子根本跟他爸爸不亲。

季理真：对，因为不是他养大的。为什么要换？还有这样的，我对中国这个换儿子的传统不知道，为什么要换？

杨振宁：这个在中国传统里很复杂的，有的叫做抱给人家。

季理真：抱给人家一般就是对方没有孩子，我抱给他，他对方有孩子为什么要换？

杨振宁：这是一种，还有一种，比如说我，我就算是抱给我的舅舅的。

季理真：是吗？你舅舅没有孩子是吧？

杨振宁：不是，不是他没有孩子，是觉得这样子……

季理真：孩子就能够健康地长大？

杨振宁：对。

季理真：那是迷信啊。

杨振宁：这样子上天比较客气一点。

季理真：是吗？这个样子。

杨振宁：就是有很奇怪的想法。

季理真：这个样子上天会比较可怜他们。

杨振宁：不过我觉得他跟他的哥哥，义子，有好处，因为……

季理真：自己的孩子比较难管，是不是？

杨振宁：对，因为你跟你的侄子的关系，可以有些地方比你跟你的儿子的关系更容易……

季理真：交流？

杨振宁：更少情绪上的影响。

季理真：做生意比较好，哦，是这个原因。我觉得邵逸夫奖经历了这么长时间，如果没有保证的话，以后换了人也会出问题。

杨振宁：邵逸夫奖现在不出问题，我看最主要是因为它那个钱多，就是邵逸夫奖只是其中很少的一部分。诺贝尔奖因为它变成独立的了，独立有好处，可是它要是管理不好的话……

季理真：钱就没来源。

杨振宁：对。

季理真：我觉得，是不是你们邵逸夫奖的评委和诺贝尔奖比较像？基本上谁拿奖，和谁在评选委员会里很重要有关系？

杨振宁：我们的办法是抄诺贝尔奖的，不过有一些区别。诺贝尔奖评选委员会，一个学科是五个人，这五个人必须是……

季理真：Academy 里面的 member（学会里面的成员）是吗？

杨振宁：必须是 Scandinavian（斯堪的纳维亚人），就是丹麦、挪威、瑞典人，我不知道有没有芬兰，就是这三个国家的，我们没有这个。

季理真：你们是全世界的？

杨振宁：我们的是全世界的，我们请的都是非常重要的人。

季理真：上次菲尔兹奖发奖的时候出了个问题，大家抱怨雅克-路易·利翁斯，他当时是 IMU，就是 International Mathematics Union（国际数学联盟）的主席。

杨振宁：叫什么名字？

季理真：L-I-O-N-S，雅克-路易·利翁斯。

杨振宁：是不是他有个儿子，叫皮埃尔·利翁斯（Pierre Lions）？

季理真：是的，父亲是国际数学联盟的主席，后来他就选了一个委员会让他儿子进去当委员。

杨振宁：这个谣言我听说过。

季理真：有很多人很有意见，就说你选了委员会，肯定对你的儿子也有利。邵逸夫奖有没有碰到这样的事情？

杨振宁：没有，我想我们一直到现在为止，这个邵逸夫奖的评选委员都是任命的，这很对。

季理真：对，我觉得这对一个奖是很重要的。

杨振宁：这里头当然有问题了，也许有的数学家觉得代数几何是最重要的，比拓扑重要，别人也许不一样。不过这个不可避免。

季理真：这没法避免。

杨振宁：不过这五个人也不是大家都是一样的。

季理真：对。我上次写信给您的时候，因为我看了今年拿奖的和概率有关，最近菲尔兹奖好几次拿奖的好像都是跟概率有关，所以我就有了这个想法，就是说能不能从拿奖的人的情况来看整个数学的发展。

杨振宁：我想既然给了这个概率论，一定是代表相当多的重要的数学家，觉得这个领域是越来越重要。

季理真：其实我觉得这还是很有意思的一件事情。我上次也把那篇文章告诉您了，就是100年的物理学发展和诺贝尔物理学奖，好像就是说他们写文章有时候没有描写物理的主要的进展。后来我看了一下，好像那篇文章里面没有提到，只是讨论获奖人的工作，没有提其他的东西。

一个诺贝尔奖获得者可能博士学位都不够格

杨振宁：这个物理学奖当然还有一个很重要的考虑，就是给理论的还是给实验的。我想这里头有点偏差，比如说前几年给了一个非常应用的，当时以为这个应用的发现，可以很快地变成工业上大的应用。后来变得不对，不对的话，很多人就觉得你这个奖给得不太对，这种是有的。不过另外还有，物理跟数学有一个不一样的地方，就是物理里头有些成绩很多年以后还没懂，其中最重要的一个叫做 Josephson 结（约瑟夫森结）。布赖恩·大卫·约瑟夫森我觉得是 60 年代初，他是个研究生，是英国人。他写了一篇文章，说是超导的东西有一个特别的现象，他猜测出来，结果证明是对的。

季理真：是吗？

杨振宁：而且这个有非常重要的应用，所以他就得了诺贝尔奖。我记得是 1961 年还是 1962 年，那时候我在高等研究所，普林斯顿大学有一个诺贝尔奖获得者，理论物理学的，比我长 20 岁，你一定听说过，叫维格纳。

季理真：维格纳，是的。他写了一篇很有名的文章叫 unreasonable effectiveness of mathematics（数学不可思议的影响力），是吧？哦，他做的是表示论，我搞错了。

杨振宁：有限维的表示最早的一篇文章。

季理真：是他做的，对。

杨振宁：就是他写的。他是狄拉克的兄弟。狄拉克跟维格纳说，他觉得这方面可以研究。狄拉克自己没有做很多的数学的东西，可是维格纳是很厉害的,所以我觉得这个数学奖承认的最早是他这个。那么维格纳跟我,还有普林斯顿物理系的一个跟我差不多年纪的,我们三个人就把这个约瑟夫森请来,他那时候刚刚得博士学位。

季理真:这很了不起啊。

杨振宁:我们就跟他谈了一早上,要弄懂他到底是怎么回事。结果他走了以后,我们三个人同意,假如他是普林斯顿的研究生,我们不会给他的博士学位通过的。

季理真:为什么?

杨振宁:因为他讲不清楚他的东西。

季理真:是吗?

杨振宁:他是猜的,而猜了以后这个理论的东西他讲不清楚,现在还没有讲清楚。

季理真:现在人家还不理解啊?

杨振宁:就是物理跟数学在这点上有点不一样,因为物理最后是要实验的,这个实验有许多很奇怪的东西,算是做了很多年有一些了解,可是不是最基本的了解。

季理真:是这个样子。

重整化和诺贝尔奖

杨振宁:我给你举个最重要的例子,叫做重整化。

季理真:我听说过这个名字,重整化。

杨振宁:重整化问题是什么呢,就是你平常念力学,解决很多习题,那个习题比如有三个自由度,你如果写一个哈密顿算子(Hamiltonian),

有这个 Q，P，Q_i，P_i，比如说 $i=1, 2, \cdots, 5$，那就是五个自由度。可是你有电磁场的话，它有无限的自由度，因为你把它做变换以后，每一个频率的 component（组成部分）都是一个独立变量，所以这个电磁场是一个无限的自由度。无限的自由度，数学到现在没弄清楚。

季理真：是吗？

杨振宁：数学家没弄清楚，那物理学家当然更没有弄清楚。你当然知道，假如是三个自由度 P_1，P_2，P_3，$P_1^2+P_2^2+P_3^2$，那么加上一个关于 $Q(Q_1, Q_2, Q_3)$ 的函数，这不就是一个动力概率么。可是电磁场它不是三个维度，它是无限多个维度，无限多个自由度，通常的解释是没办法的。可是假如它潜在的那部分里头有个参数，那个参数小的时候，你就可以按那个参数的幂级扩张（expand in powers of parameter），这个参数我们叫做 α，它的值是 1/137，你知道这个，叫 fine structure constant（精细结构常数）。

季理真：这是普朗克常数吗？

杨振宁：不是（普朗克）常数，叫做精细结构常数，是 $e^2/(4\pi\varepsilon_0 ch)$，$e$，$h$，$c$ 你应该都知道的。这个 $e^2/(4\pi\varepsilon_0 ch)$ 量出来以后是个无维度的量，它的值等于 1/137。为什么这么重要的一个东西是这个值，这事到现在没有人懂。可是有了这个值，因为它比较小，所以你就把这个无限自由度里头的这个问题，那个潜在的 v 里头有这个精细结构，你就扩展成不同的这个变量的指数。

季理真：哦，就得到第一个系数？

杨振宁：对，于是就出来了。在 30 年代，这个电磁场公式，搞这个东西，那个时候最重要的一个人是狄拉克，于是就会算，这个精细结构常数最低阶就算出来了，算出来以后跟实验都符合。

季理真：这个就叫做重整化？

杨振宁：这个还没到重整化，这是第一步。于是就算第二步，第二步就是发散的。

季理真：对，发散的需要重整化。

杨振宁：所以到了30年代就不会解了。那个时候在海森堡，很多人都在搞，就觉得很奇怪，因为你是求最低阶，结果跟实验符合得不得了，可是你再加一个阶的话就变成无限的，所以就叫做 infinite difficulty（无限困惑）。我做研究生那时候最重要的就是这个无限，它所以要变成无限是因为它有无限个自由度，它每一个都 contribute（起作用），加起来就变成无限大了。打完仗以后，第一个最重要的贡献就叫做重整化，后来这三个人得了诺贝尔奖。说是你算出来的东西不是 infinity（无穷量）嘛，可是这个 infinity 其实不是 infinite（无穷的），你如果把这个精细结构常数修改一下，它就不无限了，这就叫重整化。就是把那些无限的东西给它整理一下子，就可以做出来了，这就是1946年、1947年的时候做的东西。

季理真：是不是费曼路径积分就是这个？是一个？

杨振宁：对，费曼是一个，施温格一个，朝永振一郎是一个。

季理真：哦，这就是戴森没有拿奖以后……

杨振宁：其实我认为完全不对，因为戴森所做的事非常之重要，他不只是证明了费曼，费曼是猜出来的，而且他们三个人都只会2阶，不会3阶、4阶。戴森是所有的阶数他都告诉你怎么个做法，所以他这个……

季理真：刚才不是说一百个前面的数学家的名单嘛，戴森一定要加进去，他是非常重要的一个。

杨振宁：那当然了，他其实非常厉害，我跟他很熟了，他解决数学的本领我都佩服极了。

季理真：是吗？

杨振宁：我想很少有人能够跟他竞争。

季理真：是吗？他的数学功力很深。

杨振宁：可是妙的是这样，一九三几年他们三个人得诺贝尔奖是因为他们……不是三几年，30年代是算第一项，他们三个人是会算第二项，就得了诺贝尔奖。

季理真：对，后面的人算了都没得。

杨振宁：戴森来了以后告诉你不只是可以算第二项，还可以算第三项、第四项，现在已经算到第五项了。

季理真：是吗？

杨振宁：准确的程度是十亿分之一。

季理真：是吗？那很厉害。

杨振宁：这不得了，因为懂这个东西的人，一个研究生，你可以把他关在一个屋子里不准用任何东西，就只是算，他如果好的话，一两个礼拜之内他算出来一个结果跟实验结果可以（只差）十亿分之一。

季理真：那很准。

杨振宁：可是没人懂为什么是这样。而且现在看这样子你再算下去的话，还是一样，因为你没有道理，十亿分之一就已经是对的了，这个实验做得非常准，而算出来的也非常准，这个就……

季理真：很奇妙。

杨振宁：这个就代表，数学没有这种问题。这就是 nature（自然），所以说我觉得这个可能是人永远懂不了的。

季理真：对。您刚才说后来算了多项以后，是没有人拿诺贝尔奖的，前面他们算了第一项、第二项就拿了诺贝尔奖。

杨振宁：对。

季理真：那挺遗憾的。

杨振宁：后来这个领域没有（再拿诺贝尔奖）。

季理真：是什么原因？是评选委员会他们认为不是很重要？但实际上对物理学本身发展是很重要的，还是不怎么重要？

杨振宁：这个原因是，这里面问题多极了，因为是这样，大家觉得你第二项对了的话，第三项可能就觉得不那么重要了。而且还有一个问题，假如再算下去，是一个收敛级数还是不收敛级数，没人知道。那么戴森写了一篇文章认为是不收敛的，只是算了一些项是最好的，以后不要再算下去了。

季理真：算下去也不值得，反正是发散的。

杨振宁：事实上在这个里头我还加了一点。

季理真：是吗？您还做这个东西？

杨振宁：我指出来戴森的那个办法，就是戴森告诉你怎么算，不只是告诉你第二项、第三项、第四项怎么算，他概括了一个方法。我去研究了一下，发现这个方法里头有一个漏洞，这个漏洞是到第七项的时候就要发生问题了，换句话说，第七项戴森的办法没有讲清楚。

季理真：是这个样子。

杨振宁：不过只有很少的人注意这件事情，但是戴森注意到了，很少人注意这个。

季理真：说明人对自然的了解还是非常的少。

杨振宁：真正懂戴森的重整化是怎么回事的人很少，多半的人，尤其是念物理的人没有念数学的人坚持的能量大。

诺贝尔奖获得者和宗教

季理真：您刚才说的那个人，就是50年代做超导的人，说他开始对理论不是很清楚，那他后来的工作发展怎么样？

杨振宁：谁呀？

季理真：您刚才说有个年轻人。

杨振宁：约瑟夫森？

季理真：对，他后来的工作发展怎么样？

杨振宁：他后来就不做了。

季理真：他不做了？

杨振宁：他后来就变成搞宗教。

季理真：是吗？

杨振宁：这人现在还在。

季理真：那从某种意义上这算是诺贝尔奖一个比较失败的例子？

杨振宁：这个是这样，不认为是失败。

季理真：是吗？您说他的工作还是很重要的？

杨振宁：因为他这个工作是对的，跟实验是对得上的，而且用这个方法可以做出来实际的东西，所以他是有贡献的。至于说他现在脑筋不清楚了，这是另外一件事情。

季理真：他为什么会去做宗教？那是有点奇怪。

杨振宁：他还不是唯一的人。

季理真：是吗？您说其他有些得诺贝尔奖的人也去搞宗教了？

杨振宁：你们数学里有没有这种人？

季理真：我听说有一个俄国人做一种算术几何，后来疯掉了。因为数学上是这个样子，你看所有的整数，然后素数，2、3、5、7，后来他又加上一个无穷，他说他的办法就是把所有东西全部放在一起，无穷和这种有限一起看是很重要的算数解，后来就听说他疯掉了。

杨振宁：就是想入非非？

季理真：对，后来他说他在无穷的地方看到上帝。

杨振宁：是哪国人？

季理真：俄国人。

杨振宁：俄国人？

季理真：对。

杨振宁：他做的重要的东西是不是对的？

季理真：很重要。

杨振宁：很重要？

季理真：对，张寿武做的也是这方面的。

杨振宁：跟张寿武有什么关系？

季理真：张寿武开始成名的工作就是这方面的工作，是在那个人的基础上做的。

杨振宁：跟着那个人的工作？

季理真：那个人创造了一套理论叫……

杨振宁：这是数论？

季理真：它叫阿拉克洛夫几何。那个人的名字就是苏伦·尤里耶维奇·阿拉克洛夫。一般数论的话只是研究一个素数，2、3、5、7，后来阿拉克洛夫说要把复几何连在一起。张寿武做得比较重要的，就是算数和复几何连在一起，是很重要。

年轻的中国数学家

杨振宁：张寿武是不是有几个学生现在做朗兰兹纲领做得很好？

季理真：对，他有一个学生叫张伟。

杨振宁：张伟好像最近得了一个奖。

季理真：张伟的一个同学是恽之玮，他也很有名。恽之玮不是张寿武的学生，恽之玮是麦克弗森的学生，还和那个拿菲尔兹奖的越南的吴宝珠合作，他们做得非常不错。

杨振宁：这个吴是越南人？

季理真：对，吴宝珠是越南人。

杨振宁：可是他的名字，他可能是华裔的？

季理真：对。上次杨乐也跟我说起，他说你看看，我们中国还要努力，你看越南人也拿过菲尔兹奖，伊朗人也拿过菲尔兹奖，巴西培养的人也拿过菲尔兹奖，我们中国没有。

杨振宁：为什么？

季理真：不知道。但问题现在是这个样子，有很多人觉得现在很多拿奖的人水平也没有怎么样。这就是我想问的一个问题，诺贝尔奖一直声誉很好，质量有保证，但很多数学家认为，现在的菲尔兹奖不行。上次博雷尔跟我说了一句话，他跟我比较熟，某种意义上我算是他比较后来的一个学生了，他跟我说，现在的菲尔兹奖发得不像话。他说以前，1986年之前，谁拿奖我们大家都很清楚，到了后面，现在谁也不知道。

杨振宁：你觉得很多人都是这样的想法吗？

季理真：对，很多人都是这样觉得。

杨振宁：那也许他们应该减少，不要每回给四个。

季理真：对，是政治化嘛，他们在争嘛，你的人也上去，我的人也上去。比如说上一次拿奖的话，很多人很有意见，有几个人你说不出他做了什么很重要的工作，只说他做得很广很深，这种笼统的话人家很难信服。你比如说其他获奖人当年拿奖的时候就说得很清楚，威廉·保罗·瑟斯顿和阿兰·科纳，每个人都有很具体的工作，很重要，这就是博雷尔说的以前我们大家都很清楚是哪个人该拿奖。这就是我说菲尔兹奖如果再这样下去的话就很难说。所以我觉得有很多人心里不舒服。这就是博雷尔说的，拿奖的人很高兴，不拿奖的人就觉得不是那么开心。

杨振宁：谁决定菲尔兹奖的总的政策？它有个委员会是不是？

季理真：对，是国际数学联盟主席任命一个评选委员会来评奖。

杨振宁：那是不是这个就叫做 IMU（国际数学联盟）？

季理真：对，IMU。

杨振宁：IMU 的 chairman（主席）有影响？

季理真：President（会长），对，他非常有影响。

杨振宁：IMU 的 president 是选出来的？

季理真：对，应该是选的。

杨振宁：谁选的？

季理真：是一个数学联盟，每一次在开数学家大会之前要开会，要选下一届的，好像是这个样子。

杨振宁：对，下一届是不是美国选几个，德国选几个，欧洲选几个？

季理真：对，都有代表，IMU 里面有代表。

杨振宁：中国是哪些人？

季理真：中国现在应该是田刚吧。

杨振宁：田刚？

季理真：对，他应该是 IMU 的。

杨振宁：因为他是国家选的？

2002 年北京数学家大会上的菲尔兹奖获得者

季理真：对，是代表国家的，必须是那个国家的公民。我告诉您一个事情，2002 年在北京开世界数学家大会，菲尔兹奖发给两个人，一个是俄国人，一个是法国人，两个人的结局都很不好，就是数学上的结局。这个俄国人拿了奖以后就酗酒，他去了普林斯顿高等研究所，两年前还是一年多前就去世了。

杨振宁：叫什么名字？

季理真：弗拉基米尔·沃埃沃德斯基。

杨振宁：他是做什么东西的？

季理真：他做的和周炜良的工作有关系，是 Chow 簇。对，他做的工作实际上和周炜良的那个 Chow 环是有直接的关系。我听人家说他拿奖以后，发现他的一个定理可能会有错，后来他就花很多时间去补，补了以后他对整个工作都没有自信了。

杨振宁：我要问你一个问题，现在数学家的一个定理什么的，常常都要写出来一两百页，所以通常就是还没写出来就先写一个短的文章，这个短的文章中间有很多漏洞，所以就有可能要发生争吵。

季理真：是。

杨振宁：而且这个现象越来越厉害，是不是？

季理真：是。

杨振宁：一个世纪以前不是这样的。

季理真：是的。威廉·保罗·瑟斯顿当时没有完全证明就给了他菲尔兹奖，后来他就没有再写出来。

杨振宁：谁？

季理真：瑟斯顿。

杨振宁：瑟斯顿现在还是这样吗？

季理真：瑟斯顿后来没有写出来，别人把它写出来了，所以说他们后来发奖的话，我刚才说的沃埃沃德斯基，就比较小心，要等完全写出来。

杨振宁：瑟斯顿做的东西是不是跟庞加莱的有关？

季理真：对，三维的拓扑。

杨振宁：把庞加莱猜想推广了一点？

季理真：对，三维的分类。有人跟我说，他们当时发奖给他的时候实际上还没有写出来，他奖拿到了后来就不写了。所以后来给沃埃沃德斯基发奖的时候，他们是推迟了几年，希望他先写出来，但是他后来发现自己写出来的有错，所以还是有很大的问题。

杨振宁：可是别人弥补了没有？

季理真：没有，后来他自己弥补的。

杨振宁：弥补了？

季理真：弥补了，花了很多很多的时间弥补，但弥补以后，他对数学失去信心了。因为对他的打击很大，他就酗酒。另外一个在北京拿菲尔兹奖的那个人，后来基本上就不做数学了，所以说这也是一个很大的问题。

季理真：我再问您一下，我 email 当中提到我准备写一本这样的书，叫做《笑傲数学江湖》，您觉得怎么样？因为有本很有名的小说叫做《笑傲江湖》。我的想法是这样的，就是通过讲一些数学家的故事、他们的工作，来反映整个数学的发展和数学家们的来往。

杨振宁：我想这个大概的想法很好，不过成功不成功要看你。

季理真：问题是写什么东西，八卦的东西没有也不好，太多也不好，数学内容也需要有。

杨振宁：我想尤其是数学跟物理的异同是很好的题目，所以我觉得你去听一下这个。

季理真：对，我觉得很有用，很有意思，其实我就是想写这方面的书。上次我跟您讨论后写了一篇比较希尔伯特和庞加莱的文章，您觉得怎么样？

杨振宁：我看了一下，很有意思。

季理真：还可以？那我是这么一个打算，我找人把它翻译成中文，怎么样？

杨振宁：很好，你自己翻译？

季理真：我不会翻译，我中文不会写，我要找人，对英文直接翻译。

杨振宁：林开亮知道会翻译的人。

季理真：对，他翻译。您觉得英文发表有价值吗？

杨振宁：你预备在什么地方发表呢？

季理真：一种可能性就是在 ICCM Notices（《华人数学家大会通报》）。

杨振宁：《数理人文》是不是？

季理真：不是《数理人文》。

杨振宁：你是说他还有一个英文的杂志？

季理真：对，ICCM Notices，有个英文的。

杨振宁：那个不是数学研究的？

季理真：不是，基本上倾向于综述性文章。

杨振宁：是不是像那个 Mathematical Intelligencer（《数学情报》）？

季理真：对，有点像。

杨振宁：是英文的？

季理真：对，是英文的。

杨振宁：高等教育出版社的那个女孩王丽萍怎么这次没来？

季理真：她当律师去了，已经离开了。

杨振宁：她现在到哪儿去了？

季理真：南京。

杨振宁：到南京做什么？

季理真：在南京的一个律师事务所。

杨振宁：她是搞这个么？

季理真：对，她当律师了。

杨振宁：她怎么去做律师，她又不是学法律的。

季理真：她是学数学的，但她自学了6个月就高分通过法律考试了，她通过法律考试就去当律师了。所以很可惜，本来她是高等教育出版社学术著作分社的社长，现在她离开了。不过您的书她继续在编，虽然她当律师了，她觉得有些书她还是想做。她说要向您问好，这次她没法来，因为她在南京。对我来说也很惊讶的，因为她做学术出版做得真是很好，但是离开出版了。人生活当中变化是很大的，有很多东西是没法想到的。不过她做律师也肯定会做得很好的。

杨振宁：好。

季理真：谢谢！

附录

父亲和我

杨振宁

一

1922年我在安徽合肥出生的时候,父亲是安庆一所中学的教员。安庆当时也叫怀宁。父亲给我取名"振宁",其中的"振"字是杨家的辈名,"宁"字就是怀宁的意思。我不满周岁的时候父亲考取了安徽留美公费生,出国前我们一家三口在合肥老宅院子的一角照了一张像片(像片一)。父亲穿着长袍马褂,站得笔挺。我想那以前他恐怕还从来没有穿过西服。两年以后他自美国寄给母亲的一张照片是在芝加哥大学照的(像片二),衣着、神情都已进入了二十世纪。父亲相貌十分英俊,年轻时意气风发的神态,在这张像片中清

像片一　1923年我与父母亲摄于合肥四古巷故居窗外。

楚地显示出来。

像片二　1925年父亲摄于芝加哥大学。

父亲1923年秋入史坦福大学,1924年得学士学位后转入芝加哥大学读研究院。四十多年以后我在访问史坦福大学时,参加了该校的中国同学会在一所小洋楼中举行的晚餐会。小洋楼是二十世纪初年因为中国同学受到歧视,旧金山的华侨社团捐钱盖的,楼下供中国学生使用,楼上供少数中国同学居住。60年代这座小楼仍在,后来被拆掉了。那天晚餐前有一位同学给我看了楼下的一个大木箱,其中有1924年史坦福大学年刊,上面的Chinese Club(中国同学会)团体照极为珍贵,其左下角即为该小楼1923—1924年的照片。木箱中还有中国同学会1923年秋的开会纪录。

1928年夏父亲得了芝加哥大学的博士学位后乘船回国,母亲和我到上海去接他。我这次看见他,事实上等于看见了一个完全陌生的人。几天以后我们三人和一位自合肥来的佣人王姐乘船去厦门,因为父亲将就任为厦门大学数学系教授。

厦门那一年的生活我记得是很幸福的,也是我自父亲那里学到很多东西的一年。那一年以前,在合肥母亲曾教我认识了大约三千个汉字,我又曾在私塾里学过背《龙文鞭影》,可是没有机会接触新式教育。在厦门父亲用大球、小球讲解太阳、地球与月球的运行情形;教了我英文字母"abcde……";当然也教了我一些算术和鸡兔同笼一类的问题。不过他并没有忽略中国文化知识,也教我读了不少首唐诗,恐怕有三四十首;教我中国历史朝代的顺序:"唐虞夏商周,……";干支顺序:"甲乙丙丁……""子鼠丑牛寅虎……";八卦:"乾三联,坤六段,震仰盂,艮覆碗,离中虚,坎中满,兑上缺,巽下断"等等。

父亲少年时候喜欢唱京戏。那一年在厦门他还有时唱"我好比笼中鸟,有翅难展……"。不过他没有教我唱京戏,只教我唱一些民国初年的歌曲如"上下数千年,一脉延……""中国男儿,中国男儿……"等。

父亲的围棋下得很好。那一年他教我下围棋。记得开始时他让我十六子,多年以后渐渐退为九子,可是我始终没有从父亲那里得到"真传"。一直到1962年在日内瓦我们重聚时下围棋,他还是要让我七子。

像片三是1929年照的。父亲和母亲当时都那么年青。像片四也是同一年在厦门鼓浪屿日光岩上照的。那天我很显然不太高兴。三十多年以后,在1960年父亲与母亲自上海飞到日内瓦跟我团聚以前,三弟翻出

像片三　1929年我与父母亲摄于厦门。

像片四　1929年摄于厦门鼓浪屿日光岩。

这张照片要他们带去给我看。父亲说:"不要带,不要带,那天我骂了振宁一顿,他很不高兴。"

这是没有做过父母的人不易完全了解的故事。

在厦大任教了一年以后,父亲改任北平清华大学教授。我们一家三口于1929年秋搬入清华园西院19号,那是西院东北角上的一所四合院。西院于20世纪30年代向南方扩建后,我们家的门牌改为11号。

> 我们在清华园里一共住了八年,从1929年到抗战开始那一年。清华园的八年在我回忆中是非常美丽、非常幸福的。那时中国社会十分动荡,内忧外患,困难很多。但我们生活在清华园的围墙里头,不大与外界接触。我在这样一个被保护起来的环境里度过了童年。在我的记忆里头,清华园是很漂亮的。我跟我的小学同学们在园里到处游玩。几乎每一棵树我们都曾经爬过,每一棵草我们都曾经研究过。

这是我在1985年出版的一本小书《读书教学四十年》中第112页写的。里面所提到的"在园里到处游玩",主要是指今天的近春园附近。那时西北起今天的校医院、近春楼、伟伦中心,南至今天的游泳池和供应科,东至今天的静斋,北到今天的蒙民伟楼旁的河以南的建筑,都还没有兴建,整块都是一大片荒地,只有一些树丛、土山、荷塘、小农田和几户农家,变成我们游玩的好地方。

自1929年起我在这里读了四年书。我每天自西院东北角家门口出发,沿着小路向南行,再向东南走,爬过一个小土山便到达当时的清华园围墙,然后沿着围墙北边的小路东行到成志学校。这样走一趟要差不多二十分钟,假如路上没有看见蝴蝶或者蚂蚁搬家等重要事件的话。

另外一条我常常骑自行车走的路是自家门口东北行的大路。此路的另一端是当时的校医院(即今天的蒙民伟楼)旁的桥。每逢开运动会,我就骑自行车沿此路此桥去体育馆,和成志学校的同学们组织啦啦队呐喊助威。

父亲常常和我自家门口东行,沿着小路去古月堂或去科学馆。这条小路特别幽静,穿过树丛以后,有一大段路左边是农田与荷塘,右边是小土山。路上很少遇见行人,春夏秋冬的景色虽不同,幽静的气氛却一样。童年的我当时未能体会到,在小径上父亲和我一起走路的时刻是我们单独相处最亲近的时刻。

我九、十岁的时候,父亲已经知道我学数学的能力很强。到了十一岁入初中的时候,我在这方面的能力更充分显示出来。回想起来,他当时如果教我解析几何和微积分,我一定学得很快,会使他十分高兴。可是他没有这样做:我初中一、二年级之间的暑假,父亲请雷海宗教授介绍一位历史系的学生教我《孟子》。雷先生介绍他的得意学生丁则良来。丁先生学识丰富,不只教我《孟子》,还给我讲了许多上古历史知识,是我在学校的教科书上从来没有学到的。下一年暑假,他又教我另一半的《孟子》,所以在中学的年代我可以背诵《孟子》全文。

父亲书架上有许多英文和德文的数学书籍,我常常翻看。印象最深的是哈代(G. H. Hardy)和莱特(E. M. Wright)的《数论》中的一些定理和施派译(A. Speiser)的《有限群论》中的许多 space groups(空间群)的图。因为当时我的外文基础不够,所以不能看得懂细节。我曾多次去问父亲,他总是说:"慢慢来,不要着急",只偶然给我解释一两个基本概念。

1937年抗战开始,我们一家先搬回合肥老家,后来在日军进入南京以后,我们经汉口、香港、海防、河内,于1938年3月到达昆明。我在昆明昆华中学读了半年高中二年级,没有念高三,于1938年秋以"同等学历"的资格考入了西南联合大学。

1938到1939这一年,父亲介绍我接触了近代数学的精神。他借了哈代(G. H. Hardy)的 *Pure Mathematics*(《纯粹数学教程》)与贝尔(E. T. Bell)的 *Men of Mathematics*(《数学家》)给我看。他和我讨论 set theory(集合论)、不同的无限大、the Continuum Hypothesis(连续统假设)等观念。这些都给了我不可磨灭的印象。四十年以后在 *Selected Papers*,1945 – 1980,*with Commentary*(Freeman and Company,1983)第74页上我这样写道①:

> 我的物理学界同事们大多对数学采取功利主义的态度。也许因为受我父亲的影响,我较为欣赏数学。我欣赏数学家的价值观,我赞美数学的优美和力量:它有战术上的机巧与灵活,又有战略上的雄才远虑。而且,奇迹的奇迹,它的一些美妙概念竟是支配物理世界的基本结构。

父亲虽然给我介绍了数学的精神,却不赞成我念数学。他认为数学不够实用。1938年我报名考大学时很喜欢化学,就报了化学系。后来为准备入学考试,自修了高三物理,发现物理更合我的口味,这样我就进了西南联大物理系。

1941年秋为了写学士毕业论文,我去找吴大猷教授,

> 〔他〕给了我一本 *Reviews of Modern Physics*(《现代物理评论》),叫我去研究其中一篇文章,看看有甚么心得。这篇文章讨

论的是分子光谱学和群论的关系。我把这篇文章拿回家给父亲看。他虽不是念物理的,却很了解群论。他给了我狄克逊(Dickson)所写的一本小书,叫做 Modern Algebraic Theories (《近代代数理论》)。狄克逊是我父亲在芝加哥大学的老师。这本书写得非常合我的口味。因为它很精简,没有废话,在二十页之间就把群论中"表示理论"非常美妙地完全讲清楚了。我学到了群论的美妙,和它在物理中应用的深入,对我后来的工作有决定性的影响。这个领域叫做对称原理。我对对称原理发生兴趣实起源于那年吴先生的引导。②

今年(1997)为了庆祝吴先生的九十寿辰,邹祖德和我写了一篇文章③,用群论方法计算 C_{60} 的振动频率。C_{60} 是一个对称性特高的分子,用群论讨论最合适。【有这样高度的对称的分子不仅在 1941 年吴先生和我没有预料到,在 1983 年我写上面的那段话时也还没有任何人预料到。】

抗战八年是艰苦困难的日子,也是我一生学习新知识最快的一段日子。最近三弟杨振汉曾这样描述 1945 年夏抗战结束时我家的情形④:

> 1945 年夏,大哥获取了留美公费,将离家赴美国读博士。父亲高兴地告诉我们,艰苦和漫长的抗日战争看来即将过去,反德国法西斯战争也将结束。我家经受了战乱的洗礼,虽有精神和物质损失,但是我们家七口人都身体健康,学业有进,更可喜的是儿女们都孝顺父母,兄弟姐妹之间和睦相处,亲情常在,我们一家人相互之间的关系,的确非比寻常,这是我们每个人都十分珍视的。

抗战胜利至今已51年了,父亲、母亲和振复(振宁注:振复是我们的五弟,1937年生,1985年卒。)均已长眠于苏州东山。回忆抗战八年的艰苦岁月我们家真可称得上美好、和睦和亲情永驻的家。

我还记得1945年8月28日那天我离家即将飞往印度转去美国的细节:清早父亲只身陪我自昆明西北角乘黄包车到东南郊拓东路等候去巫家坝飞机场的公共汽车。离家的时候,四个弟妹都依依不舍,母亲却很镇定,记得她没有流泪。到了拓东路父亲讲了些勉励的话,两人都很镇定。话别后我坐进很拥挤的公共汽车,起先还能从车窗往外看见父亲向我招手,几分钟后他即被拥挤的人群挤到远处去了。车中同去美国的同学很多,谈起话来,我的注意力即转移到飞行路线与气候变化等问题上去。等了一个多钟头,车始终没有发动。突然我旁边的一位美国人向我做手势,要我向窗外看:骤然间发现父亲原来还在那里等!他瘦削的身材,穿着长袍,额前头发已显斑白。看见他满面焦虑的样子,我忍了一早晨的热泪,一时崩发,不能自已。

1928年到1945年这十七年时间,是父亲和我常在一起的年代,是我童年到成人的阶段。古人说父母对子女有"养育"之恩。现在不讲这些了,但其哲理我认为是有永存的价值的。

二

1946年初我注册为芝加哥大学研究生。选择芝加哥大学倒不是因为它是父亲的母校,而是因为我仰慕已久的费米(Fermi)教授去了芝大⑤。当时芝加哥大学物理、化学、数学系都是第一流的。我在校共三年半,头两年半是研究生,得博士学位后留校一年任教员,1949年夏转去普林斯顿高等学术研究所。父亲对我在芝大读书成绩极好,当然十分高兴。更高兴的是我将去有名的普林斯顿高等学术研究所,可是他当时最关怀的不是这些,而是我的结婚问题。1949年秋吴大猷先生告诉我胡适先生要我去看他。胡先生我小时候在北平曾见过一两次,不知道隔了这么多年他为甚么在纽约会想起我来。见了胡先生面,他十分客气,说了一些称赞我的学业的话,然后说他在出国前曾看见我父亲,父亲托他关照我找女朋友的事。我今天还记得胡先生极风趣地接下去说:"你们这一辈比我们能干多了,哪里用得着我来帮忙!"

1950年8月26日杜致礼和我在普林斯顿结婚。我们相识倒不是由胡先生或父亲的其他朋友所介绍,而是因为她是1944年到1945年我在昆明联大附中教书时中五班上的学生。当时我们并不熟识。后来在普林斯顿唯一的中国餐馆中偶遇,这恐怕是前生的姻缘吧。20世纪50年代胡先生常来普林斯顿大学葛斯德图书馆,曾多次来我家做客(像片五)。第一次来时他说:"果然不出我所料,你自己找到了这样漂亮能干的太太。"

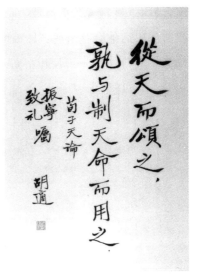

像片五　胡适于20世纪50年代初写的字。

父亲对我1947年来美国后发表的第一篇文章与翌年我的博士论文特别发生兴趣,因为它们都与群论有密切关系。1957年1月吴健雄的实验证实了宇称不守恒的理论以后,我打电话到上海给父亲,告诉他此消息。宇称不守恒与对称有关,因而也与群论有关,父亲当然十分兴奋。那时他身体极不好(1955年因多年糖尿病加某种感染,不能吸收胰岛素,医生曾认为已无希望,后来幸能克服感染,但身体仍十分虚弱),得此消息对他精神安慰极大。

1957年我和杜致礼及我们当时唯一的孩子光诺(那时六岁)去日内瓦。我写信请父亲也去日内瓦和我们见面。他得到统战部的允许,以带病之身,经北京、莫斯科、布拉格,一路住医院,于7月初飞抵日内瓦,到达以后又立刻住入医院。医生检查数日,认为他可以出院,但每日要自己检查血糖与注射胰岛素。我们那年夏天在 Rue de Vermont(佛蒙特街)租了一公寓,每天清早光诺总是非常有兴趣地看着祖父用酒精灯检查血糖。我醒了以后他会跑来说:"It is not good today, it is brown."(今天不好,棕色。)或"It is very good today, it is blue."(今天很好,蓝色。)过了几星期,父亲身体渐恢复健康,能和小孙子去公园散步。他们非常高兴在公园一边的树丛中找到了一个"secret path"(秘密通道)。每次看他们一老一少准备出门:父亲对着镜子梳头发,光诺雀跃地开门,我感到无限的满足。

父亲给致礼和我介绍了新中国的许多新事物。他对毛主席万分敬佩,尤其喜欢毛的诗句如"指点江山/激扬文字/粪土当年万户侯",与"秦皇汉武/略输文采/唐宗宋祖/稍逊风骚/一代天骄/成吉思汗/只知弯弓射大雕/俱往矣/数风流人物/还

像片六　1957年父亲写给我和致礼的两句话。

看今朝"等。

有一天他给致礼和我写了两句话（像片六）。今天的年青人恐怕会觉得这两句话有一点封建味道，可是我以为封建时代的思想虽然有许多是要不得的，但也有许多是有永久价值的。

1960年夏及1962年夏，父亲又和母亲两度与我在日内瓦团聚。致礼、光宇（我们的老二）和二弟振平也都参加了。每次团聚头两天总是非常感情冲动（像片七），讲一些自己的和家人与亲友们的遭遇。以后慢慢镇静下来，才能欣赏瑞士的一切。

父亲三次来日内瓦，尤其后两次，都带有使命感，觉得他应当劝我回国。这当然是统战部或明或暗的建议，不过一方面也是父亲自己灵魂深处的愿望。可是他又十分矛盾：一方面他有此愿望，另一方面他又觉得我应该留在美国，力求在学术上更上一层楼。

像片七　1962年5月21日父亲和母亲到日内瓦，我去机场迎接。见面时父亲悲感满面。像片是黄长风所摄。

和父亲、母亲在日内瓦三次见面，对我影响极大。那些年代在美国对中国的实际情形知道很少。三次见面使我体会到了父亲和母亲对新中国的看法。记得1962年我们住在Route de Florissant（弗洛里森特街），有一个晚上，父亲说新中国使中国人真正站起来了：从前不会做一根针，今天可以制造汽车和飞机（那时还没有制成原子弹，父亲也不知道中国已在研制原子弹）。从前常常有水灾旱灾，动辄死去几百万人，今天完全没有了。从前文盲遍野，今天至少城市里面所有小孩都能上学。从前……,今天……。正说得高兴,母亲打断了他的话说:"你不要专讲这些。我摸黑起来去买豆腐,站排站了三个钟头,还只能买到两块不整齐的,有甚么好?"父亲很生气,说她专门扯他的后腿,给儿子错误的印象,气得走进卧室,"砰"的一声关上了门。

我知道他二位的话都有道理,而且二者并不矛盾:国家的诞生好比婴儿的诞生,只是会有更多的困难,会有更大的痛苦。

三

1971年夏天我回到了阔别二十六年的祖国。那天乘法航自缅甸东飞,进入云南上空时,驾驶员说:"我们已进入中国领空!"当时我的激动的心情是无法描述的。

傍晚时分,到达上海。母亲和弟妹们在机场接我。我们一同去华山医院看望父亲。父亲住院已有半年。上一次我们见面是1964年底在香港,那时他六十八岁,还很健康。六年半中间,受了一些隔离审查的苦,老了、瘦了许多,已不能自己站立行走。见到我当然十分激动。

1972年夏天我第二度回国探亲访问。父亲仍然住在医院,身体更衰弱了。次年5月12日清晨父亲长辞人世,享年七十七岁。5月15日在上海为父亲开的追悼会上,我的悼词有这样两段[6]:

> 近两年来父亲身体日衰。他自己体会到这一点,也就对我们的一切思想和行为想得很多。1971年、1972年我来上海探望他,他和我谈了许多话,归根起来他再三要我把眼光放远,看清历史演变的潮流,这个教训两年来在我身上产生了很大的影响。

父亲于1973年5月12日长辞人世。在他的一生七十七年的时间里,历史有了惊天动地的演变。昨天收到他一位老同学,又是老同事的信,上面说:"在青年时代,我们都向往一个繁荣昌盛的新中国。解放以后二十多年来在毛主席和中国共产党的英明领导下,当时我们青年梦寐以求的这个新中国实现了。"我想新中国的实现这个伟大的历史事实以及它对于世界前途的意义正是父亲要求我们清楚地掌握的。

六岁以前我生活在老家安徽合肥,在一个大家庭里面。每年旧历新年正厅门口都要换上新的春联。上联是"忠厚传家",下联是"诗书继世"。父亲一生确实贯彻了"忠"与"厚"两个字。另外他喜欢他的名字杨克纯中的"纯"字,也极喜欢朋友间的"信"与"义"。父亲去世以后,我的小学同班同学,挚友熊秉明写信来安慰我,说父亲虽已过去,我的身体里还循环着他的血液。是的,我的身体里循环着的是父亲的血液,是中华文化的血液。

我于1964年春天入美国籍。差不多二十年以后我在论文集中这样写道[7]:

　　从1945至1964年,我在美国已经生活了十九年,包括了我成年的大部分时光。然而,决定申请入美国籍并不容易。我猜想,从大多数国家来的许多移民也都有同类问题。但是对一个在中国传统文化里成长的人,作这样的决定尤其不容易。一方面,传统的中国文化根本就没有长期离开中国移居他国的观念。迁居别国曾一度被认为是彻底的背叛。另一方面,中国有过辉煌灿烂的文化。她近一百多年来所蒙受的屈辱和剥削在每一个中国人的心灵中都留下了极深的烙印。任何一个中国人都难以忘却这一百多年的历史。我父亲在 1973 年故去之前一直在北京和上海当数学教授。他曾在芝加哥大学获得博士学位。他游历甚广。但我知道，直到临终前，对于我的放弃故国，他在心底里的一角始终没有宽恕过我。

四

百载魂牵黄土地

三春雨润紫荆花

（蔡国平撰[⑧]）

1997 年 7 月 1 日清晨零时，我有幸在香港会议展览中心参加了回归盛典。看着中华人民共和国国旗在"起来，不愿做奴隶的人们"的音乐声中冉冉上升，想到父亲如果能目睹这历史性的，象征中华民族复兴的仪式，一定比我还要激动。他出生于 1896 年——一百零一年前，《马关条约》、庚子赔款的年代，在残破贫穷，被列强欺侮，实质上已被瓜分了的祖国。他们那一辈的中国知识分子，目睹洋人在租界中的专横，忍受了二十一条款，五卅惨案，九一八事变，南京大屠杀等说不完的外人欺凌，出国后尝了种族歧视的滋味，他们是多么盼望有一天能看到站了起来的富强的祖国，能看到大英帝国落旗退兵，能看到中国国旗骄傲地向世界宣称：这是中国的土地。这一天，1997 年 7 月 1 日，正是他们一生梦寐以求的一天。

父亲对这一天的终会到来始终是乐观的。可是直到 1973 年去世的时候,他却完全没有想到他的儿子会躬逢这一天的历史性的盛典。否则,他恐怕会改吟陆放翁的名句吧:

国耻尽雪欢庆日,家祭毋忘告乃翁。

注释

① 译文见张奠宙:《杨振宁和当代数学》,载于杨振宁:《读书教学再十年》(台北:时报出版社,1995),页 200。
② 杨振宁:《读书教学四十年》(香港:三联书店,1985),页 114。
③ T. T. Chou and Chen Ning Yang, to appear in "Phys. Letters A".
④ 杨振汉:《家、家教、教育》,载于徐胜兰、孟东明:《杨振宁传》(上海:复旦大学出版社,1997),页 261—262。
⑤ 杨振宁:《读书教学四十年》(香港:三联书店,1985),页 115—116。
⑥ 杨振宁:《读书教学四十年》(香港:三联书店,1985),页 71。此段所提到的老同学、老同事是周培源先生。
⑦ 杨振宁著,甘幼玶译:《三十五年心路》(南宁:广西科学技术出版社,1989),页 123。原文见 Chen Ning Yang, "Selected Papers with Commentary" (W. H. Freeman and Co., 1983), 56。
⑧ 原载香港《大公报》1997 年 7 月 23 日 E2 版。

杨振宁在诺贝尔奖颁奖典礼上的致辞
(Chen Ning Yang's speech at the Nobel Banquet in Stockholm, December 10, 1957)

Your Majesties, Your Royal Highnesses, Ladies and Gentlemen:

First of all allow me to thank the Nobel Foundation and the Swedish Academy of Sciences for the kind hospitality that Mrs. Yang and I have so much enjoyed. I also wish to thank especially Professor Karlgren for his quotation and his passage in Chinese, to hear which is to warm my heart.

The institution of the awarding of Nobel prizes started in the year 1901. In that same year another momentous event took place of great historical importance. It was, incidentally, to have a decisive influence on the course of my personal life and was to be instrumental in relation to my present participation in the Nobel festival of 1957. With your kind indulgence I shall take a few minutes to go a little bit into this matter.

In the latter half of the last century the impact of the expanding influence of Western culture and economic system brought about in China a severe conflict. The question was heatedly debated of how much Western culture should be brought into China. However, before a resolution was reached reasons gave way to emotions, and there arose in the eighteen nineties groups of people called I Ho

Tuan in Chinese, or Boxers in English who claimed to be able to withstand in bare flesh attack of modern weapons. Their stupid and ignorant action against the Westerners in China brought in 1900 the armies of many European countries and of the U.S. into Peking. The incident is called the Boxer War and was characterized on both sides by barbarous killings and shameful lootings. In the final analysis, the incident is seen as originating from an emotional expression of the frustration and anger of the proud people of China who had been subject to ever increasing oppression from without and decadent corruption from within. It is also seen in history as settling, once and for all, the debate as to how much Western culture should be introduced into China.

The war ended in 1901 when a treaty was signed. Among other things the treaty stipulated that China was to pay the powers the sum of approximately 500 million ounces of silver, a staggering amount in those days. About ten years later, in a typically American gesture, the U.S. decided to return to China her share of the sum. The money was used to set up a Fund which financed a University, the Tsinghua University, and a fellowship program for students to study in the U.S. I was a direct beneficiary of both of these two projects. I grew up in the secluded and academically inclined atmosphere of the campus of this University where my father was a professor and enjoyed a tranquil childhood that was unfortunately denied most of the Chinese of my generation. I was later to receive an excellent first two years' graduate education in the same University and then again was able to pursue my studies in the U.S. on a fellowship from the aforementioned fund.

As I stand here today and tell you about these, I am heavy with an awareness of the fact that I am in more than one sense a product of both the Chinese and Western cultures，in harmony and in conflict. I should like to say that I am as proud of my Chinese heritage and background as I am devoted to modern science, a part of human civilization of Western origin，to which I have dedicated and I shall continue to dedicate my work.

弱相互作用中的宇称守恒质疑①②

[本文为杨振宁和李政道的诺贝尔奖论文]

李政道　　　　　杨振宁③
（哥伦比亚大学）　（布鲁克海文国家实验室）
（1956年6月22日收到）

提要：本文检验了 β 衰变及超子和介子衰变中的宇称守恒问题。建议了在这些相互作用中可以检验宇称守恒的可能的实验。

最近，实验显示 $\theta^+(\equiv K_{\pi 2}^+)$ 和 $\tau^+(\equiv K_{\pi 3}^+)$ 介子的质量④和寿命⑤几乎完全一样。另一方面，基于角动量和宇称守恒，对 τ^+ 的衰变产物的分析⑥强烈建议 τ^+ 和 θ^+ 是不同的粒子，这就形成了一个相当令人迷惑的局

---

① 注：原文发表于 1956 年 10 月 1 日 Phys. Rev. 104 卷，254—258 页。
② 本工作由美国原子能委员会部分支持。
③ 永久地址：高等研究所，普林斯顿，新泽西。
④ Whitehead, Stock, Perdins, Perterson, and Birge, Bull. Am. Phys. Soc. Ser. II, 1, 184(1956); Barkas, Heckman, and Smith, Bull. Am. Phys. Soc. Ser. II, 1, 184(1956).
⑤ Harris, Orear, and Taylor, Phys. Rev. 100, 932(1955); V. Fitch and K. Motley, Phys. Rev. 101, 496(1956); Alvarez, Crawford, Good, and Stevenson, Phys. Rev., 101, 503(1956).
⑥ R. Dalitz, Phil. Mag. 44, 1068(1953); E. Fabri, Nuovo Cimento 11, 4769(1954). 最近实验结果参看 Orear, Harris, and Taylor [Phys. Rev. 102, 1676(1956)].

面,并引起了广泛的讨论①。

摆脱这种困境的一种方法是,假定宇称不严格守恒,θ^+ 和 τ^+ 是同一粒子的两种不同的衰变模式,它们的质量和寿命就必须相同。在本文中,我们想在已有的宇称守恒的实验证据的基础上分析这种可能性。我们的分析清楚显示,在强作用和电磁作用中,现有的实验以很高的精确度表明宇称守恒;但是,对弱相互作用(即,介子和超子的衰变作用和各种费米相互作用)宇称守恒至今仍只是外推的假设,并没有实验证据的支持。(人们甚至可以说,现在的 $\theta - \tau$ 之谜也许可以视为弱作用中宇称守恒破坏的迹象。但是,这个论点没有被认真对待,因为,我们目前对于奇异粒子的性质了解得太少。倒不如说,这提供了一个检验宇称守恒问题的动机。)要明确地判断宇称在弱作用中是否守恒,我们必须通过实验确定弱作用能否分出右和左。下面将讨论一些可能的这类实验。

目前宇称不守恒的实验极限

如果宇称不严格守恒,所有的原子与原子核都将处于混合状态,它们主要由我们通常认定的态构成,同时混有少量具有相反宇称的成分。后者所占比例称为 $\mathcal{F}^2$,这个量代表了宇称守恒破坏的程度。

在原子物理与核物理中确立的宇称选择定则清楚表明,混合度 $\mathcal{F}^2$ 不可能大。从这些考虑我们可以得到的限度为:$\mathcal{F}^2 \leqslant (r/\lambda)^2$,对于多数原子谱,其数值为 $\sim 10^{-6}$。一般说来,对核谱所得的极限的精度

---

① 参看,例如,Report of the Sixth Annual Rochester Conference on High Energy Physics (Interscience Publishers, Inc., New York,即将发表)。

较低。

宇称不守恒意味着存在使不同宇称混合的相互作用。与通常的作用相比，这种作用的强度一般以 $\mathcal{F}$ 表示，由此得到混合为 $\mathcal{F}^2$ 的量级。这种作用的存在会影响核反应的角分布。但是，我们将看到，这些实验的精度不高，得到的 $\mathcal{F}^2$ 的限度不会好于 $\mathcal{F}^2 < 10^{-4}$。

作为例子，让我们检验极化实验，因为它与下面要讨论的一些实验很相似，一束在对于其动量垂直的 z 方向极化的质子流，被原子核散射时，比较对 x-y 平面反射对称的两个方向 A 和 B 上的散射强度①，结果发现二者的差异小于~1%。如果这散射是由通常宇称守恒的相互作用加上宇称不守恒的相互作用（比如，$\sigma \cdot r$）引起的，则在 A 和 B 方向的散射振幅之比应正比于 $(1+\mathcal{F})/(1-\mathcal{F})$，其中，$\mathcal{F}$ 是散射中两类作用的强度之比。因此，实验结果要求 $\mathcal{F} < 10^{-2}$，或 $\mathcal{F}^2 < 10^{-4}$。

宇称守恒的破坏在所有系统中都将导致一个电偶极矩，矩的大小为

$$\text{矩} \sim e\mathcal{F} \times (\text{系统的尺度})。 \qquad (1)$$

这一电偶极矩的存在会产生有兴趣的结果。比如，若质子有电偶极矩 $\cong$ e$\times(10^{-16}$ 厘米$)$，由氢原子的相邻的 $2p$ 态引起的微扰会使其 $2s$ 态移动约 1 Mc/秒。这将与目前兰姆位移的理论解释不一致。在电子-中子相互作用中还找到另一个例子。中子的电偶极矩$\cong$e$\times(10^{-18}$ 厘米$)$是目前实验允许的上限。

至今最精确的电偶极矩测量由普塞尔（Purcell），拉姆塞（Ramsey）和

---

① 参看，例如，Chamberlain, Sergre, Tripp, and Ypsilantis, Phys. Rev. 93, 1430 (1954)。

史密斯(Smith)完成[①]。他们得到中子电偶极矩的上限为 e×(5×10^{-20} 厘米)。由此得到 $\mathcal{F}^2$ 的上限为 $\mathcal{F}^2<3\times10^{-13}$,这也是强作用和电磁作用中对宇称守恒的最精确的验证。但是,我们将看到,即使如此高的精度也不足以提供弱作用中宇称守恒的实验证明。为此,需要 $\mathcal{F}^2>10^{-24}$ 的精度。

β衰变中的宇称守恒质疑

初看起来,大量与 β 衰变有关的实验似乎会提供弱 β 相互作用中宇称的确守恒的证明。我们仔细检验了这个问题,却发现并非如此(见附录)。我们先写出五种通常类型的耦合。另外,我们又引入了五种保持角动量守恒,但宇称不守恒的耦合。很明显,这时将 β 衰变分为允许跃迁,一级禁戒跃迁等的过程与通常的完全相同。(核态的宇称混合对这些选择定则没有可测量的效应。这一现象将在下节讨论。)然后,我们检验了如下一些现象:允许跃迁谱,特殊禁戒跃迁谱,具有允许谱形状的禁戒跃迁谱,β-中微子关联和 β-γ 关联。结果发现,这些实验都与 β 衰变作用中的宇称守恒问题无关。这是因为,在所有这些现象中都不存在宇称守恒和宇称不守恒两类相互作用的干涉项。换言之,计算结果总得到正比于 $|C|^2$ 的项加上正比于 $|C'|^2$ 的项。这里 C 和 C′ 分别为通常宇称守恒的作用(五项的总和)和宇称不守恒的作用(同样也是五项的总和)的耦合

[①] E. M. Purcell and N. f. Ramsey, Phys. Rev. 78, 807(1950); N. F. Ramsey, Molecular Beams(Oxford University Press, London, 1956)书中引用 Smith et al. 的工作。

常数。而且，众所周知①，如果不测量中微子的自旋，就不可能区分 C 耦合与 C' 耦合（假定中微子的质量为 0）。我们目前有关 β 衰变的绝大部分知识来自与上述现象有关的实验结果，因此不能决定 C' 型相互作用与通常类型作用的混合程度。

CC' 干涉项不存在的原因其实很清楚。仅当从实验观测量能形成赝标量时，这种量才会出现。例如，当测量三个动量 $\boldsymbol{p}_1$、$\boldsymbol{p}_2$、$\boldsymbol{p}_3$ 时，就可能有 $CC'\boldsymbol{p}_1 \cdot (\boldsymbol{p}_2 \times \boldsymbol{p}_3)$ 项。或者，当测量动量 $\boldsymbol{p}$ 和自旋 $\boldsymbol{\sigma}$ 时，会出现 $CC'\boldsymbol{p} \cdot \boldsymbol{\sigma}$ 项。在所有上面谈到的 β 衰变现象中，都不能从观测量形成这样的赝标量。

β 衰变中宇称守恒的可能的实验验证

以上讨论也建议了一类实验，用它可以探测 C 和 C' 的可能的干涉，从而可以确定 β 衰变中宇称是否被破坏。一个相对简单的可能的实验是，测量极化原子核的 β 衰变中出射电子的角分布。设 θ 为母核取向与电子动量的夹角。θ 和 $180° - \theta$ 分布的不对称性就构成 β 衰变中宇称不守恒的肯定证据。

更明确地说，让我们考虑任意一个极化核，比如 Co^{60} 的允许 β 跃迁。β 射线的角分布形式为（见附录）：

$$I(\theta) = （常数）(1 + \alpha \cos\theta) \sin\theta d\theta, \tag{2}$$

其中 α 正比于干涉项 CC'。如果 $\alpha \neq 0$，我们就得到了 β 衰变中宇称不守

---

① C. N. Yang and J. Tiomno, Phys. Rev. 79, 495(1950).

恒的肯定证明。通过测量用分数表示的 $\theta < 90°$ 和 $\theta > 90°$ 的不对称性，就能得到 α 的值，即

$$\alpha = 2\left[\int_0^{\pi/2} I(\theta)\mathrm{d}\theta - \int_{\pi/2}^{\pi} I(\theta)\mathrm{d}\theta\right]/\int_0^{\pi} I(\theta)\mathrm{d}\theta。$$

值得指出的是，这时用于极化原子核的磁场将可自动把以 $\theta > 90°$ 和 $\theta < 90°$ 出射的电子在空间上分开，因此，有可能证明这个实验是行得通的。

初看起来，研究极化核 β 衰变产物中的 γ 射线分布，可以从极化核的自旋和 γ 射线的动量 $\boldsymbol{p}_\gamma$ 形成赝标量。由此看来也许会提供另一种可能的宇称守恒的实验检验。不幸的是，核的能级有确定的宇称，而电磁作用中宇称是守恒的。（任何具有 $\mathcal{F}^2 < 3 \times 10^{-15}$ 的宇称混合都不会影响这个论证。）因此，γ 射线携带确定的宇称，这样，所观测的几率函数一定是 $\boldsymbol{p}_\gamma$ 的偶函数。这个性质排除了形成赝标量的可能性。因此，不可能用这种实验来检验宇称守恒。

对 β-γ-γ' 三体关联实验，基于类似的，但是更复杂的推理，我们可以证明，这三个动量的测量不能提供任何关于 β 衰变中宇称守恒问题的信息。

在 β-γ 关联实验中，γ 的极化特性能提供一个检验。更确切地说，让我们考虑与 β 射线平行出射的 γ 射线的极化状态。如果 β 衰变中宇称守恒，γ 射线就没有极化。相反，如果 β 衰变中宇称守恒被破坏，一般来说，γ 射线就存在极化。但是，这种极化的性质是圆极化，因而，可能不易实验探测。（通常通过康普敦散射，光电效应及氘的光致离解测量极化的方法都不能探测圆极化。这是因为，圆极化是由平行于传播方向的一个轴矢量规定的，从这些探测技术观测的动量无法形成这样的轴矢量。）对于沿其他方向出射的 γ 射线，宇称不守恒会导致椭圆极化。这个效应的

探测则更加困难。

介子和超子衰变中的宇称守恒质疑

如果像 β 衰变或介子和超子衰变这样的弱作用中宇称不守恒，宇称混合将作为二级过程在所有这些相互作用中出现。为了检验这个效应，让我们考虑，例如 Λ^0 的衰变：

$$\Lambda^0 \to p + \pi^-.$$

在这一衰变中宇称不守恒的假设意味着，Λ^0 实际上存在两个相反宇称的状态，因此它具有一个电偶极矩，大小为：

$$\text{电偶极矩} \sim e\mathcal{G}^2 \times (\Lambda^0 \text{的尺寸}), \tag{3}$$

其中 $\mathcal{G}$ 是 Λ^0 衰变作用的耦合强度。（$\mathcal{G}^2 \leqslant 10^{-12}$。）因此，$\Lambda^0$ 的电偶极矩为 $\leqslant e \times (10^{-25} \text{厘米})$。

显然，质子也应当有同样数量级大小的电偶极矩。我们已经看到，这么小的电偶极矩的存在完全与已有的实验信息一致。换另一种说法，比较式(3)与式(1)，我们有

$$\mathcal{F} \sim \mathcal{G}^2.$$

因为所有的弱作用，包括 β 相互作用都有特征的耦合强度 $\mathcal{G}^2 \leqslant 10^{-12}$，弱作用中的宇称破坏会引入以 $\mathcal{F}^2 < 10^{-24}$ 标志的宇称混合，正如我们已经指出，这个量超出当前实验知识的限度。

如果弱作用破坏宇称守恒，宇称就像奇异数一样，只能在强作用和电磁作用中被定义和被测定。而且，要注意一件重要的事，伴随着奇异数守

恒,正如伴随每一个守恒律一样,对所有系统的宇称都存在一个任意因子。所有奇异粒子的宇称因而只能决定到因子$(-1)^S$。其中 S 是奇异数。因此,Λ^0(相对于核子)的宇称只是个定义问题。但是,一旦它定义了,其他奇异粒子的宇称就可以从强作用中测得。

介子和超子衰变中宇称守恒的可能的实验检验

要灵敏地、明确地检验弱作用中宇称是否守恒,我们必须确定弱作用是否能区分右和左。只有产生了相反宇称态之间的干涉,才有可能做到这一点。仅观测从一种"粒子"产生的具有相反宇称的两种衰变产物不能提供宇称不守恒的结论性证据,这正是目前 θ-τ 之谜所处的状态。

如前所述,仅当所观测的量能形成如 $\boldsymbol{p}_1 \cdot (\boldsymbol{p}_2 \times \boldsymbol{p}_3)$ 这样的赝标量时,才可能有这些干涉项。与 Λ^0 的产生联系起来观察它的衰变,确实提供了这种可能的赝标量,从而提供了检验 Λ^0 衰变作用中宇称是否守恒的可能性。让我们考虑如下实验:

$$\pi^- + p \to \Lambda^0 + \theta^0, \quad \Lambda^0 \to p + \pi^-。 \tag{4}$$

令 $\boldsymbol{p}_{in}$,$\boldsymbol{p}_\Lambda$ 和 $\boldsymbol{p}_{out}$ 分别为实验室系中入射 π,Λ^0 和衰变 π 的动量。定义参数 R 为 $\boldsymbol{p}_{out}$ 在 $\boldsymbol{p}_{in} \times \boldsymbol{p}_\Lambda$ 方向上的投影。R 的数值范围在大约 -100 MeV/C 到大约 $+100$ MeV/C 之间。将矢量乘法从(通常使用的)右手定则变成左手定则意味着改变 R 的符号。因此,从实验上研究 $+R$ 和 $-R$ 是否以相同的几率出现,可以验证 Λ^0 的弱衰变相互作用中的宇称守恒。

为了更清楚地了解参数 R 的意义,我们把 $\boldsymbol{p}_{out}(\to \boldsymbol{p}')$ 变换到 Λ^0 的质心系中。新的矢量 $\boldsymbol{p}'$ 的大小为常数 $\cong 100$ MeV/C。可以在球面上画

出矢量 $\boldsymbol{p}'$ 出现的次数(频度)的分布。取这个球的 z 轴为 $\boldsymbol{p}_{in} \times \boldsymbol{p}_\Lambda$ 方向，我们能证明如下两个对称性：

(a) 绕 z 轴转 $180°$ 后，球面上的频度分布不变。这个对称性是由产生 Λ^0 的强作用过程的宇称守恒决定的，与弱作用的性质无关。

(b) 如果在 Λ^0 的衰变作用中宇称守恒，对 Λ^0 的产生平面作反射后，球面上的频度分布不变。

为了证明(a)，我们只需考虑，对于由 $\boldsymbol{p}_{in}$ 和 $\boldsymbol{p}_\Lambda$ 确定的产生平面作反射后，产生过程的不变性。这个反射是空间反演后，再绕 z 轴(即产生平面的法向)转 $180°$ 的结果。因此，Λ^0 的极化状态在绕 z 轴转 $180°$ 后不变，由此得到所述的对称性。

(b)是弱作用和强作用中宇称都守恒的假设的直接结果①。对产生平面的反射必定保持整个过程不变。

R 的频度分布，只是球面上的分布在 z 轴上的投影。因此，$+R$ 与 $-R$ 间的不对称意味着在 Λ^0 衰变中宇称不守恒。但是，如果 Λ^0 的自旋不极化，即使在 Λ^0 衰变中宇称不守恒也不存在不对称②。所以，为了得

---

① 仅当 Λ^0 在强作用中作为具有确定宇称的单个粒子存在时，也就是说，Λ^0 不作为具有相反宇称的两个简并态 Λ_1^0 和 Λ_2^0 存在，不是我们曾经建议的那样[T. D. Lee 和 C. N. Yang, Phys. Rev. 102, 209(1956)]，对(a)的证明才成立(如上节所述)。[必须强调的是，如果在弱作用中宇称确实不守恒，(现在)就根本没有必要如此复杂地寻进宇称相反的两个简并态。]另一方面，即使 Λ^0 以相反宇称的两个简并态 Λ_1^0 和 Λ_2^0 存在，(b)仍然是正确的。总之，(a)中叙述的对称性破坏意味着，存在宇称二重态 Λ_1^0 和 Λ_2^0，其质量差小于它们的宽度。(b)中叙述的对称性破坏意味着在 Λ 衰变中宇称不守恒。又见第 375 页注释①及 T. D. Lee 和 C. N. Yang, Phys. Rev.(将发表)。

② 如果衰变产物中两个宇称间的相对相位为 $90°$，干涉也可能偶然地不存在。但是，当衰变过程中时间反演守恒，这种情况就不会出现。

到极化的 Λ^0 束流,实验最好以确定的入射能量,在 Λ^0 的一个确定的非朝前产生角上进行。

以上讨论也适用于任何其他奇异粒子衰变过程,只要(1)该粒子的自旋不等于零,并且(2)它衰变为两个粒子,其中至少一个自旋不为零,或者它衰变为三个或更多个粒子。因此,以上考虑也可应用于 $\Sigma^\pm$ 衰变,可能也可以用于 $K^\pm_{\mu 2}$, $K^\pm_{\mu 3}$, $K^\pm_{\pi 3} (\equiv \tau^\pm)$ 衰变。

在如下衰变过程中

$$\pi \to \mu + \nu, \tag{5}$$

$$\mu \to e + \nu + \nu, \tag{6}$$

从静止的 π 出发,我们可以研究 μ 介子的动量和在 μ 的质心系中的电子动量的夹角 θ 的分布。如果在(5)和(6)中宇称都不守恒,一般来说,对于 θ 和 $\pi - \theta$ 的分布不相同。为了理解这一点,首先考虑 μ 的自旋取向。如果过程(5)破坏宇称守恒,一般来说,μ 会在它的运动方向极化。在接着的衰变(6)中,对 θ 角的角分布问题则与我们前面讨论的从极化核上出射的 β 射线的角分布问题非常类似。(完全类似的讨论对 $\Xi^- \to \Lambda^0 + \pi^-$ 和 $\Lambda^0 \to p + \pi^-$ 过程也适用。)

评注

如果宇称守恒在超子衰变中破坏,衰变产物将有混合的宇称。但这并不影响阿代尔(Adair)[①]和特莱曼(Treiman)[②]关于在特定情况下超子

---

① R. K. Adair, Phys. Rev. 100, 1540(1955).
② S. B. Treiman Phys. Rev. 101, 1216(1956).

自旋与其衰变产物角分布的关系的论述①。

人们会问,是否在弱作用中其他物理守恒定律也会破坏。检验这个问题后发现,重粒子数、电荷、能量和动量的守恒在弱作用中都没有出现破坏。对于角动量守恒和宇称守恒,不能得到同样的结论。对时间反演守恒,也不能作同样结论。初看起来,$\pi^\pm$的寿命的相等及$\mu^\pm$的寿命的相等似乎可以用作弱作用中电荷共轭不变性的证明。但是,仔细检验这个问题,发现事实并非如此。事实上,带电粒子及其电荷共轭态在弱作用衰变中寿命相等(对于弱作用强度的最低级)是由在特殊洛伦兹(Lorentz)变换(即没有空间反演也没有时间反演的洛伦兹变换)下的不变性得到的。因此,至今还没有弱作用下电荷共轭不变的实验证据。本文只讨论了宇称不守恒的问题。

人们通常相信宇称守恒,并不问其正确性的可能限度。其实,并没有先验的理由说明,为什么它的破坏不会存在。正如众所周知,它的破坏意味着左右不对称的存在。前面我们已经看到一些实验有可能检验这个不对称性。这些实验将检验,是否现有的基本粒子会显示出对左与右的不对称行为。如果这种不对称的确被发现了,人们还可以问,为什么不能存在显示相反的不对称性的相应的基本粒子,因而在更广的意义上,仍然保持整体的左—右对称。必须指出,若真是如此,则应存在两类质子p_R和p_L,右手质子和左手质子。而且,当前实验室中的质子必须以其中一类为主,以产生假想地被观测到的非对称性,也才会给出观测到的质子的费米(Fermi)—狄拉克(Dirac)统计性质。这意味着,它们之间的自由振荡

---

① 具有相反宇称的 Λ_1^0 和 Λ_2^0 的存在可能会影响这些关系。这与第 373 页注释①中讨论的对称性(a)的破坏类似。见:T. D. Lee 和 C. N. Yang, Phys. Rev.(将发表)。

周期必须比宇宙的寿命长。这样,它们才有可能都被视为稳定粒子。而且,p_R 和 p_L 的数目必须分别守恒,但是它们之间的相互作用并不一定弱。比如,p_R 和 p_L 可以与同样的电磁场,也许同样的 π 场发生作用。它们就可能分别成对产生,导致有兴趣的观测可能性。

在这一图象中,假设被观测到的左右不对称性并不归因于基本的反演不守恒,而是由于在宇宙论的意义上,比如说 p_R 比 p_L 占局域优势。这情况很类似于质子对反质子的优势。沿这些方向的思考是非常有趣的,但已远远超出本文的范围。

作者感谢 M. 哥德哈伯(Goldhaber),J. R. 奥本海默(Openheimer),J. 斯坦伯格(Steinberger)和吴健雄(C. S. Wu)的有兴趣的讨论和评论。作者也感谢与 R. 欧默(Oehme)的有兴趣的交流。

附 录

如果 β 衰变中宇称不守恒,哈密顿量的最一般形式为

$$\begin{aligned}H_{int} =& (\psi_p^+ \gamma_4 \psi_n)(C_S \psi_e^+ \gamma_4 \psi_\nu + C_S' \psi_e^+ \gamma_4 \gamma_5 \psi_\nu) \\ &+ (\psi_p^+ \gamma_4 \gamma_\mu \psi_n)(C_V \psi_e^+ \gamma_4 \gamma_\mu \psi_\nu + C_V' \psi_e^+ \gamma_4 \gamma_\mu \gamma_5 \psi_\nu) \\ &+ \frac{1}{2}(\psi_p^+ \gamma_4 \sigma_{\lambda\mu} \psi_n)(C_T \psi_e^+ \gamma_4 \sigma_{\lambda\mu} \psi_\nu \\ &+ C_T' \psi_e^+ \gamma_4 \sigma_{\lambda\mu} \gamma_5 \psi_\nu) + (\psi_p^+ \gamma_4 \gamma_\mu \gamma_5 \psi_n) \\ &\times (-C_A \psi_e^+ \lambda_4 \gamma_\mu \gamma_5 \psi_\nu - C_A' \psi_e^+ \gamma_4 \gamma_\mu \psi_\nu) \\ &+ (\psi_p^+ \gamma_4 \gamma_5 \psi_n)(C_P \psi_e^+ \gamma_4 \gamma_5 \psi_\nu + C_P' \psi_e^+ \gamma_4 \psi_\nu),\end{aligned} \quad (A.1)$$

其中 $\sigma_{\lambda\mu} = -\frac{1}{2}i(\gamma_\lambda \gamma_\mu - \gamma_\mu \gamma_\lambda)$ 和 $\gamma_5 = \gamma_1 \gamma_2 \gamma_3 \gamma_4$。如果 β 衰变中时间反

演守恒，两个常数 C 和 C' 均为实数，但下面将不引入这一假设。

这一相互作用的计算过程与通常完全一样，比如，我们得到允许跃迁时电子的能量和角分布为：

$$N(W, \theta)\mathrm{d}W\sin\theta\,\mathrm{d}\theta = \frac{\xi}{4\pi^3}F(Z, W)pW(W_0 - W)^2 \\ \times \left(1 + \frac{ap}{W}\cos\theta + \frac{b}{W}\right)\mathrm{d}W\sin\theta\,\mathrm{d}\theta, \tag{A.2}$$

其中，

$$\xi = (|C_S|^2 + |C_V|^2 + |C_S'|^2 + |C_V'|^2)|M_F.|^2 \\ + (|C_T|^2 + |C_A|^2 + |C_T'|^2 + |C_A'|^2)|M_{G.T.}|^2, \tag{A.3}$$

$$a\xi = \frac{1}{3}(|C_T|^2 - |C_A|^2 + |C_T'|^2 - |C_A'|^2)|M_{G.T.}|^2 \\ - (|C_S|^2 - |C_V|^2 + |C_S'|^2 - |C_V'|^2)|M_F.|^2, \tag{A.4}$$

$$b\xi = \gamma\big[(C_S^*C_V + C_SC_V^*) + (C_S'^*C_V' + C_S'C_V'^*)\big]|M_F.|^2 \\ + \gamma\big[(C_T^*C_A + C_A^*C_T) + (C_T'^*C_A' + C_A'^*C_T')\big]\times|M_{G.T.}|^2, \tag{A.5}$$

以上表达式中所有未说明的记号都与标准的记号意义相同。[比如，见罗斯（Rose）①的文章。]

上面的表示中不包含任何宇称守恒的和不守恒的相互作用部分的干涉项。实际上，在通常表达式中将 $|C_S|^2$ 因子用 $|C_S|^2 + |C_S'|^2$ 代替，$C_SC_V^*$ 因子用 $C_SC_V^* + C_S'C_V'^*$ 代替，等等，可以得到干涉项。如文章中指

---

① M. E. Rose，见 Beta — and Gamma — Ray Spectroscopy (Interscience Publishers, Inc., New York, 1955)，pp. 271-291。

出，除了能用观测量构成赝标量的情况，这个规则一般都成立。

当能形成赝标量时，如在极化核上的 β 衰变中，如(2)式所清楚表明，会存在干涉项。在允许跃迁 $J \to J-1(\mathrm{no})$ 中，α 为

$$\alpha = \beta \langle J_z \rangle / J,$$

$$\beta = \mathrm{Re}[C_T C_T'^* - C_A C_A'^* + i\frac{Ze^2}{\hbar c p}(C_A C_T'^* + C_A' C_T^*)] \quad (\mathrm{A.6})$$

$$\times |M_{G.T.}|^2 \frac{\nu_e}{c} \frac{2}{\xi + (\xi b/W)},$$

其中 $M_{G.T.}$，ξ 和 b 由(A.3)—(A.5)定义。ν_e 是电子速度，$\langle J_z \rangle$ 是初态核自旋分量的平均值，对允许跃迁 $J \to J+1(\mathrm{no})$，α 为：

$$\alpha = -\beta \langle J_z \rangle / (J+1)。 \quad (\mathrm{A.7})$$

在以上考虑中，已包括了库仑场的效应。

勘误[1]

弱相互作用中的宇称守恒质疑，T. D. Lee and C. N. Yang [Phys. Rev. 104, 254(1956)]。附录中的(A.4)式应修改为

$$\begin{aligned}a\xi = & -(|C_S|^2-|C_V|^2+|C'_S|^2-|C'_V|^2)|M_{F.}|^2 \\ & +\frac{1}{3}(|C_T|^2-|C_A|^2+|C'_T|^2-|C'_A|^2)|M_{G.T.}|^2 \\ & +2\mathrm{Re}\Big\{i\frac{Ze^2}{\hbar cp}\big[(C_SC_V^*+C'_SC'^*_V)|M_{F.}|^2 \\ & -\frac{1}{3}(C_TC_A^*+C'_TC'^*_A)|M_{G.T.}|^2\big]。\Big\} \end{aligned} \quad (A.4)$$

这一改变不影响文中的叙述，也不影响附录中的其余部分。作者感谢 R. B. 科第斯(Curtis)博士和森田真人(M. Morita)博士[2]指出(A.4)式中的错误。

---

[1] 注：原文见 Phys. Rev. 106(1957)1371。
[2] M. Morita, Progr. Theoret. Phys. Japan 10, 346(1953)。

Conservation of Isotopic Spin and Isotopic Gauge Invariance[①]

[本文为杨振宁关于 Yang-Mills 理论的著名论文]

C. N. YANG[②] AND R. L. MILLS
Brookhaven National Laboratory, Upton, New York
(Received June 28, 1954)

It is pointed out that the usual principle of invariance under isotopic spin rotation is not consistant with the concept of localized fields. The possibility is explored of having invariance under local isotopic spin rotations. This leads to formulating a principle of isotopic gauge invariance and the existence of a **b** field which has the same relation to the isotopic spin that the electromagnetic field has to the electric charge. The **b** field satisfies nonlinear differential equations. The quanta of the **b** field are particles with spin unity, isotopic spin unity, and electric charge $\pm e$ or zero.

INTRODUCTION

THE conservation of isotopic spin is a much discussed concept in recent years. Historically an isotopic spin parameter was first.

---

① Work performed under the auspices of the U. S. Atomic Energy Commission.
② On leave of absence from the Institute for Advanced Study, Princeton, New Jersey.

introduced by Heisenberg[1] in 1932 to describe the two charge states (namely neutron and proton) of a nucleon. The idea that the neutron and proton correspond to two states of the same particle was suggested at that time by the fact that their masses are nearly equal, and that the light stable even nuclei contain equal numbers of them. Then in 1937 Breit, Condon, and Present pointed out the approximate equality of $p-p$ and $n-p$ interactions in the S state.[2] It seemed natural to assume that this equality holds also in the other states available to both the $n-p$ and $p-p$ systems. Under such an assumption one arrives at the concept of a total isotopic spin[3] which is conserved in nucleon-nucleon interactions. Experiments in recent years[4] on the energy levels of light nuclei strongly suggest that this assumption is indeed correct. An implication of this is that all strong interactions such as the pion-nucleon interaction, must also satisfy the same conservation law. This and the knowledge that there are three charge states of the pion, and that pions can be coupled to the nucleon field *singly*, lead to the conclusion that pions have isotopic spin unity. A direct verification of this conclusion was found in the experiment of Hildebrand[5] which compares the differential cross section of the

---

[1] W. Heisenberg, Z. Physik **77**, 1(1932).

[2] Breit, Condon, and Present, Phys. Rev. **50**,825(1936). J. Schwinger pointed out that the small difference may be attributed to magnetic interactions[Phys. Rev. **78**, 135(1950)].

[3] The total isotopic spin **T** was first introduced by E. Wigner, Phys. Rev. **51**,106 (1937); B. Cassen and E. U. Condon, Phys. Rev. **50**,846(1936).

[4] T. Lauritsen, Ann. Rev. Nuclear Sci. **1**,67(1952); D. R. Inglis, Revs. Modern Phys. **25**,390(1953).

[5] R. H. Hildebrand, Phys. Rev. **89**,1090(1953).

process $n + p \rightarrow \pi^0 + d$ with that of the previously measured process $p + p \rightarrow \pi^+ + d$.

The conservation of isotopic spin is identical with the requirement of invariance of all interactions under isotopic spin rotation. This means that when electro-magnetic interactions can be neglected, as we shall here-after assume to be the case, the orientation of the isotopic spin is of no physical significance. The differentiation between a neutron and a proton is then a purely arbitrary process. As usually conceived, however, this arbitrariness is subject to the following limitation: once one chooses what to call a proton, what a neutron, at one space-time point, one is then not free to make any choices at other space-time points.

It seems that this is not consistent with the localized field concept that underlies the usual physical theories. In the present paper we wish to explore the possibility of requiring all interactions to be invariant under *independent* rotations of the isotopic spin at all space-time points, so that the relative orientation of the isotopic spin at two space-time points becomes a physically meaningless quantity (the electromagnetic field being neglected).

We wish to point out that an entirely similar situation arises with respect to the ordinary gauge invariance of a charged field which is described by a complex wave function ψ. A change of gauge[①] means a change of phase factor $\psi \rightarrow \psi'$, $\psi' = (\exp i\alpha)\psi$, a change that is devoid of any physical consequences. Since ψ may depend on x, y, z, and t, the relative phase factor of ψ at two different space-time points is therefore completely arbitrary. In other words, the arbitrariness in choosing the phase factor is local in

---

① W. Pauli, Revs. Modern Phys. **13**, 203(1941).

character.

We define *isotopic gauge* as an arbitrary way of choosing the orientation of the isotopic spin axes at all space-time points, in analogy with the electromagnetic gauge which represents an arbitrary way of choosing the complex phase factor of a charged field at all space-time points. We then propose that all physical processes (not involving the electromagnetic field) be invariant under an isotopic gauge transformation, $\psi \rightarrow \psi'$, $\psi' = S^{-1}\psi$, where S represents a space-time dependent isotopic spin rotation.

To preserve invariance one notices that in electro-dynamics it is necessary to counteract the variation of α with x, y, z, and t by introducing the electromagnetic field A_μ which changes under a gauge transformation as

$$A'_\mu = A_\mu + \frac{1}{e}\frac{\partial \alpha}{\partial x_\mu}.$$

In an entirely similar manner we introduce a B field in the case of the isotopic gauge transformation to counteract the dependence of S on x, y, z, and t. It will be seen that this natural generalization allows for very little arbitrariness. The field equations satisfied by the twelve independent components of the B field, which we shall call the **b** field, and their interaction with any field having an isotopic spin are essentially fixed, in much the same way that the free electromagnetic field and its interaction with charged fields are essentially determined by the requirement of gauge invariance.

In the following two sections we put down the mathematical formulation of the idea of isotopic gauge invariance discussed above. We then proceed to the quantization of the field equations for the **b** field. In the last section the properties of the quanta of the **b** field are discussed.

ISOTOPIC GAUGE TRANSFORMATION

Let ψ be a two-component wave function describing a field with isotopic spin $\frac{1}{2}$. Under an isotopic gauge transformation it transforms by

$$\psi = S\psi', \tag{1}$$

where S is a 2×2 unitary matrix with determinant unity. In accordance with the discussion in the previous section, we require, in analogy with the electromagnetic case, that all derivatives of ψ appear in the following combination:

$$(\partial_\mu - i\varepsilon B_\mu)\psi.$$

B_μ are 2×2 matrices such that① for $\mu = 1$, 2, and 3, B_μ is Hermitian and B_4 is anti-Hermitian. Invariance requires that

$$S(\partial_\mu - i\varepsilon B'_\mu)\psi' = (\partial_\mu - i\varepsilon B_\mu)\psi. \tag{2}$$

Combining (1) and (2), we obtain the isotopic gauge transformation on B_μ:

$$B'_\mu = S^{-1} B_\mu S + \frac{i}{\varepsilon} S^{-1} \frac{\partial S}{\partial x_\mu}. \tag{3}$$

The last term is similar to the gradiant term in the gauge transformation of electromagnetic potentials. In analogy to the

---

① We use the conventions $\hbar = c = 1$, and $x_4 = it$. Bold-face type refers to vectors in isotopic space, not in space-time.

procedure of obtaining gauge invariant field strengths in the electromagnetic case, we define now

$$F_{\mu\nu} = \frac{\partial B_\mu}{\partial x_\nu} - \frac{\partial B_\nu}{\partial x_\mu} + i_\varepsilon (B_\mu B_\nu - B_\nu B_\mu). \tag{4}$$

One easily shows from (3) that

$$F'_{\mu\nu} = S^{-1} F_{\mu\nu} S \tag{5}$$

under an isotopic gauge transformation.① Other simple functions of B than (4) do not lead to such a simple transformation property.

The above lines of thought can be applied to any field ψ with arbitrary isotopic spin. One need only use other representations S of rotations in three-dimensional space. It is reasonable to assume that different fields with the same total isotopic spin, hence belonging to the same representation S, interact with the same matrix field B_μ. (This is analogous to the fact that the electromagnetic field interacts in the same way with any charged particle, regardless of the nature of the particle. If different fields interact with different and independent B fields, there would be more conservation laws than simply the conservation of total isotopic spin.) To find a more explicit form for the B fields and to relate the B_μ's corresponding to different representations S, we proceed as follows.

Equation (3) is valid for any S and its corresponding B_μ. Now

---

① *Note added in proof.* —It may appear that B_μ could be introduced as an auxiliary quantity to accomplish invariance, but need not be regarded as a field variable by itself. It is to be emphasized that such a procedure violates the principle of invariance. Every quantity that is not a pure numeral (like 2, or M, or any definite representation of the γ matrices) should be regarded as a dynamical variable, and should be varied in the Lagrangian to yield an equation of motion. Thus the quantities B_μ must be regarded as independent fields.

the matrix $S^{-1}\partial S/\partial x_\mu$ appearing in (3) is a linear combination of the isotopic spin "angular momentum" matrices T^i ($i = 1, 2, 3$) corresponding to the isotopic spin of the ψ field we are considering. So B_μ itself must also contain a linear combination of the matrices T^i. But any part of B_μ in addition to this, $\bar{B}_\mu$, say, is a scalar or tensor combination of the T's, and must transform by the homogeneous part of (3), $\bar{B}'_\mu = S^{-1}\bar{B}_\mu S$. Such a field is extraneous; it was allowed by the very general form we assumed for the B field, but is irrelevant to the question of isotopic gauge. Thus the relevant part of the B field is of the form

$$B_\mu = 2\mathbf{b}_\mu \cdot \mathbf{T}. \qquad (6)$$

(Bold-face letters denote three-component vectors in isotopic space.) To relate the $\mathbf{b}_\mu$'s corresponding to different representations S we now consider the product representation $S = S^{(a)}S^{(b)}$. The B field for the combination transforms, according to (3), by

$$B'_\mu = [S^{(b)}]^{-1}[S^{(a)}]^{-1} B S^{(a)} S^{(b)}$$
$$+ \frac{i}{\varepsilon}[S^{(a)}]^{-1}\frac{\partial S^{(a)}}{\partial x_\mu} + \frac{i}{\varepsilon}[S^{(b)}]^{-1}\frac{\partial S^{(b)}}{\partial x_\mu}.$$

But the sum of $B_\mu^{(a)}$ and $B_\mu^{(b)}$, the B fields corresponding to $S^{(a)}$ and $S^{(b)}$, transforms in exactly the same way, so that

$$B_\mu = B_\mu^{(a)} + B_\mu^{(b)}$$

(plus possible terms which transform homogeneously, and hence are irrelevant and will not be included). Decomposing $S^{(a)}S^{(b)}$ into irreducible representations, we see that the twelve-component field $\mathbf{b}_\mu$ in Eq. (6) is the same for all representations.

To obtain the interaction between any field ψ of arbitrary isotopic spin with the **b** field one therefore simply replaces the gradiant of ψ by

$$(\partial_\mu - 2i_\varepsilon \mathbf{b}_\mu \cdot \mathbf{T})\psi, \tag{7}$$

where T^i ($i = 1, 2, 3$), as defined above, are the isotopic spin "angular momentum" matrices for the field ψ.

We remark that the nine components of $\mathbf{b}_\mu$, $\mu = 1, 2, 3$ are real and the three of $\mathbf{b}_4$ are pure imaginary. The isotopic-gauge covariant field quantities $F_{\mu\nu}$ are expressible in terms of $\mathbf{b}_\mu$:

$$F_{\mu\nu} = 2f_{\mu\nu} \cdot \mathbf{T}, \tag{8}$$

where

$$\mathbf{f}_{\mu\nu} = \frac{\partial \mathbf{b}_\mu}{\partial x_\nu} - \frac{\partial \mathbf{b}_\nu}{\partial x_\mu} - 2_\varepsilon \mathbf{b}_\mu \times \mathbf{b}_\nu. \tag{9}$$

$\mathbf{f}_{\mu\nu}$ transforms like a vector under an isotopic gauge transformation. Obviously the same $\mathbf{f}_{\mu\nu}$ interact with all fields ψ irrespective of the representation S that ψ belongs to.

The corresponding transformation of $\mathbf{b}_\mu$ is cumber-some. One need, however, study only the infinitesimal isotopic gauge transformations,

$$S = 1 - 2i\mathbf{T} \cdot \delta\omega.$$

Then

$$\mathbf{b}'_\mu = \mathbf{b}_\mu + 2\mathbf{b}_\mu \times \delta\omega + \frac{1}{\varepsilon}\frac{\partial}{\partial x_\mu}\delta\omega. \tag{10}$$

FIELD EQUATIONS

To write down the field equations for the **b** field we clearly only want to use isotopic gauge invariant quantities. In analogy with the electromagnetic case we therefore write down the following Lagrangian density: ①

$$-\frac{1}{4}\mathbf{f}_{\mu\nu}\cdot\mathbf{f}_{\mu\nu}.$$

Since the inclusion of a field with isotopic spin $\frac{1}{2}$ is illustrative, and does not complicate matters very much, we shall use the following total Lagrangian density:

$$\mathcal{L}=-\frac{1}{4}\mathbf{f}_{\mu\nu}\cdot\mathbf{f}_{\mu\nu}-\bar{\psi}\gamma_{\mu}(\partial_{\mu}-i_{\varepsilon\tau}\cdot\mathbf{b}_{\mu})\psi-m\bar{\psi}\psi. \qquad (11)$$

One obtains from this the following equations of motion:

$$\partial \mathbf{f}_{\mu\nu}/\partial x_{\nu}+2_{\varepsilon}(\mathbf{b}_{\nu}\times\mathbf{f}_{\mu\nu})+\mathbf{J}_{\mu}=0,$$
$$\gamma_{\mu}(\partial_{\mu}-i_{\varepsilon\tau}\cdot\mathbf{b}_{\mu})\psi+m\psi=0, \qquad (12)$$

where

$$\mathbf{J}_{\mu}=i_{\varepsilon}\bar{\psi}\gamma_{\mu}\tau\psi. \qquad (13)$$

The divergence of $\mathbf{J}_{\mu}$ does not vanish. Instead it can easily be shown from (13) that

$$\partial \mathbf{J}_{\mu}/\partial x_{\mu}=-2_{\varepsilon}\mathbf{b}_{\mu}\times \mathbf{J}_{\mu}. \qquad (14)$$

If we define, however,

$$\mathfrak{F}_{\mu}=\mathbf{J}_{\mu}+2_{\varepsilon}\mathbf{b}_{\nu}\times\mathbf{f}_{\mu\nu}, \qquad (15)$$

then (12) leads to the equation of continuity,

---

① Repeated indices are summed over, except where explicitly stated otherwise. Latin indices are summed from 1 to 3, Greek ones from 1 to 4.

$$\partial \mathfrak{F}_\mu / \partial x_\mu = 0. \tag{16}$$

$\mathfrak{F}_{1,2,3}$ and $\mathfrak{F}_4$ are respectively the isotopic spin current density and isotopic spin density of the system. The equation of continuity guarantees that the total isotopic spin

$$\mathbf{T} = \int \mathfrak{F}_4 \, d^3 x$$

is independent of time and independent of a Lorentz transformation. It is important to notice that $\mathfrak{F}_\mu$, like $\mathbf{b}_\mu$ does not transform exactly like vectors under isotopic space rotations. But the total isotopic spin,

$$\mathbf{T} = -\int \frac{\partial \mathbf{f}_{4i}}{\partial x_i} d^3 x,$$

is the integral of the divergence of $\mathbf{f}_{4i}$, which transforms like a true vector under isotopic spin space rotations. Hence, under a general isotopic gauge transformation, if $S \to S_0$ on an infinitely large sphere, $\mathbf{T}$ would transform like an isotopic spin vector.

Equation (15) shows that the isotopic spin arises both from the spin $-\frac{1}{2}$ field ($\mathbf{J}_\mu$) and from the $\mathbf{b}_\mu$ field itself. Inasmuch as the isotopic spin is the source of the $\mathbf{b}$ field, this fact makes the field equations for the $\mathbf{b}$ field nonlinear, even in the absence of the spin $-\frac{1}{2}$ field. This is different from the case of the electromagnetic field, which is itself chargeless, and consequently satisfies linear equations in the absence of a charged field.

The Hamiltonian derived from (11) is easily demonstrated to be positive definite in the absence of the field of isotopic spin $\frac{1}{2}$. The demonstration is completely identical with the similar one in electrodynamics.

We must complete the set of equations of motion (12) and (13) by the supplementary condition,

$$\partial \mathbf{b}_\mu / \partial x_\mu = 0, \tag{17}$$

which serves to eliminate the scalar part of the field in $\mathbf{b}_\mu$. This clearly imposes a condition on the possible isotopic gauge transformations. That is, the indnitesimal isotopic gauge transformation $S = 1 - i\tau \cdot \delta\omega$ must satisfy the following condition:

$$2\mathbf{b}_\mu \times \frac{\partial}{\partial x_\mu}\delta\omega + \frac{1}{\varepsilon}\frac{\partial^2}{\partial x_\mu^2}\delta\omega = 0. \tag{18}$$

This is the analog of the equation $\partial^2 \alpha / \partial x_\mu^2 = 0$ that must be satisfied by the gauge transformation $A'_\mu = A_\mu + e^{-1}(\partial \alpha / \partial x_\mu)$ of the electromagnetic field.

QUANTIZATION

To quantize, it is not convenient to use the isotopic gauge invariant Lagrangian density (11). This is quite similar to the corresponding situation in electrodynamics and we adopt the customary procedure of using a Lagrangian density which is not obviously gauge invariant:

$$\mathcal{L} = -\frac{1}{2}\frac{\partial \mathbf{b}_\mu}{\partial x_\nu} \cdot \frac{\partial \mathbf{b}_\mu}{\partial x_\nu} + 2\varepsilon(\mathbf{b}_\mu \times \mathbf{b}_\nu)\frac{\partial \mathbf{b}_\mu}{\partial x_\nu} \tag{19}$$
$$- \varepsilon^2(\mathbf{b}_\mu \times \mathbf{b}_\nu)^2 + \mathbf{J}_\mu \cdot \mathbf{b}_\mu - \bar{\psi}(\gamma_\mu \partial_\mu + m)\psi.$$

The equations of motion that result from this Lagrangian density can be easily shown to imply that

$$\frac{\partial^2}{\partial x_\nu^2}\mathbf{a} + 2\varepsilon\,\mathbf{b}_\nu \times \frac{\partial}{\partial x_\nu}\mathbf{a} = 0,$$

where

$$\mathbf{a} = \partial \mathbf{b}_\mu / \partial x_\mu.$$

Thus if, consistent with (17), we put on one space-like surface $\mathbf{a}=0$ together with $\partial\mathbf{a}/\partial t=0$, it follows that $\mathbf{a}=0$ at all times. Using this supplementary condition one can easily prove that the field equations resulting from the Lagrangian densities (19) and (11) are identical.

One can follow the canonical method of quantization with the Lagrangian density (19). Defining

$$\mathbf{\Pi}_\mu = -\partial \mathbf{b}_\mu / \partial x_4 + 2\varepsilon\,(\mathbf{b}_\mu \times \mathbf{b}_4),$$

one obtains the equal-time commutation rule

$$[b_\mu^i(x),\ \Pi_\nu^j(x')]_{t=t'} = -\delta_{ij}\delta_{\mu\nu}\delta^3(x-x'), \tag{20}$$

where b_μ^i, $i=1, 2, 3$, are the three components of $\mathbf{b}_\mu$. The relativistic invariance of these commutation rules follows from the general proof for canonical methods of quantization given by Heisenberg and Pauli.[①]

The Hamiltonian derived from (19) is identical with the one from (11), in virtue of the supplementary condition. Its density is

$$H = H_0 + H_{\text{int}},$$

$$H_0 = -\frac{1}{2}\mathbf{\Pi}_\mu\cdot\mathbf{\Pi}_\mu + \frac{1}{2}\frac{\partial \mathbf{b}_\mu}{\partial x_j}\cdot\frac{\partial \mathbf{b}_\mu}{\partial x_j} + \bar\psi(\gamma_j\partial_j + m)\psi, \tag{21}$$

---

① W. Heisenberg and W. Pauli, Z. Physik **56**, 1(1929).

$$H_{\text{int}} = 2\varepsilon (\mathbf{b}_i \times \mathbf{b}_4) \cdot \mathbf{\Pi}_i - 2\varepsilon (\mathbf{b}_\mu \times \mathbf{b}_j) \cdot (\partial \mathbf{b}_\mu / \partial x_j)$$
$$+ \varepsilon^2 (\mathbf{b}_i \times \mathbf{b}_j)^2 - \mathbf{J}_\mu \cdot \mathbf{b}_\mu.$$

The quantized form of the supplementary condition is the same as in quantum electrodynamics.

PROPERTIES OF THE *b* QUANTA

The quanta of the **b** field clearly have spin unity and isotopic spin unity. We know their electric charge too because all the interactions that we proposed must satisfy the law of conservation of electric charge, which is exact. The two states of the nucleon, namely proton and neutron, differ by charge unity. Since they can transform into each other through the emission or absorption of a **b** quantum, the latter must have three charge states with charges $\pm e$ and 0. Any measurement of electric charges of course involves the electromagnetic field, which necessarily introduces a preferential direction in isotopic space at all space-time points. Choosing the isotopic gauge such that this preferential direction is along the z axis in isotopic space, one sees that for the nucleons

$$Q = \text{electric charge} = e\left(\frac{1}{2} + \varepsilon^{-1} T^z\right),$$

and for the **b** quanta

$$Q = (e/\varepsilon) T^z.$$

The interaction (7) then fixes the electric charge up to an additive constant for all fields with any isotopic spin:

$$Q = e(\varepsilon^{-1} T^z + R). \tag{22}$$

The constants R for two charge conjugate fields must be equal but have opposite signs.①

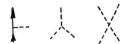

FIG. 1 Elementary vertices for **b** fields and nucleon fields. Dotted lines refer to **b** field, solid lines with arrow refer to nucleon field.

We next come to the question of the mass of the **b** quantum, to which we do not have a satisfactory answer. One may argue that without a nucleon field the Lagrangian would contain no quantity of the dimension of a mass, and that therefore the mass of the **b** quantum in such a case is zero. This argument is however subject to the criticism that, like all field theories, the **b** field is beset with divergences, and dimensional arguments are not satisfactory.

One may of course try to apply to the **b** field the methods for handling infinities developed for quantum electrodynamics. Dyson's approach② is best suited for the present case. One first transforms into the interaction representation in which the state vector Ψ satisfies

$$i\partial\Psi/\partial t = H_{\text{int}}\Psi,$$

where H_{int} was defined in Eq. (21). The matrix elements of the scattering matrix are then formulated in terms of contributions from Feynman diagrams. These diagrams have three elementary types of

---

① See M. Gell-Mann, Phys. Rev. **92**, 833(1953).
② F. J. Dyson, Phys. Rev. **75**, 486, 1736(1949).

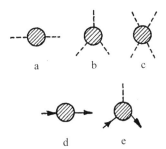

FIG. 2 Primitive divergences.

vertices illustrated in Fig. 1, instead of only one type as in quantum electrodynamics. The "primitive divergences" are still finite in number and are listed in Fig. 2. Of these, the one labeled a is the one that effects the propagation function of the **b** quantum, and whose singularity determines the mass of the **b** quantum. In electrodynamics, by the requirement of electric charge conservation, [1]it is argued that the mass of the photon vanishes. Corresponding arguments in the **b** field case do not exist[2] even though the conservation of isotopic spin still holds. We have therefore not been able to conclude anything about the mass of the **b** quantum.

A conclusion about the mass of the **b** quantum is of course very important in deciding whether the proposal of the existence of the **b**

---

[1] J. Schwinger, Phys. Rev. **76**, 790(1949).

[2] In electrodynamics one can formally prove that $G_{\mu\nu}k_\nu = 0$, where $G_{\mu\nu}$ is defined by Schwinger's Eq. (A12). ($G_{\mu\nu}A_\nu$ is the current generated through virtual processes by the arbitrary external field A_ν.) No corresponding proof has been found for the present case. This is due to the fact that in electrodynamics the conservation of charge is a consequence of the equation of motion of the electron field alone, quite independently of the electromagnetic field itself. In the present case the **b** field carries an isotopic spin — and destroys such general conservation laws.

field is consistent with experimental information. For example, it is inconsistent with present experiments to have their mass less than that of the pions, because among other reasons they would then be created abundantly at high energies and the charged ones should live long enough to be seen. If they have a mass greater than that of the pions, on the other hand, they would have a short lifetime (say, less than 10^{-20} sec) for decay into pions and photons and would so far have escaped detection.

人名注释

(按照中译名的姓氏首字母排列)

A

尼尔斯·亨里克·阿贝尔(Niels Henrik Abel,1802—1829),挪威数学家。解决了用根式求解五次方程的不可能性问题,在幂级数、椭圆函数论、阿贝尔积分、一类代数方程(具有交换的伽罗瓦群)等方面都做出了重要贡献。他在椭圆函数论和阿贝尔积分领域的工作直接推动了黎曼(Bernhard Riemann)和魏尔斯特拉斯(Karl Weierstrass)的工作,并极大地影响了复分析和代数几何的发展。2002年,挪威政府在纪念阿贝尔诞辰200周年之际设立了阿贝尔奖,自2003年起由挪威文理科学院(The Norwegian Academy of Science and Letters)每年颁发一次,用于表彰做出突出贡献的有深度影响力的数学家。设立该奖项的另一个目的是为了弥补诺贝尔奖没有数学奖的缺憾。阿贝尔的座右铭"向大师学习,而不是向他们的学生学习",对于在信息过剩的当下如何去芜存菁尤其具有启发意义。

雅克·萨洛蒙·阿达马(Jacques Salomon Hadamard,1865—1963),法国数学家。1912年被选为法国科学院院士。其博士论文(1892年)第一次将集合论引进复变函数论,更简单重证了柯西有关收敛半径的结果。在研究函数的极大模时发现了著名的三圆定理。在数论中首次证明素数定理;在实域里的贡献体现在常微分方程定性理论、泛函分析、线性二阶偏微分方程定解问题和流体力学上。阿达马是一个全才科学家,他对他那个年代的所有数学领域都有所了解。著有《变分学教程》《波的传播教程》《数学领域的发明心理学》等。

迈克尔·F.阿蒂亚(Michael Francis Atiyah,1929—),英国数学家。研究领域涉及代数几何学、拓扑学、代数学、分析学和数学物理学。1963年他与美国数学家伊萨多·M.辛格合作,证明了阿蒂亚-辛格指标定理。阿蒂亚1966年获菲尔兹奖,2004年同辛格一起获阿贝尔奖。1962年被选为英国皇家学会会员,1990年成为英国皇家学会会长。1983年被授予爵士头衔。他是世界上少数几个写作很好的伟大数学家之一,且善于发表非常振奋人心的演讲。阿蒂亚非常乐意就数学各个分支给出他自己的观点,他在数学领域一般主题上的文章非常适合学生阅读。

弗拉基米尔·I. 阿诺德(Vladimir I. Arnold,1937—2010),俄罗斯数学家、力学家。研究领域涉及动力系统理论、古典力学和天体力学、微分方程、奇点理论、实和复代数几何学、辛几何、切触几何、流体力学、变分法、微分几何学、位势理论、数学物理学、函数叠加理论、组合学和数学史等。最重要的成就之一是同安德烈·尼古拉耶维奇·科尔莫戈罗夫(Andrey Nikolayevich Kolmogorov)和于尔根·K. 莫泽(Jürgen K. Moser)一起建立了动力系统的 KAM 理论。阿诺德 1965 年同其导师科尔莫戈罗夫一起获得苏联列宁奖,1982 年获瑞典皇家科学院颁发的首届克拉福德奖,2001 年获沃尔夫数学奖。阿诺德还以敢于直言而出名,例如,他曾直言不讳地评价希尔伯特 23 个问题的去取以及新近菲尔兹奖获得者的学术水平。

保罗·埃尔德什(Paul Erdös,1913—1996),匈牙利数学家,匈牙利科学院院士。生于布达佩斯,卒于波兰华沙。他是世界上极多产的数学家之一,发表了近 1500 篇数学论文。工作领域包括数论、集合论、组合数学、图论、概率论及其应用、数理逻辑等。1935 年建立拉姆齐理论,1940 年建立概率数论,1949 年独立以初等方法证明素数定理。获 1983—1984 年度沃尔夫数学奖。埃尔德什终身未娶,没有孩子,数学就是他的生活和爱的全部。

阿尔伯特·爱因斯坦(Albert Einstein,1879—1955),生于德国,在苏黎世大学取得博士学位。1933 年迁居美国,任普林斯顿高等研究所教授。在物理学多个领域均有重大贡献:建立了狭义相对论并在此基础上推出广义相对论;提出光的量子概念,并用量子理论解释了光电效应、辐射过程和固体的比热;在阐明布朗运动、发展量子统计法方面均有成就;后期致力于相对论"统一场论"的建立。1921 年获诺贝尔物理学奖。爱因斯坦的个人生活也非常有个性和有趣。

拉斯·昂萨格(Lars Onsager,1903—1976),出生于挪威奥斯陆,1928 年移居美国,1947 年当选美国国家科学院院士。1925 年在电解质理论方面提出"昂萨格极限定律"。他于 1931 年证明了如今以他的名字命名的昂萨格倒易关系,这是线性不可逆过程热力学的主要理论之一,这一关系和他后来所提出的关于定态的能量最小耗散原理,为不可逆过程热力学的定量理论及其应用奠定了基础。他于 1949 年发表的一篇论文为液晶理论奠定了坚实的统计力学基础;1951—1952 年他提出了有关金属抗磁性的理论。1968 年获诺贝尔化学奖。

尤利乌斯·罗伯特·奥本海默(Julius Robert Oppenheimer,1904—1967),美国物理学家,因指导"曼哈顿工程"而有美国"原子弹之父"称号。1947 年至 1966 年任普林斯顿高等研究所的所长,和杨振宁先生关系密切。

安德鲁·E. Z. 奥尔弗尔迪(Andrew E. Z. Alföldi,1895—1981),著名古代史专家,1955 年至 1981 年任职于普林斯顿高等研究所历史研究所。他对古罗马的疆域史(尤其是罗马帝国的边疆史)、与帝国皇室有关的仪式和徽章、罗马帝国的宗教文化均有深入研究。一生所获荣誉无数,如希腊乔治二世国王金十字勋章(1936 年)、匈牙利考古学学会奖章(1943 年)、美国钱币学会亨廷顿奖章(1965 年)、联邦德国荣誉十字勋章(1972 年)、奥地利共和国科学与艺术荣誉勋章(1975 年)。

B

恩里科·邦别里(Enrico Bombieri,1940—   ),意大利数学家。研究领域主要涉及数论、代数几何学、偏微分方程、多复变函数论、有限群论、微分几何等。在数论中的主要成就是改进大筛法,得出算术级数中素数分布的误差项的中值公式,后发明重要方法改进指数和以及黎曼 ζ 函数估值。1974 年获菲尔兹奖。邦别里还是一个很好的画家,曾参与普林斯顿高等研究所数学学院大楼的设计。

E. T. 贝尔(Eric Temple Bell,1883—1960),美国数学家,出生于苏格兰。对解析数论做出了重大贡献。1912 年获哥伦比亚大学博士学位,1931 年至 1933 年任美国数学学会主席。贝尔发表了大约 250 篇学术文章。由于其作品《算术解析》(1921 年),他于 1924 年获得了美国数学学会博谢纪念奖。其著作《代数算术》(1927 年)和《数学的发展》(1940 年)成为相关领域的标杆,后者以清晰简洁的语言概述了贝尔认为的数学中最重要的趋势。贝尔还写了许多广受欢迎的数学科普读物,如《数学大师》(1937 年)、《数学:科学的女王和仆人》(1951 年)、《费马最终定理》(1961年)。这些书经常被数学史学家以各种正当或不正当的理由批评。他还以约翰·泰恩的笔名撰写和出版了许多小说。

艾伦·贝克(Alan Baker,1939—),英国数学家。主要研究数论,在丢番图逼近和超越数论等分支取得重大突破。他通过代数数的对数的线性型下界估计,给出图埃方程、莫德尔方程、超椭圆方程所有群的上界。他独立于H.M.斯塔克(Harold Mead Stark)证明了关于类数1的虚二次域的高斯猜想,即它们只有高斯所知的9个,并没有第10个域。贝克的著作《超越数论》(1975年)已成当代经典。1970年获菲尔兹奖,1973年当选英国皇家学会会员。

亚历山大·贝林松(Alexander Beilinson,1957—),美国数学家,芝加哥大学教授。他的研究涉及表示论、代数几何学和数学物理学。1981年,贝林松宣布与约瑟夫·伯恩斯坦(Joseph Bernstein)一起证明了卡日丹-卢斯蒂格猜想和扬岑猜想(Kazhdan-Lusztig conjectures and Jantzen conjectures)。1999年获瑞士的奥斯特洛夫斯基奖。2017年当选为美国国家科学院院士。2018年获沃尔夫数学奖。2020年获邵逸夫奖。他是莫斯科著名的盖尔范德讨论班上最好的学生之一。他和德林费尔德现在还在芝加哥大学举办一个盖尔范德式的讨论班。

路德维希·比贝尔巴赫(Ludwig Bieberbach,1886—1982),德国数学家,哥廷根大学博士,先后在哥尼斯堡大学、巴塞尔大学、法兰克福大学、柏林大学任教。普鲁士科学院院士。主要研究函数论、微分方程和几何学。1916年提出单叶函数系数的猜想,这一猜想直到1984年才被美国数学家布朗基(Louis de Brange)证实。1911年,他在他的教授资格论文中解决了希尔伯特关于晶体群的第十八个问题,从此一举成名。他于1936年创办了臭名昭著的纳粹数学杂志《德意志数学报》。"二战"后,他因上述历史问题被解聘,从此专心致志写书,其中倒有不少优秀的著作,目前仍然被许多数学家欣赏和使用。

尼耳斯·亨利克·戴维·玻尔(Niels Henrik David Bohr,1885—1962),丹麦物理学家,最先将量子论用于原子结构理论研究的先驱者之一,量子力学发展的主导人物,哥本哈根学派的创始人。1917年当选丹麦皇家文理科学院院士。1918年,玻尔发表《论线光谱的量子理论》一文,详细阐述了对应原理的思想,对应原理在其时成了从经典理论通向量子理论的桥梁。1922年玻尔获诺贝尔物理学奖。1927，提出阐释量子力学的并协性原理，是哥本哈根学派的重大成果之一。

路德维希·E. 波尔茨曼（Ludwig Eduard Boltzmann，1844—1906），奥地利物理学家，统计力学的主要创建者之一。1866 年在维也纳大学获博士学位。波尔茨曼是欧洲最先理解麦克斯韦电磁学理论重要性的科学家之一。1868 年，他推广了麦克斯韦的能量分布理论，并导出能量均分定律，即麦克斯韦-波尔茨曼定律。1872 年，对热力学熵与气体分子的组态分布给出数学表达式，被称为波尔茨曼方程。1877 年进一步阐明热力学第二定律的统计性质，率先用概率解释该定律。19 世纪和 20 世纪之交，他的统计力学成功解释了原子物理学的一系列重大发现和布朗运动的涨落现象。他是一个天才，但精神有些问题，因此在某种意义上就像著名画家梵高。

乔治·波利亚（George Pólya，1887—1985），美籍匈牙利裔数学家，1976 年当选美国国家科学院院士。其数学研究涉及复变函数、概率论、数论、应用数学、数学分析、组合论等许多领域。1937 年提出的波利亚计数定理是现代组合数学的重要工具。长期从事数学教学，对数学思维的一般规律有深入研究。他写了好几本作品告诉学生如何学习和做研究，例如著名的《分析中的问题与定理》和《如何解题》，强烈推荐给有抱负的学生。

萨特延德拉·纳特·玻色（Satyendra Nath Bose，1894—1974），印度物理学家。1950 年任印度国家科学院主席。1958 年当选英国皇家学会会员。玻色最主要的贡献是建立了一种量子统计，即玻色统计。

萨洛蒙·博赫纳（Salomon Bochner，1899—1982），美国数学家，生于奥匈帝国克拉科夫城（今属波兰）。先后在德国慕尼黑大学以及美国的普林斯顿大学、莱斯大学任教。美国国家科学院院士。1932 年，博赫纳写出了《傅里叶积分讲义》，其中包含了关于正定函数的博赫纳定理和作为广义函数论先导的广义傅里叶变换。博赫纳在微分几何学、多复变函数论、概率论等方面均有创建。"博赫纳公式"就是以他命名，在当代微分几何和复几何中都有很大的影响。他还写了大量关于哲学和科学史的文章。

阿尔芒·博雷尔（Armand Borel，1923—2003），瑞士-美国数学家。研究领域主要为代数拓扑学、代数群和算术子群、李群和李代数、自守形式等。其最主要的贡献是为线性代数群理论奠定基础。博雷尔是美国国家科学院院士、法国科学院院士。1978年获荷兰皇家数学学会布劳威尔奖,1991年获美国数学学会斯蒂尔奖的终身成就奖。他是一个非常认真负责的人,做任何事都像瑞士手表一样精确。

埃米尔·博雷尔(Émile Borel,1871—1956),法国数学家。1921年当选为法国科学院院士。1928年协助建立庞加莱研究所,并任所长直至去世。博雷尔把康托尔(Georg F. L. P. Cantor)的点集论同自己的知识相结合,建立起一套实变函数论。其最著名的工作是提出有限覆盖定理以及把测度从有限区间推广到更大一类点集(即博雷尔可测集)上,建立起了测度论基础。其《发散级数论》获法国科学院大奖。1909年他引进可数事件集的概念,填补了古典有限概率和几何概率之间的空白,同时他还证明了强大数律的一个特殊情形。

拉乌尔·博特(Raoul Bott,1924—2000),美籍匈牙利裔数学家。在代数拓扑学、李群理论、示性类理论、叶状结构理论、K理论、指标理论等领域均有贡献。尤其是他应用莫尔斯(Harold Marston Morse)的理论研究李群的同伦群,得出博特周期性定理,并由此引出拓扑K理论乃至非变换几何的新领域。博特获得了美国数学学会的维布伦奖(1964年)以及斯蒂尔奖的终身成就奖(1990年),2000年获沃尔夫数学奖。他学生中有两位获得了菲尔兹奖[斯蒂芬·斯梅尔(Stephen Smale)和丹尼尔·格雷·奎伦(Daniel Gray Quillen)],还有一些是非常杰出的数学家,如罗伯特·麦克弗森(Robert Mac Pherson)。麦克弗森与阿蒂亚(Michael F. Atiyah)、希策布鲁赫(Friedrich Ernst Peter Hirzebruch)、辛格(Isadore M. Singer)组成了著名的"The Gang of Four",这是丘成桐取的名字,深受他们的喜爱。

尼古拉·布尔巴基(Nicolas Bourbaki),20世纪30年代中期由法国的八位(一说九位)年轻数学家选择的集体笔名,布尔巴基的创始人包括法国人克洛德·谢瓦莱(Claude Chevalley)、安德烈·韦伊(André Weil)、亨利·嘉当(Henri Cartan)和让·迪厄多内(Jean Dieudonné)。"二战"后,波兰裔美国人萨穆埃尔·艾伦贝格(Samuel Eilenberg)加入他们。该小组的最初目的是编写一本严格的数学分析教科书,但后来发展到包括从公理的角度介绍代数和数学分析的许多分支,还包括拓扑学。布尔巴基的著作始于1939年《数学要素》(*Éléments de* *mathématique*)第一卷。《数学要素》(目前已有 30 多卷)成为了现代数学基础的经典参考书。

路易森·E. J. 布劳威尔(Luitzen Egbertus Jan Brouwer, 1881—1966),荷兰数学家。他强调数学直觉,反对康托尔(Georg F. L. P. Cantor)关于实无穷的讨论,否定排中律的绝对正确性,他建立构造主义的数学体系,包括可构造连续统。布劳威尔被视为直觉主义的创始人和代表人物。他对拓扑学特别是代数拓扑学,如布劳威尔不动点定理,做出了深刻而独到的贡献。如果没有他的著作以及一批围绕着他的同仁,拓扑学可能不会像现在发展这么好。

C

朝永振一郎(Tomonaga Shinichiro, 1906—1979),日本理论物理学家。从事量子电动力学和量子场论的研究,1941 年提出量子场论的超多时理论。1965 年,与朱利安·施温格(Julian Schwinger)、理查德·费曼(Richard Feynman)共同获得诺贝尔物理学奖。

陈国才(Kuo-Tsai Chen, 1923—1987),1946 年毕业于西南联合大学,1947 年赴美国,1950 年获哥伦比亚大学博士学位。陈国才的早期工作主要涉及群论和联系理论(the theory of links)。他现在最为人所知的是他在迭代积分、幂级数、循环空间上同调方面的研究工作。

D

尤利乌斯·威廉·理查德·戴德金(Julius Wilhelm Richard Dedekind, 1831—1916),德国数学家。1872 年出版的《连续性及无理数》一书,用有理数的分割精确地阐述无理数(现称"戴德金分割"),为实数建立了纯算术基础。1882 年同海因里希·韦伯(Heinrich Weber)一起把理想理论运用于代数函数论,奠定了一般域上代数几何学的基础,开辟了代数几何学的算术方向。1899 年率先研究"格",对有限格进行初步分类,成为格论的奠基人。他还对数论、抽象代数,特别是环理论做出了重要贡献。

弗里曼·戴森(Freeman Dyson,1923—2020),出生于英国的美国物理学家和教育家,以对地外文明的推测工作而闻名。著有《宇宙波澜:科技与人类前途的自省》(1979年)、《武器与希望》(1984年)、《生命的起源》(1985年)、《全方位的无限》(1988年)、《被想象的世界》(1998年)、《太阳、基因组和互联网》(1999年)等。戴森是英国皇家学会会员、美国国家科学院院士。1981年获沃尔夫物理学奖,1996年获表彰科学家之艺术成就的刘易斯—托马斯奖,2000年获坦普尔顿宗教进步奖,2012年在国际数学物理学大会上被授予亨利·庞加莱奖。他在毕业前就成名了,因此并未获得博士学位。他也许应该获得诺贝尔奖,但最终没有。

罗纳德·G. 道格拉斯(Ronald George Douglas,1938—2018),美国数学家,以在算子理论和算子代数方面的工作而闻名。1977年,他与劳伦斯·G. 布朗(Lawrence G. Brown)以及彼得·A. 菲尔摩尔(Peter A. Fillmore)合作的论文(BDF理论),将代数拓扑学的技术引入了算子代数理论。除了BDF理论外,还有两项有影响力的理论以他的名字命名:道格拉斯代数和考文-道格拉斯算子(Cowen-Douglas operators)。他也是近几十年以来多变量算子理论的杰出倡导者。

皮埃尔·德利涅(Pierre Deligne,1944—),比利时数学家。重大成就包括:1973年证明韦伊猜想;与人合作用平展上同调构造代数群的表示;协助完成亚历山大·格罗滕迪克(Alexander Grothendieck)的纲领并加以发展;建立了混合霍奇结构的理论,统一霍奇理论和l进伽罗瓦表示;发展了志村簇理论;同莫斯托夫(George Daniel Mostow)合作研究微分方程组的单演群理论。德涅利1978年获菲尔兹奖,1988年获克拉福德奖。他是世界上最亲切的数学家之一,非常乐意向年轻人和非专家传授其思想。

弗拉基米尔·德林费尔德(Vladimir Drinfeld,1954—),乌克兰数学家。研究领域涉及数论、代数几何学、量子群理论、数学物理学等。其重大成就为首次证明$n=2$情形的函数域的朗兰兹猜想。他是量子群理论的奠基者之一,这一理论与数学物理学密切相关。他将一类无限维Hopf代数以杨振宁先生的名字命名为 Yangian（杨氏对称关系），作为量子 Yang-Baxter 方程（杨-巴克斯特方程）求解的工具。1990 年获菲尔兹奖。

伦纳德·尤金·迪克森（Leonard Eugene Dickson，1874—1954），美国数学家，对数论和群论做出了重要贡献。迪克森于 1899 年被聘为德克萨斯大学奥斯汀分校的数学副教授，1900 年进入芝加哥大学，在那里一直工作到 1939 年。作为一个多产的数学家，迪克森率先对有限域理论进行了广泛而深入的研究。他扩展了韦德伯恩（Joseph H. M. Wedderburn）和嘉当（EIie Cartan）的线性联立方程理论。他最令人瞩目的研究之一是关于不变量理论和数论之间的关系。他利用俄罗斯数学家维诺格拉多夫（Ivan Matveyevich Vinogradov）的分析结果，在对堆垒数论的研究中证明了理想的华林定理。迪克森是杨振宁教授父亲的论文导师。

保罗·A. M. 狄拉克（Paul Adrien Maurice Dirac，1902—1984），英国理论物理学家。在他还是一名研究生时，就提出了量子力学的一种数学形式 q 数（非对易代数）理论，成为量子力学的创立者之一。1928 年提出了电子的相对论性运动方程（狄拉克方程），奠定了相对论性量子力学的基础，影响深远地赋予真空以全新的物理意义，并正确预言正负电子对的湮没和产生，导致承认反物质的存在。1933 年获诺贝尔物理学奖。

约翰·彼得·古斯塔夫·勒热纳·狄利克雷（Johann Peter Gustav Lejeune Dirichlet，1805—1859），德国数学家，对德国的数学发展产生巨大影响。在分析学方面，他是最早倡导严格化方法的数学家之一。在数论方面，他是高斯思想的传播者和推广者，对高斯艰涩的《算术研究》做了明晰的解释。1837 年在证明某算术序列包含无穷多个素数时引入了狄利克雷级数。1846 年，使用抽屉原理阐明代数数域中单位数的阿贝尔群的结构。狄利克雷型和狄利克雷边界值问题都是以狄利克雷命名。

E

塞缪尔·厄尔曼（Samuel Ullman，1840—1924），商人、诗人、慈善家。1840 年出生于德国，11 岁时和家人移居美国。厄尔曼的诗涵盖不同的主题，如爱情、自然、宗教、家庭、朋友的生活方式等。

F

路德维希·D.法捷耶夫(Ludwig D. Faddeev,1934—2017),俄国物理学家。自20世纪70年代起,法捷耶夫开始研究有关孤子的量子理论,由他构建的这一理论为量子场论开辟了新路径,并促生了量子群的新概念。1976年当选俄罗斯科学院院士。他还是法国科学院院士、美国国家科学院院士、英国皇家学会会员。2002年获俄罗斯科学院德米多夫奖,2006年获亨利·庞加莱奖,2008年获邵逸夫奖。

迈克尔·法拉第(Michael Faraday,1791—1867),英国物理学家、化学家。1824年成为英国皇家学会会员。1835年以实验确定了感生电流的方向,从而奠定了整个电磁学的发展基础。1850年提出关于空间的力的新观念,这是牛顿以来又一次震动科学界的独特思想。

皮埃尔·德·费马(Pierre de Fermat,1601—1665),法国数学家,在数论、解析几何学、微积分、概率论、变分原理等方面都有重大贡献。费马在数论方面证明或提出了许多命题,最著名的是"费马大定理",他是微积分的先驱,还提出了光学的"费马原理",给后来的变分法研究以极大的启示。著有《平面与立体轨迹引论》等。

理查德·费曼(Richard Feynman,1918—1988),美国物理学家。1942年获普林斯顿大学博士学位,1954当选美国国家科学院院士。费曼于20世纪40年代发展了用路径积分表达量子振幅的方法,并于1948年提出量子电动力学领域新的理论形式、计算方法和重整化方法。由于这一贡献,他和朱利安·施温格(Julian Schwinger)、朝永振一郎共同获得1965年诺贝尔物理学奖。量子场论中的"费曼图""费曼振幅""费曼传播子""费曼规则"等均以他的姓氏命名。著有多本作品,包括《费曼物理学讲座》和《别闹了,费曼先生》。

恩里科·费米(Enrico Fermi,1901—1954),美籍意大利裔物理学家。1929

年成为当时曾短期存在的意大利皇家学会的会员，1950年成为英国皇家学会外籍会员。美国原子能委员会设立了费米奖，1954年首届费米奖授予他本人。费米对统计物理、原子物理、原子核物理、粒子物理都有重要贡献。1938年费米获诺贝尔物理学奖。

迈克尔·H.弗里德曼（Michael Hartley Freedman，1948—　），美国数学家，1973年获普林斯顿大学博士学位。弗里德曼主要研究拓扑学。他证明了四维拓扑流形的庞加莱猜想，从而取得四维流形拓扑学的重大突破。他不仅完成对四维球面的刻画，而且对四维紧单连通的拓扑流形提供完全的分类，这促生了一系列以前未知的四维流形以及已知流形之间的未知同胚。在拓扑学之后，他开始在微软从事量子计算机方面的工作。弗里德曼1984年当选美国国家科学院院士。1986年获菲尔兹奖，同年获美国数学学会维布伦奖，1987年获美国国家科学奖章。

G

伊斯拉埃尔·M.盖尔范德（Israel M. Gelfand，1913—2009），乌克兰数学家、生物学家。1953年当选为苏联科学院通讯院士，1978年获沃尔夫数学奖。盖尔范德建立了赋范环论，即交换巴拿赫代数论。他运用代数方法，引进极大理想子环空间，给出元素在其上的表示（盖尔范德表示）的概念，将线性算子谱论等研究引向深入。他是一位非常有远见的数学家，影响了许多学科和许多人，例如他在莫斯科的著名讨论班就培养了大批人才。

默里·盖尔-曼（Murray Gell-Mann，1929—2019），美国理论物理学家。从事量子场论、核物理和粒子物理学等研究。1960年当选美国国家科学院院士，1969年获诺贝尔物理学奖。盖尔-曼最著名的贡献是发现了物理学中的八重法（the eightfold way），这是一类被称为强子的亚原子粒子的组织方式，从而推动了夸克模型的发展，"八重法"这个名字的灵感来自佛教八圣道。

高锟（Charles Kuen Kao，1933—2018），美籍华裔物理学家。出生于中国上海，1965年获伦敦大学学院（UCL）博士学位。1987年至1996年任香港中文大学校长。高锟在电磁波导、陶瓷科学(包括光纤制造)等方面获 28 项专利。1990 年当选美国国家工程院院士,1992 年当选台湾"中研院"院士,1996 年当选中国科学院外籍院士,1997 年当选英国皇家学会会员。2009 年获诺贝尔物理学奖,2010 年获中国香港特别行政区大紫荆勋章。

约翰·卡尔·弗里德里希·高斯(Johann Carl Friedrich Gauss,1777—1855),德国数学家、天文学家、物理学家。在数论、代数学、非欧几何、微分几何学、超几何级数、复变函数论以及椭圆函数论等方面均有一系列开创性贡献。其著作《算术研究》是数学史上的经典,开辟了数论研究的全新时代,此书至今可读性还很强。高斯非常爱他的第一任妻子,其为她所写的文字深深打动了很多女孩的心。

菲利普·A.格里菲思(Phillip A. Griffiths,1938—),美国数学家。他与合作者率先研究了霍奇结构的变异理论,该理论在代数几何的许多方面,以及在现代理论物理学的应用中发挥了核心作用。除代数几何学外,他还对微分和积分几何学、几何函数理论和偏微分方程的几何学做出了贡献。2008 年获沃尔夫数学奖。

大卫·乔纳森·格罗斯(David Jonathan Gross,1941—),美国理论物理学家。1973 年,他和威尔切克(Frank Wilczek)联名发表论文,提出粒子物理强相互作用中的"渐近自由"理论。与此同时,波利策(H. David Politzer)也独立提出了类似理论。为此他们三人共同获得 2004 年诺贝尔物理学奖。格罗斯在规范场理论、粒子物理和超弦理论等方面均有开创性贡献。格罗斯是"杂化弦理论"的创立者之一,该理论成为推动弦理论第一次革命性进展的最重要工作之一。格罗斯 1986 年当选美国国家科学院院士,2011 年当选中国科学院外籍院士。

亚历山大·格罗滕迪克(Alexander Grothendieck,1928—2014),定居法国的无国籍数学家,生于德国柏林。格罗滕迪克前期的主要工作是泛函分析,引入核型空间的理论以及张量积的工具。这方面的工作总结体现为 1955 年出版的《拓扑张量积与核型空间》一书。其后他对同调代数学,特别是阿贝尔范畴理论进行系统研究并以此为代数几何构建新的基础结构,从而彻底改变了代数几何和相关学科面貌。1966 年获菲尔兹奖,1988 年被授予瑞典皇家科学院的克拉福德奖,但他拒绝领奖。格罗滕迪克充满活力，也非常有洞察力，他或许是 20 世纪最理想化和戏剧性的数学家之一，他的工作将深远地影响整个数学的发展。

谷山丰（Taniyama Yutaka，1927—1958），日本数学家，1953 年毕业于东京大学。本科期间他阅读了克洛德·谢瓦莱（Claude Chevalley）的《李群理论》、安德烈·韦伊的《代数几何基础》，以及韦伊另外两本关于代数曲线和阿贝尔簇的书。这些激发了他对数论的兴趣。谷山丰和志村五郎（Gorō Shimura）提出的谷山-志村猜想是英国数学家怀尔斯（Andrew John Wiles）最终解决费马大定理的重要步骤。谷山丰年轻时即自杀，一个月后，他的未婚妻也自杀而去，给世人留下一张便条："我们答应彼此，无论我们在哪里，我们永不分离。现在，他已离去，我也将随他而去。"

H

G.H. 哈代（Godfrey Harold Hardy，1877—1947），英国数学家。哈代的贡献涉及数论中的丢番图逼近、堆垒数论、素数分布理论与黎曼 ζ 函数，调和分析中的三角级数理论、发散级数求和与陶伯型定理、不等式、积分变换与积分方程等方面，对分析学的发展有深刻的影响。以他的姓氏命名的 H^p 空间（哈代空间），其理论仍是数学中十分活跃的领域。其他如哈代-利特尔伍德极大函数、哈代不等式等，都是经常被引用的。哈代写过很多数学书，但是他最流行的作品却不是数学书，而是《一位数学家的辩白》。

哈里什-钱德拉（Harish-Chandra，1923—1983），生于英属印度坎普尔（今属印度北方邦），在李群表示论方面做了许多开创性的工作。主要兴趣是研究无穷多维的表示，这些问题最早出现在 20 世纪 30 年代的量子力学中，当时有必要分析对称性对粒子和波的运动的影响。哈里什-钱德拉所建构的表示理论对几何学和数论等多个领域都有影响。1973 年成为英国皇家学会会员，1974 年获得印度科学院拉马努金奖章。钱德拉做事有条不紊，他写的讲义可以直接印刷成书。

威廉·罗恩·哈密顿（William Rowan Hamilton，1805—1865），数学家、物理学家。都柏林大学教授，并任该校天文台台长，爱尔兰皇家科学院院长。对分析力学的发展有重要贡献。1834年建立哈密顿原理,还率先提出四元数的概念,从而把代数学从乘法可交换的公设中解放出来。此外还解释了锥形折射现象,对现代矢量分析方法的建立也有贡献。

维尔纳·卡尔·海森堡(Werner Karl Heisenberg,1901—1976),德国物理学家,量子力学的创始人之一。1925年提出微观粒子的不可观察的力学量,如位置、动量,应由其所发光谱的可观察频率、强度经一定运算(矩阵代数法则)来表示。随后与玻恩(Max Born)合作,建立矩阵力学,这在建立量子力学中起到了先驱作用。1927年提出测不准关系。由于上述贡献,1932年获诺贝尔物理学奖。

爱德华·华林(Edward Waring,1734—1798),英国数学家,在其著作《代数思想》中提出了后来被称为华林问题的猜测。华林猜测,任意一个正整数一定可以表示为四个平方数之和、九个立方数之和、十九个四次方数之和等。由这些猜测提出问题:对于任意给定的正整数k,是否有整数$S(k)$存在,使得每个正整数一定可以表示为$S(k)$个k次乘方数之和?

安德鲁·约翰·怀尔斯(Andrew John Wiles,1953—   ),英国数学家,1977年获剑桥大学博士学位。主要研究数论及相关领域,其最大贡献是在20世纪90年代首次完全证明费马大定理。1984年当选英国皇家学会会员,1996年当选美国国家科学院外籍院士。在证明费马大定理之后,获得1995—1996年度沃尔夫数学奖,1996年获美国国家科学院数学奖、瑞士奥斯特洛夫斯基奖、瑞典皇家科学院肖克奖(数学奖)、法国费马奖,1997年获美国数学学会科尔奖,1998年获得国际数学家大会特别奖,2005年获邵逸夫奖。如今的牛津大学数学楼以怀尔斯命名。

哈斯勒·惠特尼(Hassler Whitney,1907—1989),美国数学家。1945年当选美国国家科学院院士,1948年至1950年任美国数学学会副主席。1976年被授予美国国家科学奖章,1982年获沃尔夫数学奖。是微分拓扑学的主要奠基人之一,著有《几何积分论》等。惠特尼还是一个颇有成就的登山爱好者,坎农山上有一处险峻的山脊就以其命名,即惠特尼-吉尔曼山脊。

赫拉尔杜斯·霍夫特(Gerardus't Hooft,1946—   ),荷兰理论物理学家,荷兰科学院院士。1970年秋,霍夫特协助韦尔特曼(Martinus J. G. Veltman)教授研究非阿贝尔规范理论的重整化方法。由于重整化规范理论方面的工作,阐述电弱相互作用的量子结构,使电弱统一理论被广泛接受,霍夫特和韦尔特曼共同获得了 1999 年诺贝尔物理学奖。

J

威廉·K.J.基林(Wilhelm Karl Joseph Killing,1847—1923),德国数学家,对李代数、李群和非欧几何做出了重要贡献。他关于复单李代数分类的论文有时被称为"有史以来最伟大的数学论文"。

埃利·嘉当(EIie Cartan,1869—1951),法国数学家。嘉当对 20 世纪数学的发展有重大影响。他的数学工作大致可以分为三大类:李群和李代数理论、微分方程论、微分几何学。他提出的广义空间是纤维丛概念的前身,是克莱因几何与黎曼几何学的统一。他是陈省身真正的导师。

皮埃尔·居里(Pierre Curie,1859—1906),法国物理学家。巴黎大学博士,后任该校教授。早期的主要贡献为确定磁性物质的转变温度(居里温度),建立居里定律和发现晶体的压电现象。后与居里夫人(玛丽亚·斯克罗多夫斯卡)共同研究放射性现象,发现钋和镭两种天然放射性元素。因对放射性现象研究的贡献,与贝克勒尔(Antoine Henri Becquerel)、居里夫人共同获得 1903 年诺贝尔物理学奖。1905 年当选法国科学院院士。

K

马克·卡克(Mark Kac,1914—1984),波兰裔美国数学家。他的主要兴趣是概率论。1959 年他发表了一篇经典文章《概率论、分析和数论中的统计独立性》。他最著名的成果是 Feynman-Kac 公式(费曼-卡茨公式),从此将抛物型偏微分方程与随机过程联系起来。

大卫·卡日丹(David Kazhdan,1946—),出生于莫斯科,后移民美国,在哈佛大学任职(1975—2002)，之后移居以色列，在耶路撒冷希伯来大学担任教授。他是美国国家科学院院士、美国艺术与科学院院士。他关注自然界和数学中出现的不同对称方式，研究重点涉及分析和几何的代数方面，以及表示理论。他的思想影响了自动表示、微分几何、微分方程、有限群的表示和数论等领域的工作。他最有名的成果是卡日丹-卢斯蒂格猜想(Kazhdan-Lusztig conjectures)，它表明大多数表示论的基本不变性实际上是相交上同调的不变性。另一个著名且有影响力的工作是他论文中 Kazhdan 性质(T)。

约翰尼斯·开普勒(Johannes Kepler，1571—1630)，德国天文学家、物理学家。1600 年应第谷·布拉赫邀请，到布拉格天文台工作，并在第谷·布拉赫逝世后继承他的事业。他整理总结第谷·布拉赫的观测资料，发现行星沿椭圆轨道运行，提出行星运动三定律，为牛顿发现万有引力定律打下基础。开普勒还编制恒星星表，发现了大气折射的近似定律等。著有《宇宙的神秘》《光学》《宇宙和谐论》和《哥白尼天文学概要》等。

约翰·道格拉斯·考克饶夫(John Douglas Cockcroft，1897—1967)，英国实验物理学家。1931 年和瓦尔顿(Ernest Thomas Sinton Walton)一起第一次使锂嬗变为氦，开创了用人工加速粒子实现核反应的新时代。为此，他们共同获得 1951 年诺贝尔物理学奖。"二战"期间，考克饶夫从事雷达、反潜探测和战时核研究，领导了加拿大蒙特利尔的核反应堆建设。

保罗·J. 科恩(Paul Joseph Cohen，1934—2007)，美国数学家。科恩的前期工作主要集中在调和分析方面，1962 年后转入数理逻辑。他发明了力迫法，并证明公理集合论的一系列独立性结果，特别是选择公理及连续统假设与其他 ZF 集合论公理是相互独立的。其突破性的力迫法和独立性结果为数学开拓了许多新理论。后来他试图证明黎曼猜想，这是唯一超出他的学术高度的问题。1960 年获美国数学学会博谢纪念奖，1966 年获菲尔兹奖，1967 年当选美国国家科学院院士，并荣获当年的美国国家科学奖章。

理查德·柯朗(Richard Courant，1888—1972)，美籍德裔数学家，美国国家科学院院士。曾做过大卫·希尔伯特的助手，并在其指导下撰写论文，1910 年在哥廷根大学获博士学位。曾任明斯特大学、哥廷根大学教授。1934 年移居美国，任纽约大学教授。创建纽约大学数学与力学研究所，即如今的柯朗数学科学研究所(CIMS)。著有《数学物理方法》《复变函数的几何理论》《数学是什么》等。

阿兰·科纳(Alain Connes，1947—　)，法国数学家。研究领域涉及数论、代数、几何、分析和数学物理等。他的突出成就是解决了Ⅱ型和Ⅲ型冯·诺依曼代数的分类问题。更重要的是，20世纪80年代，他几乎独立地创立了一个全新的研究领域——非交换几何学，这是一个沟通分析、代数、拓扑、几何乃至量子力学的交叉子学科。科纳1982年获菲尔兹奖，2001年获克拉福德奖，2004年获法国国家科学研究中心金质奖章。科纳是法国科学院院士、美国国家科学院外籍院士。

奥古斯丁-路易·柯西(Augustin-Louis Cauchy，1789—1857)，法国数学家，法兰西科学院院士。曾任巴黎综合工科学校、巴黎大学、意大利都灵大学教授。其数学成就涉及许多领域，创立了复分析和实分析基础。

菲利克斯·克莱因(Felix Klein，1849—1925)，德国数学家。1871年，克莱因发表了从射影几何学的观念出发对非欧几何进行综合表述的研究。1872年，他在就任埃尔朗根大学教授时，在就职演说时又写了本小册子进一步发扬了上述想法，此即著名的埃尔朗根纲领。克莱因在与庞加莱的学术之争中败北，这竟毁掉了其研究生涯，从此他转向教育和写作。其主要著作有《自守函数论讲义》《高观点下的初等数学》《十九世纪数学发展史》等。他性格强硬，一手将哥廷根大学打造成20世纪初期世界数学的中心。

弗朗西斯·哈里·康普顿·克里克(Francis Harry Compton Crick，1916—2004)，英国分子生物学家。1949年至1953年在剑桥大学卡文迪什实验物理学实验室工作。在此期间和沃森(James Dewey Watson)合作，提出了著名的DNA双螺旋学说。因提出DNA双螺旋结构学说，克里克、沃森以及威尔金斯(Maurice Hugh Frederick Wilkins)共同获得1962年诺贝尔生理学或医学奖。克里克是英国皇家学会会员。

马克西姆·孔采维奇(Maxim Kontsevich，1964—　)，俄罗斯数学家。孔采维奇的研究工作主要涉及现代理论物理学中的数学结构。他独立表达了二维保角场论。在博士论文中证明威滕猜想，其中首次在数学中应用了费曼图技术。其后对瓦西里耶夫不变量理论的主要结果给出场论方法的证明。他发现演算符、李代数上同调、费曼图和拓扑之间的深刻关系,以新的视角来研究诸如量子上同调、镜像对称等理论。他还对泊松流形的量子化以及计数几何做出了贡献。1998 年获菲尔兹奖。

波利卡普·库施(Polykarp Kusch,1911—1993),美国物理学家。1936 年获伊利诺伊大学博士学位。1956 年当选美国国家科学院院士。最初他和拉比(Isidor Isaac Rabi)一起用分子束磁共振方法从事原子分子和核物理方面的研究。1947 年,他和 H. M. 福里(Henry Michael Foley)用分子束磁共振方法精确地测定了电子的内禀磁矩与原有理论不符,即它并非精确地等于 1 个玻尔磁子。他又精确地测定了多种原子、分子中的电子磁矩和核的特性,推进量子电动力学的发展。1955 年与兰姆(Willis Eugene Lamb)一起获得诺贝尔物理学奖。

L

伊西多·艾萨克·拉比(Isidor Isaac Rabi,1898—1988),美国物理学家,1940 年当选美国国家科学院院士,1950 年任美国物理学学会主席。拉比发展了斯特恩的分子束方法,并于 1938 年用分子束和原子束磁共振研究射频谱,精确测定了原子和分子磁矩,奠定了射频波谱学的基础。1940 年至 1945 年参与雷达研究。1946 年至 1956 年任美国原子能委员会总顾问委员会委员(其中 1952—1956 年任主席)。他也是美国布鲁克林国家实验室的创建者之一。1944 年获诺贝尔物理学奖。

约瑟夫-路易·拉格朗日(Joseph-Louis Lagrange,1736—1813),法国数学家、天文学家、力学家。拉格朗日的《解析函数论》(1797 年)和《函数演算教程》(1804 年)是解析函数最早的教本。他与拉普拉斯共同建立了经典天体力学的严整体系,进一步发展完善了欧拉的变分法,求解了木星和土星的互相摄动。1764 年到 1778 年,他因研究月球平动等天体力学问题曾五次获得法国科学院奖。拉格朗日在代数方程的工作则是伽罗瓦工作的开端,而且他对数论做出了基础性的贡献。

斯里尼瓦瑟·拉马努金（Srinivasa Ramanujan，1887—1920），印度数学家。其研究领域包括数论、超几何级数、椭圆函数论、连分数等。其研究工作主要凭直觉，往往缺乏严格证明，但结果大多正确，其原因一直未得到充分解释。1985年起，美国数学家波恩他（Bruce Carl Berndt）将拉马努金记录在笔记本中的结果加以整理和证明，出版了三卷集《拉马努金的笔记本》。

皮埃尔-西蒙·拉普拉斯（Pierre-Simon Laplace，1749—1827），法国数学家、天文学家、物理学家。拉普拉斯的研究领域极为宽广，涉及天文、数学、物理、化学等多方面的课题。其研究成果大都包含在三部总结性名著中，即《宇宙体系论》（1796年）、《天体力学》（1799—1825年）、《概率的分析理论》（1812年）。由于拉普拉斯在科学上重要而广泛的成就，有"法国的牛顿"之称。

威利斯·尤金·兰姆（Willis Eugene Lamb，1913—2008），美国物理学家，1954年当选美国国家科学院院士。兰姆的主要贡献是发现了兰姆位移。兰姆位移实验与电子和 μ 子反常磁矩实验一起构成了量子电动力学的三大实验支柱。反常电子磁矩是波利卡普·库施发现的。为此兰姆和库施共同获得1955年诺贝尔物理学奖。

列夫·达维多维奇·朗道（Lev Davidovich Landau，1908—1968），苏联理论物理学家，创建了苏联理论物理学派。以他的姓氏命名的术语有朗道之磁、固体物理的朗道能级、等离子体物理的朗道阻尼、低温物理的朗道能谱，以及高能物理的朗道分流效应等。由于创立了凝聚态理论，特别是液态氦理论，1962年获诺贝尔物理学奖。朗道和他的学生叶夫根尼·利夫希茨（Evgeny Lifshitz）出版了著名的《理论物理学教程》，这是一套十卷本的系列书，涵盖了整个理论物理领域。无论是在工作上还是在爱情生活中，他都是一个非常严格和坚强的人。例如，他称这套《理论物理学教程》是每一个实验物理学家在了解理论物理之背景时都需要的。

罗伯特·朗兰兹（Robert Langlands，1936— ），加拿大数学家。朗兰兹最重要的贡献是制定朗兰兹纲领。该纲领是把数论、群表示论、非交换调和分析与自守形式论结合在一起的理论体系，它推广了阿贝尔类域论、海克理论、自守函数论以及可约群的表示论等。该纲领包含大量猜想（少数特殊情形获证），其中包括朗兰兹及其合作者证明的 GL(2) 情形和八面体的阿延猜想，后者成为解决费马大定理的出发点。朗兰兹获美国数学学会科尔奖（1982 年）、美国国家科学院首届数学奖（1988 年）、沃尔夫数学奖（1995—1996 年度）、邵逸夫奖（2007 年）。1972 年当选加拿大皇家学会会员，1981 年当选英国皇家学会会员。

伯恩哈德·黎曼（Bernhard Riemann，1826—1866），德国数学家、数学物理学家。黎曼著述不算多，但影响异常深刻。1851 年的博士论文中，论证了复变函数可导的必要充分条件（现通称"柯西-黎曼方程"），借助狄利克雷原理阐述了"黎曼映射定理"，成为函数的几何理论的基础。1853 年求职论文中定义了黎曼积分并研究了三角级数收敛准则。1854 年的就职演说建立了黎曼空间的概念。1857 年研究阿贝尔函数的论文，引出黎曼曲面的概念，阐明了后来为罗赫（G. Roch）所补足的黎曼-罗赫定理。1858 年发表关于素数分布的论文，提出了黎曼猜想。此外，他对偏微分方程及其在物理学中的应用也有重大贡献。

马里乌斯·索菲斯·李（Marius Sophus Lie，1842—1899），挪威数学家，是连续变换群论的创始人。这种理论对 20 世纪微分方程和微分几何的发展具有根本性的重要意义，现已发展成为独立的李群论和李代数理论。著有《变换群》《微分方程》《连续群》等。他是克莱因亲密的朋友。李和克莱因都从他们的友谊中获益，但是后来相当长的时间里他们之间有很深的隔阂，关系破裂。直到李去世前很短的时间内，他们的关系终于得以修复，并愉快地重逢了。

叶夫根尼·利夫希茨（Evgeny Lifshitz，1915—1985），苏联理论物理学家，苏联科学院院士。1935 年，利夫希茨和其导师 L. D. 朗道提出了有外场以及自旋-轨道相互作用情况下的描述铁磁体磁矩动力学的方程式（朗道-利夫希茨方程），该方程是现代铁磁性理论的基础。他们合作建立了铁磁共振理论以及完整的铁磁体磁畴结构理论。利夫希茨与朗道合著的《理论物理学教程》是一部享誉世界的理论物理学巨著，是反映经典物理学向现代物理学转变的里程碑式著作。1962 年获得列宁奖。

约翰·E. 利特尔伍德（John Edensor Littlewood，1885—1977），英国数学家。他的大量工作是与 G. H. 哈代合作的。他在数论中的素数分布理论、华林问题、黎曼 ζ 函数，调和分析中的三角级数理论、发散级数求和与陶伯型定理，不等式，单叶函数,以及非线性微分方程等方面均有重要贡献。1931年开始,他与R. E. A. C. 佩利(Raymond E. A. C. Paley)合作,研究傅里叶级数与幂级数,建立了利特尔伍德-佩利理论。哈代-利特尔伍德极大函数也经常被引用。利特尔伍德著名的《一个数学家的集锦》包含其自传,并收录了很多奇闻逸事,非常值得一读。

朱莉娅·H. B. 鲁宾逊(Julia Hall Bowman Robinson,1919—1985),美国数学家。鲁宾逊的声誉与她对希尔伯特第十问题之解决的贡献有关。这个问题最终被她和希拉里·普特南(Hilary Putnam)、尤里·马蒂亚塞维奇(Yuri Matiyasevich)和马丁·戴维斯(Martin Davis)解决了,他们证明并不存在这样的算法。鲁宾逊于1975年成为美国国家科学院第一位当选的女院士。20世纪80年代她成为了美国数学学会第一位女性主席。她的妹妹是希尔伯特著名的自传的作者,康斯坦丝·瑞德曾受她的影响。

威廉·康拉德·伦琴(Wilhelm Conrad Röntgen,1845—1923),德国物理学家,苏黎世大学博士。耶拿大学、乌德勒支大学、吉森大学教授,维尔茨堡大学教授、校长,慕尼黑大学物理研究所所长。柏林科学院和慕尼黑科学院的通讯院士。1895年发现并深入研究了X射线,故X射线又被称为伦琴射线。他还发现充电的固定平行板电容器中,把介质旋转时能产生磁场。1901年获首届诺贝尔物理学奖。

亨德里克·安东·洛伦兹(Hendrik Antoon Lorentz,1853—1928),荷兰物理学家。莱顿大学博士,后任该校教授。英国皇家学会会员。创立了经典电子论,对经典电磁理论有重要贡献。确定电子在电磁场中所受的力(洛伦兹力),并预言了正常的塞曼效应。因研究磁性对辐射现象的影响,与荷兰物理学家塞曼(Pieter Zeeman)一起获得1902年诺贝尔物理学奖。

M

大卫·布赖恩特·芒福德(David Bryant Mumford,1937—),美国数学家,同时还研究计算机科学中的模式科学。他发展了几何不变量理论,并用它来构造代数曲线的模空间,这是黎曼提出的问题。这些结论都发表在芒福德的书

《几何不变量理论》中。1974 年获菲尔兹奖,2006 年获邵逸夫奖,2008 年获沃尔夫数学奖。在第一任妻子去世后,他离开了数学,也离开了哈佛大学,去布朗大学从事计算机视觉研究。芒福德后来还对古代中国数学史以及印度数学史感兴趣。

格列戈里·A.马尔古利斯(Gregori Aleksandrovic Margulis,1946—),俄裔美籍数学家,菲尔兹奖、沃尔夫数学奖及阿贝尔奖得主。他是一位伟大的数学家,思想深刻,但对别人的工作和解释似乎理解得很慢。他和大卫·卡日丹(David Kazhdan)在大学三年级的时候合写了一篇论文,这篇文章解决了阿特勒·塞尔伯格(Atle Selberg,菲尔兹奖获得者)的猜想,而这篇论文是由阿尔芒·博雷尔(Armand Borel)在著名的布尔巴基研讨会上报告的。

尤里·伊万诺维奇·马宁(Yuri Ivanovich Manin,1937—),俄罗斯数学家,从事代数几何和丢番图几何的研究,还开展了数理逻辑、理论物理学等领域的阐释性工作。马宁是最早提出量子计算机想法的人之一,著有《可计算和不可计算》。马宁是莫斯科大学黄金年代培养出来的最好的学生之一。

罗伯特·麦克弗森(Robert MacPherson,1944—)美国数学家,任职于普林斯顿高等研究所和普林斯顿大学。他最著名的工作是与马克·戈雷斯基(Mark Goresky)一起提出的相交同调理论。在他对奇异簇的陈类定义之后,1983 年,他在华沙国际数学家大会上作了大会报告。1992 年,麦克弗森被授予美国国家科学院数学奖。2002 年,他和戈雷斯基被美国数学学会授予斯蒂尔奖,以表彰其开创性的研究贡献。他与戈雷斯基的合作非常富有成效而且持续了很多年。

詹姆斯·克拉克·麦克斯韦(James Clerk Maxwell,1831—1879),英国苏格兰数学物理学家。他的最大功绩是提出了将电、磁、光统归为电磁场现象的麦克斯韦方程组,实现了物理学自艾萨克·牛顿后的第二次统一。1864 年发表论文《电磁场的动力学理论》。如今在爱丁堡的麦克斯韦出生的地方建立了"麦克斯韦数学研究所"。

莉泽·迈特纳(Lise Meitner,1878—1968),奥地利-瑞典原子物理学家。她是在理论上解释奥托·哈恩(Otto Hahn)于 1938 年发现的核裂变的第一人。她或许是最有资质获得诺贝尔奖的知名女性科学家,可惜最终未能获奖。

约翰·威拉德·米尔诺(John Willard Milnor,1931—),美国数学家,主要

贡献在于微分拓扑、K-理论和动力系统及其著作。他曾获得1962年度菲尔兹奖、1989年度沃尔夫数学奖及2011年度阿贝尔奖。当他还是一名大学生时,就因解决了一个著名的未解决问题而出名。传说是他错把这个问题当作家庭作业,然后就设法解决了。他对7维怪球面的构造震惊了整个数学界,首次提出了拓扑流形与微分流形之间的意想不到的区别。他是极佳的数学书籍写作者,他的许多著作都成了当代经典,如《示性类》《从微分观点看拓扑》《莫尔斯理论》。他也是一个很棒的演讲者。

罗伯特·劳伦斯·米尔斯(Robert Laurence Mills,1927—1999),美国物理学家。主要贡献是与杨振宁合作的杨-米尔斯理论。

赫尔曼·闵可夫斯基(Hermann Minkowski,1864—1909),德国数学家,犹太人,四维时空理论的创立者,是著名物理学家爱因斯坦的老师。他是名神童。19岁时就与当时最杰出、最有建树的英国数学家亨利·史密斯(Henry Smith,1826—1883)分享了巴黎科学院著名的数学大奖,在英国数学界引起轰动。除了专注广义相对论的研究,他还创立了数论的一个非常原创的分支:数的几何。他还是大卫·希尔伯特的密友,在希尔伯特著名的23个问题清单上为他提供建议。

于尔根·K.莫泽(Jürgen K. Moser,1928—1999),美国数学家,出生于德国。研究领域包括哈密顿动力系统和偏微分方程。他最重要的工作是对KAM理论的贡献。

N

约翰·福布斯·纳什(John Forbes Nash, Jr., 1928—2015),美国数学家,主要研究博弈论、微分几何学和偏微分方程。他提出了"纳什均衡"概念,成为博弈论中一项重要突破。1994年,他和其他两位博弈论学家约翰·海萨尼(John C. Harsanyi,1920—2000)、莱因哈德·泽尔腾(Reinhard Selten,1930—)共同获得诺贝尔经济学奖。因为在非线性偏微分方程上的贡献,他与路易·尼伦伯格(Louis Nirenberg,1925—2020)共同获得了2015年阿贝尔奖。尽管他以博弈论的工作闻名于世,但他在纯数学方面的工作,如纳什嵌入定理,是20世纪极具原创的工作之一。正如纳什的著名传记和好莱坞电影所描述的那样,他的一生充满了曲折和悲伤,他的意外死亡也令人哀伤(当然,书中和电影中都没有提到这一点)。在获得阿贝尔奖后,纳什觉得自己很有钱,于是返程时决定从机场打车回家,不幸在高速公路上和妻子一起死于车祸。他和妻子经历了他们两人的艰难岁月,某种意义上,所幸最终一起离去。

埃米·诺特尔(Emmy Noether,1882—1935),德国数学家,抽象代数和理论物理学领域声名显赫的人物。帕维尔·亚历山德罗夫(Pavel S. Aleksandrov)、阿尔伯特·爱因斯坦、让·迪厄多内(Jean Alexandre Eugène Dieudonné)、赫尔曼·外尔(Hermann Weyl)和诺贝特·维纳(Norbert Wiener)等学者都把诺特尔誉为历史上最杰出的女性数学家。她所开发的数学领域包括环、域和域上的代数;在物理方面,她所证明的诺特尔定理揭示了对称性和守恒定律之间的紧密关系。她不是一个有条理的演讲者,但她的演讲很鼓舞人心。她身边围绕着一大群杰出的年轻数学家,通常被称为"诺特尔男孩"。她的父亲也是一位著名的数学家。

约翰·冯·诺依曼(John von Neumann,1903—1957),美国数学家,出生于匈牙利。理论计算机科学与博弈论的奠基者,在泛函分析、遍历理论、几何学、拓扑学和数值分析等众多数学领域,以及计算机科学、量子力学和经济学中都有重大贡献。他领悟力强,记忆力很好。在他的学生时代,他在课上的表现经常吓倒其他伟大的数学家,比如乔治·波利亚。

O

莱昂哈德·欧拉(Leonhard Euler,1707—1783),瑞士数学家和物理学家,近代数学先驱之一,一生大部分时间在俄国和普鲁士度过。欧拉在数学的多个领域,包括微积分和图论都做出过重大贡献。他引进的许多数学术语和书写格式,例如函数的记法"$f(x)$",一直沿用至今。此外,他还在力学、光学和天文学等学科有突出的贡献。欧拉失明后,仍撰写了许多著作和文章。

P

亨利·庞加莱（Jules Henri Poincaré，1854—1912），法国数学家，理论科学家和科学哲学家。他对数学、数学物理和天体力学做出了很多创造性与基础性的贡献。他提出的庞加莱猜想是数学中最著名的问题之一，但这仅是他所构建的代数拓扑理论中的一小部分。在对三体问题的研究中，庞加莱成了第一个发现混沌确定系统的人，并为现代的混沌理论打下了基础。他对椭圆曲线上有理点的研究引出了数论中最著名的问题之一，贝赫和斯维纳通-戴尔猜想，这是美国克雷数学研究所的委员会所遴选出的7个"千年问题"之中的一个。庞加莱除了发表了许多博大精深的论文外，还出版了三本著名的科普著作，吸引了几代受过良好教育的公众。

格里戈里·佩雷尔曼（Grigori Perelman，1966— ），俄罗斯数学家，生于苏联列宁格勒（现圣彼得堡），是一位里奇流专家，对庞加莱猜想的证明做出了决定性的贡献。他性格古怪，行为异常，可能为"数学家有点怪异"这一普遍的神话提供了更多的证据。

罗杰·彭罗斯（Roger Penrose，1931— ），英国数学物理学家。在广义相对论与宇宙学方面有重要贡献，因发现黑洞的形成是广义相对论的确凿预测而获得2020年诺贝尔物理学奖。对大众而言，也许他最著名的作品是彭罗斯瓷砖，可用在卫生间中，更加美观和牢固。

马克斯·K. E. L. 普朗克（德语：Max Karl Ernst Ludwig Planck，1858—1947），德国物理学家，量子力学的创始人。因发现能量量子获得1918年度的诺贝尔物理学奖。以其命名的普朗克常数于2019年被用于重新定义基本单位。

S

让-皮埃尔·塞尔（Jean-Pierre Serre，1926— ），法国数学家，主要贡献的领域是拓扑学、代数几何与数论。他曾获颁许多数学奖项，包括1954年的菲尔兹奖与2003年的阿贝尔奖。他仍是迄今为止获得菲尔兹奖的最年轻的数学家。虽然已九十多高龄,他依然很活跃。他喜欢打乒乓球,总是想以公平的方式获胜。他爱好攀岩,也喜欢美酒。可能和他喜欢漂亮的数学一样,他写了许多漂亮而有影响力的书。

洛朗·施瓦茨(Laurent Schwartz,1915—2002),法国数学家,毕业于巴黎高等师范学院,因分布论获得1950年的菲尔兹奖,分布论给予诸如狄拉克δ函数等清晰的数学定义。

朱利安·施温格(Julian Schwinger,1918—1994),美国理论物理学家,量子电动力学的创始人之一,与理查德·费曼(Richard Feynman)、朝永振一郎(Tomoga Shinichirō)共获1965年诺贝尔物理学奖。施温格是物理学家中出名的硬算高手,对冗长繁难的笔算非常拿手。

斯蒂芬·斯梅尔(Stephen Smale,1930—),美国数学家,1966年获得弗雷兹奖,2007年获得沃尔夫数学奖。他因证出五维或以上的庞加莱猜想而成名,而后转向研究动力系统并取得重要成就。当他在密歇根大学上研究生时,由于成绩差,差点被踢出了研究生课程。

查尔斯·珀西·斯诺(Charles Percy Snow,1905—1980),英国科学家,小说家。作品《院长》(*The Masters*)与《新人》(*The New Men*)获得1954年詹姆斯·泰特·布莱克纪念奖。他是数学家哈代(G. H. Hardy)的朋友,曾为哈代的《一个数学家的辩白》(*A Mathematician's Apology*)写序。

埃利亚斯·斯坦(Elias Stein,1931—2018),美国数学家,美国国家科学院院士,调和分析的领军人物之一。许多杰出的数学家,如查尔斯·费弗曼(Charles Fefferman)和陶哲轩都是他的学生。他于1984年和2002年获得斯蒂尔奖,1993年获得肖克奖,1999年获得沃尔夫数学奖,2001年获得美国国家科学奖章。2005年被授予伯格曼奖,以表彰他在实分析、复分析以及调和分析领域的贡献。

理查德·梅尔文·舍恩(Richard Melvin Schoen,1950—),美国数学家,研究领域为微分几何,1977年获得斯坦福大学博士学位,导师是莱昂·西蒙(Leon Simon)和丘成桐。他是丘成桐最好的学生,也是丘成桐主要的合作者。2017年获得了沃尔夫数学奖,并两次在国际数学家大会上做大会报告。

T

爱德华·泰勒(Edward Teller，1908—2003)，美国理论物理学家，出生于匈牙利，被誉为"氢弹之父"。除氢弹之外，他对物理学多个领域都有相当的贡献。他是曼哈顿计划的早期成员，参与研制第一颗原子弹，还热衷于推动研制最早的核聚变武器(氢弹)。他是劳伦斯·利福摩尔国家实验室的建立者之一，并于此机构担任多年助理主管及主管，1959年主持建立了伯克利空间科学实验室。泰勒是杨振宁的论文导师。

理查德·泰勒(Richard Taylor，1945—)，美国经济学家，研究主要集中于社会心理学、行为经济学等交叉学科，被认为是现代行为经济学和行为金融学领域的先锋经济学家，在储蓄和投资行为研究方面的造诣也很深。现执教于芝加哥大学布斯商学院。2015年当选美国经济学学会主席。2017年获诺贝尔经济学奖。

汤川秀树(Yukawa Hideki，1907—1981)，日本理论物理学家。汤川研究位于原子核内部使质子与中子结合的强交互作用，1935年推测质子和中子之间应有介子的存在。1947年，英国物理学家塞西尔·弗兰克·鲍威尔(Cecil Frank Powell，1903—1969)从宇宙线中发现π介子，同时也证明了汤川的理论。汤川在1949年成为首位获得诺贝尔奖的日本人。

西蒙·唐纳森(Simon Donaldson，1957—)，英国数学家，研究领域为四维微分流形的几何与拓扑。利用从规范场论发展出来的技术手段，尤其是对椭圆偏微分方程的创造性应用，他于80年代利用Yang-Mills(杨-米尔斯)理论找到了四维流形的系列不变量，进而发现特定的四维流形容许无穷多个微分结构。他也是非常有担当的伟大数学家之一，乐意为数学事业做一些实际的事情。

勒内·托姆(René Thom，1923—2002)，法国数学家，他最著名的工作是1968年建立了突变论。因之前在微分拓扑的工作，特别是配边理论，于1958年获得菲尔兹奖。他和格罗滕迪克都是巴黎高等研究所的创始人。格罗滕迪克在高等研究所举办的讨论班的影响力和受欢迎程度给了他太大的压力,他决定研究一些更能引起公众关注的主题。因此,他转而从事突变理论的研究,并著有《结构稳定性与形态发生学》等。

W

赫尔曼·外尔(Hermann Weyl,1885—1955),德国数学家,物理学家和哲学家。20世纪最有影响力的数学家之一,也是普林斯顿高等研究所早期的重要成员。他是最早把广义相对论和电磁理论结合的人之一,是阿贝尔规范场理论的创始人。他是在农村长大的。但当他去哥廷根大学时,却赢得了那里最美的女孩的心,这让许多人感到惊讶和沮丧,尤其是那些来自大城市富裕家庭的人,例如钱学森的导师西奥多·冯·卡门(Theodore von Kármán)。他还是学生的时候,他解决了物理学家洛伦兹提出的一个问题,希尔伯特曾预测这个问题在他有生之年是无法解决的。

爱德华·威滕(Edward Witten,1951—),美国数学物理学家,美国普林斯顿高等研究所教授。他是弦理论和量子场论的顶尖专家,创立了M理论。爱德华·威滕被视为当代最伟大的物理学家之一,他的一些同行甚至认为他是爱因斯坦的后继者之一。国际数学联盟于1990年授予他菲尔兹奖,他也是唯一获得这项荣誉的物理学家。

尤金·保罗·维格纳(Eugene Paul Wigner,1902—1995),美国理论物理学家及数学家,出生于匈牙利。奠定了量子力学对称性的理论基础,在原子核结构的研究上有重要贡献,在纯数学领域也有许多重要工作。1963年,由于"在原子核和基本粒子物理理论上的贡献,尤其是基本对称原理的发现与应用",维格纳和玛丽亚·格佩特-梅耶(Maria Goeppert-Mayer)、约翰内斯·延森(Johannes Hans. D. Jensen)一同获得诺贝尔物理学奖。

诺贝特·维纳(Norbert Wiener,1894—1964),美国应用数学家,在电子工程方面贡献良多。他是随机过程和噪声信号处理的先驱,提出"控制论"一词。他在数学方面也做出了巨大的贡献,如布朗运动的数学理论、Wiener-Tauber定理(维纳-陶伯定理)、调和分析中的 Paley-Wiener 定理(佩利-维纳定理)等。

伊万·马特维耶维奇·维诺格拉多夫(Ivan Matveyevich Vinogradov，1891—1983)，苏联数学家，专精于解析数论。他于 1937 年在无需广义黎曼猜想介入的情形下，直接证明了充分大的奇数可以表示为三个质数之和，也被称为维诺格拉多夫定理，堪称迈出了解决哥德巴赫猜想一大步。

马丁纽斯·J. G. 韦尔特曼(Martinus J. G. Veltman，1931—2021)，荷兰理论物理学家，密歇根大学荣休教授。他和赫拉尔杜斯·霍夫特(Gerardus't Hooft)因在量子规范场论的重整化上的工作而获得了 1999 年诺贝尔物理学奖。

安德烈·韦伊(法语：André Weil，1906—1998)，法国数学家，主要研究解析数论和代数几何。他参与创办并领导的数学团体布尔巴基小组曾积极吸收和发展新兴的数学分支，直接影响了当时主流数学发展的方向。他是数学史上为数不多的对研究数学史有着浓厚兴趣的伟大数学家之一。例如，他因为读了高斯的一篇论文而得到非常有影响力的韦伊猜想。他还是大学生的时候，他意识到阅读伟大数学家的经典著作的重要性，因此阅读了黎曼的选集。他对许多事情有很高的标准和强烈的见解。他的选集里包含了大量的评论，对学生和数学家都很有价值。他雄心勃勃，想学好数学的所有分支，也确实对数学的某些方面做出了深刻的贡献。除了他在代数几何和数论方面的深入研究外，他的一些观点还导致了著名的 Chern-Weil 理论(陈-韦伊理论)。尽管他在数学方面很有名气，但他的妹妹西蒙娜·韦伊(Simone Weil，1909—1943)在公共领域比他出名得多。这对兄妹在巴黎的公寓有一块纪念西蒙娜而不是安德烈本人的牌匾。

西蒙娜·韦伊(Simone Weil，1909—1943)，安德烈·韦伊的妹妹，法国犹太人，神秘主义者、宗教思想家、哲学家与社会活动家，深刻地影响着战后的欧洲思想。安德烈·韦伊的女儿西尔维·韦伊(Sylvie Weil)写了有关西蒙娜·韦伊兄妹俩感人的回忆录《与安德烈和西蒙娜·韦伊在家的日子》(*At Home with André and Simone Weil*)。

卡尔·魏尔施特拉斯(Karl Weierstrass，1815—1897)，德国数学家，被誉为"现代分析之父"，对数学的重要贡献是给函数的极限建立了严格的定义。他大器晚成的故事可以鼓舞许多没有赢在起跑线的人。事实上，他在 40 岁的时候才从柏林的一名中学教师晋升为教授，因为他解决了阿贝尔积分的一个特殊类的雅可比逆问题。他一生的目标是建立严格的阿贝尔函数理论。他所有的为数学学生所熟悉的分析工作都是为这个目标做准备的。不幸的是，他没有以令人满意的方式实现目标。他与其著名的女学生索菲亚·科瓦列夫斯基（Sofia Kovalevsky，1850—1891）的关系也不寻常，或者说令人悲伤。科瓦列夫斯基英年早逝后，他烧毁了她所有的信件。

史蒂文·温伯格（Steven Weinberg，1933— ），美国物理学家。在发现中性流（即发现 Z 玻色子）六年之后，温伯格、格拉肖（Sheldon Lee Glashow）和萨拉姆（Abdus Salam）因独立提出基于对称性自发破缺机制的电弱统一理论，一起获得 1979 年的诺贝尔物理学奖。

弗拉基米尔·沃埃沃德斯基（Vladimir Voevodsky，1966—2017），俄罗斯数学家，2002 年获得菲尔兹奖。他发展了新的代数簇上同调理论，是过去几十年间代数几何领域中所取得的最卓越的进展之一。

詹姆斯·杜威·沃森（James Dewey Watson，1928— ），美国分子生物学家，20 世纪分子生物学的牵头人之一。他与同僚弗朗西斯·克里克（Francis Crick）共同发现 DNA 的双螺旋结构，因而与莫里斯·威尔金斯（Maurice Hugh Frederick Wilkins）三人获得 1962 年诺贝尔生理学或医学奖。

斯坦尼斯瓦夫·乌拉姆（Stanislaw Ulam，1909—1984），波兰数学家、核物理学家。他曾参与曼哈顿计划，并与爱德华·泰勒一同发明了氢弹设计的泰勒-乌拉姆构型。他亦有参与研究核能推动的航天飞机。在纯数学上，遍历理论、数论、集合论和代数拓扑领域都有他的足迹。乌拉姆有着不寻常的生活，这在他的自传《数学家历险记》中有记载，这是一本非常有趣的书。

卡伦·乌伦贝克（Karen Uhlenbeck，1942— ）美国数学家，凭借在几何偏微分方程、规范场论和可积系统方面的开创性成就，以及在数学分析、几何学和数学物理方面的工作，获得了 2019 年的阿贝尔奖。她是第一位获该奖的女性。她最好的工作与 Yang-Mills（杨-米尔斯）理论的数学性质有关。

乔治·乌伦贝克（George Uhlenbeck，1900—1988），荷兰出生的美国理论物理学家。1925 年 9 月中旬，他和塞缪尔·古德斯米特（Samuel Goudsmit）合作，发现了电子的自旋。1947 年至 1966 年间,他数度获得诺贝尔物理学奖提名。中国近代女物理学家王承书是他的学生。

X

大卫·希尔伯特(David Hilbert,1862—1943),德国数学家,19 世纪末和 20 世纪前期最具影响力的数学家之一,对数学的许多分支做出了巨大贡献,包括:不变量理论、代数数论、解析数论、变分法、几何学基础。例如,他解决了长期悬而未决的华林(Waring)问题。杨振宁教授的父亲和他的论文导师也研究了华林问题的其他版本。华罗庚的第一篇论文也讨论了华林问题。对于物理学家来说,希尔伯特最重要的贡献可能是希尔伯特空间的理论,这是泛函分析的基础之一。1900 年,他在国际数学家大会提出的一系列问题("希尔伯特的 23 个问题")为 20 世纪的许多数学研究指明方向。希尔伯特和他的学生为形成量子力学和广义相对论的数学基础做出了重要的贡献。他还是证明论、数理逻辑、区分数学与元数学之差别的奠基人之一。希尔伯特承继了克莱因事业,使哥廷根大学继续维持住世界数学中心的地位。

卡尔·曼内·耶奥里·西格巴恩(Karl Manne Georg Siegbahn,1886—1978),瑞典物理学家,因发现 X 射线的光谱而获得 1924 年诺贝尔物理学奖。

卡尔·路德维希·西格尔(Carl Ludwig Siegel,1896—1981),德国数论家。主要研究领域数论、不定方程和天体力学。1978 年获沃尔夫数学奖。他是 20 世纪最伟大的数学家之一。人们常说安德烈·韦伊把西格尔列为 20 世纪上半叶最好的数学家。韦伊在他的选集中评论到,对他那一代数学家来说,一件正确的事情就是评论西格尔的工作。事实上,韦伊和赫尔曼·外尔都写了论文来解释和扩展西格尔的一些论文。西格尔不喜欢布尔巴基学派提倡的现代抽象数学。因此,在某种意义上,他更像是 19 世纪的数学家。

詹姆斯·哈里斯·西蒙斯(James Harris Simons,1938—),美国数学家、投资家和慈善家。曾任教于麻省理工学院、哈佛大学和纽约州立大学石溪分校。陈-西蒙斯形式就是以陈省身和他的姓氏命名的。1976 年获得美国数学会的维布伦奖。1982 年转行投资业，所创办的对冲基金获得了极大的成功。他是美国国家数学科学研究所的主要捐助人之一。西蒙斯是杨振宁教授的密友。在清华大学，有一栋陈-西蒙斯楼，为清华大学高等研究院的访客提供住宿。

伊萨多·M. 辛格（Isadore Manuel Singer，1924—2021），美国数学家，长期担任麻省理工学院的数学系教授。因 1962 年与英国数学家迈克尔·阿蒂亚（Michael Francis Atiyah）合作提出阿蒂亚-辛格指标定理而闻名，该定理奠定了纯粹数学与理论物理学一种新的相互作用。1982 年，在担任加州大学伯克利分校教授期间，与陈省身、卡尔文·C. 摩尔（Calvin C. Moore）共同创立了美国国家数学科学研究所（MSRI）。

埃尔温·薛定谔（Erwin Schrödinger，1887—1961），奥地利理论物理学家，量子力学奠基人之一。1926 年提出薛定谔方程，为量子力学奠定了坚实的基础。提出"薛定谔的猫"思想实验，试图证明量子力学在宏观条件下的不完备性。1933 年，因为"发现了在原子理论里很有用的新形式"，薛定谔和英国物理学家保罗·狄拉克（Paul Adrien Maurice Dirac，1902—1984）共同获得了诺贝尔物理学奖。薛定谔有许多情妇，特别是年轻的情妇。他在和情妇度假时，发现了薛定谔方程。薛定谔认为，对女人的爱是他生活的一部分，这不能和他的工作隔离开来。维也纳有一个以他的名字命名的学术机构，他的肖像也出现在奥地利的一张纸币上。

Y

卡尔·G. J. 雅可比（Carl Gustav Jacob Jacobi，1804—1851），普鲁士数学家，被广泛认为是历史上最杰出的数学家之一。最杰出的成就之一是关于椭圆函数的理论以及其与椭圆 函数的关系。他在微分方程和经典力学上的研究，尤其是哈密顿-雅可比方程，对该领域做出了根本性的贡献。他与阿贝尔的学术之争极大地促进了椭圆函数理论的迅速发展。李代数理论中的基本雅可比恒等式也是以他的名字命名的。

卡米耶·约当（Camille Jordan，1838—1922），法国数学家，曾在综合理工大学校以及法兰西学院任教。他在群论中的奠基性贡献是为伽罗瓦理论和群论都打下坚实基础的基础研究型专著《迭代和代数方程》(*Treatise on Substitutions and Algebraic Equations*)。这本书不仅对伽罗瓦理论的建立产生了重要的影响,而且对菲利克斯·克莱因(Felix Klein)和索菲斯·李(Marius Sophus Lie)在几何学和李理论中使用群的工作也产生了很大的影响。约当极具影响的《分析教程》也非常重要。例如,它包含拓扑学中著名的约当曲线定理。

布赖恩·大卫·约瑟夫森(Brian David Josephson,1940—),英国物理学家。由于预言隧道超导电流而获得1973年度诺贝尔物理学奖。曾获F. 伦敦奖、范德波奖章、克雷森奖章、休斯奖章、霍尔维克奖章。

Z

阿特勒·塞尔伯格(Atle Selberg,1917—2007),挪威数学家。其著名工作在解析数论,以及自守形式理论,特别是将之引入谱论的研究,提出了塞尔伯格迹公式。他还研究了半单李群的离散子群的刚性性质,激发了莫斯托夫(George Daniel Mostow)强刚性、马古利斯(Gregori A. Margulis)超刚性和格的算术性等基础工作。塞尔伯格获得1950年菲尔兹奖和1986年沃尔夫数学奖。

志村五郎(Goro Shimura,1930—2019),日本数学家,普林斯顿大学名誉教授,主要研究数论、自守形式及算术几何。在数学上的贡献包括志村簇及阿贝尔簇的复数乘法。他和谷山丰共同提出的谷山-志村猜想是解决费马大定理的关键环节。他是日本最著名的数学家之一,成长于"二战"期间和战后的艰难岁月。他对中国文学和哲学也有深入研究。

人名译名对照表

(按照中译名姓氏首字母排列)

人名译名对照表

A

尼尔斯·亨里克·阿贝尔	Niels Henrik Abel
雅克·萨洛蒙·阿达马	Jacques Salomon Hadamard
斯蒂芬·阿德勒	Stephen Adler
迈克尔·F. 阿蒂亚	Michael Francis Atiyah
苏伦·尤里耶维奇·阿拉克洛夫	Suren Yurievich Arakelov
弗拉基米尔·I. 阿诺德	Vladimir I. Arnold
保罗·埃尔德什	Paul Erdös
保罗·埃伦费斯特	Paul Ehrenfest
卡尔·巴尼特·艾伦多弗	Carl Barnett Allendoerfer
阿尔伯特·爱因斯坦	Albert Einstein
卡默林·昂纳斯	Kamerlingh Onnes
拉斯·昂萨格	Lars Onsager
尤利乌斯·罗伯特·奥本海默	Julius Robert Oppenheimer
安德鲁·E. Z. 奥尔弗尔迪	Andrew E. Z. Alföldi

B

恩里科·邦别里	Enrico Bombieri
亨利·M. 保尔森	Henry M. Paulson
E. T. 贝尔	Eric Temple Bell
艾伦·贝克	Alan Baker
亚历山大·贝林松	Alexander Beilinson
路德维希·比贝尔巴赫	Ludwig Bieberbach
朱利安·比奇洛	Julian Bigelow

维克托·尼古拉耶维奇·波波夫	Victor Nikolaevich Popov
尼耳斯·亨利克·戴维·玻尔	Niels Henrik David Bohr
路德维希·E. 波尔茨曼	Ludwig Eduard Boltzmann
乔治·波利亚	George Pólya
萨特延德拉·纳特·玻色	Satyendra Nath Bose
萨洛蒙·博赫纳	Salomon Bochner
阿尔芒·博雷尔	Armand Borel
埃米尔·博雷尔	Émile Borel
拉乌尔·博特	Raoul Bott
尼古拉·布尔巴基	Nicolas Bourbaki
奥古斯特·布拉韦	Auguste Bravais
路易森·E. J. 布劳威尔	Luitzen Egbertus Jan Brouwer

C

朝永振一郎	Tomonaga Shinichirō
陈国才	Kuo-Tsai Chen
陈启宗	Ronnie Chan

D

尤利乌斯·威廉·理查德·戴德金	Julius Wilhelm Richard Dedekind
弗里曼·戴森	Freeman Dyson
乔治·戴森	George Dyson
罗纳德·G. 道格拉斯	Ronald George Douglas
皮埃尔·德利涅	Pierre Deligne
弗拉基米尔·德林费尔德	Vladimir Drinfeld
伦纳德·尤金·迪克森	Leonard Eugene Dickson
保罗·A. M. 狄拉克	Paul Adrien Maurice Dirac

约翰·彼得·古斯塔夫·勒热纳·狄利克雷	Johann Peter Gustav Lejeune Dirichlet
埃里克·多凯尔	Eric D'Hoker

E

塞缪尔·厄尔曼	Samuel Ullman

F

路德维希·D.法捷耶夫	Ludwig D. Faddeev
迈克尔·法拉第	Michael Faraday
亨利·伯查德·范因	Henry Burchard Fine
弗拉基米尔·V.费多罗夫	Vladimir V. Fedorov
皮埃尔·德·费马	Pierre de Fermat
理查德·费曼	Richard Feynman
恩里科·费米	Enrico Fermi
杨宏风	Duong H. Phong
库尔特·弗里德里希斯	Kurt Friedrichs
迈克尔·H.弗里德曼	Michael Hartley Freedman
奥托·弗里施	Otto Frisch
彼得·弗罗因得	Peter Freund
爱德华·弗伦克尔	Edward Frenkel
本杰明·富兰克林	Benjamin Franklin

G

伊斯拉埃尔·M.盖尔范德	Israel M. Gelfand
默里·盖尔-曼	Murray Gell-Mann
高锟	Charles Kuen Kao

约翰·卡尔·弗里德里希·高斯	Johann Carl Friedrich Gauss
马尔温·L.戈德伯格	Marvin L. Goldberger
赫尔曼·戈德斯坦	Herman Goldstine
马克·戈雷斯基	Mark Goresky
菲利普·A.格里菲思	Phillip A. Griffiths
大卫·乔纳森·格罗斯	David Jonathan Gross
马塞尔·格罗斯曼	Marcel Grossmann
亚历山大·格罗滕迪克	Alexander Grothendieck
塞缪尔·古德斯米特	Samuel Goudsmit
谷山丰	Taniyama Yutaka

H

G.H.哈代	Godfrey Harold Hardy
奥托·哈恩	Otto Hahn
伊萨克·M.哈拉特尼科夫	Isaak Markovich Khalatnikov
哈里什-钱德拉	Harish-Chandra
威廉·罗恩·哈密顿	William Rowan Hamilton
詹姆斯·哈密顿	James Hamilton
维尔纳·卡尔·海森堡	Werner Karl Heisenberg
爱德华·华林	Edward Waring
安德鲁·约翰·怀尔斯	Andrew John Wiles
约翰·阿奇博尔德·惠勒	John Archibald Wheeler
哈斯勒·惠特尼	Hassler Whitney
莱昂·范·霍夫	Léon van Hove
弗雷德里克·德·霍夫曼	Frederic de Hoffmann
赫拉尔杜斯·霍夫特	Gerardus 't Hooft

J

威廉·K.J.基林	Wilhelm Karl Joseph Killing

史蒂文·基韦尔森	Steven Kivelson
埃利·嘉当	Elie Cartan
埃瓦里斯特·伽罗瓦	Évariste Galois
奥斯卡·加西亚-普拉达	Oscar Garcia-Prada
皮埃尔·居里	Pierre Curie

K

马克·卡克	Mark Kac
特奥多尔·卡卢察	Theodor Kaluza
大卫·卡日丹	David Kazhdan
威廉·卡斯尔曼	William Casselman
约翰尼斯·开普勒	Johannes Kepler
查尔斯·L.凯恩	Charles L. Kane
约翰·道格拉斯·考克饶夫	John Douglas Cockcroft
约翰·亨利·科茨	John Henry Coates
保罗·J.科恩	Paul Joseph Cohen
埃内斯特·柯朗	Ernest Courant
理查德·柯朗	Richard Courant
阿兰·科纳	Alain Connes
奥古斯丁-路易·柯西	Augustin-Louis Cauchy
汉斯·克拉默斯	Hans Kramers
奥斯卡·克莱因	Oskar Klein
菲利克斯·克莱因	Felix Klein
弗朗西斯·哈里·康普顿·克里克	Francis Harry Compton Crick
利奥波德·克罗内克	Leopold Kronecker
马克西姆·孔采维奇	Maxim Kontsevich
玛丽安娜·库克	Mariana Cook
波利卡普·库施	Polykarp Kusch

L

伊西多·艾萨克·拉比	Isidor Isaac Rabi
奥托·拉波特	Otto Laporte
约瑟夫-路易·拉格朗日	Joseph-Louis Lagrange
朱利奥·拉卡	Giulio Racah
斯里尼瓦瑟·拉马努金	Srinivasa Ramanujan
皮埃尔-西蒙·拉普拉斯	Pierre-Simon Laplace
雅克-路易·利翁斯	Jacques–Louis Lions
E.M.赖特	E. M. Wright
威利斯·尤金·兰姆	Willis Eugene Lamb
列夫·达维多维奇·朗道	Lev Davidovich Landau
罗伯特·朗兰兹	Robert Langlands
伯恩哈德·黎曼	Bernhard Riemann
马里乌斯·索菲斯·李	Marius Sophus Lie
李伟光	Peter Wai-Kwong Li
叶夫根尼·利夫希茨	Evgeny Lifshitz
安德烈·利什内罗维奇	André Lichnerowicz
约翰·E.利特尔伍德	John Edensor Littlewood
朱莉娅·H.B.鲁宾逊	Julia Hall Bowman Robinson
威廉·康拉德·伦琴	Wilhelm Conrad Röntgen
马歇尔·罗森布卢特	Marshall Rosenbluth
吉安-卡洛·罗塔	Gian-Carlo Rota
亨德里克·安东·洛伦兹	Hendrik Antoon Lorentz
大卫·吕埃勒	David Ruelle

M

迈克尔·肖恩·马洪尼	Michael Sean Mahoney

大卫·布赖恩特·芒福德	David Bryant Mumford
贝恩德·T.马蒂亚斯	Bernd T. Matthias
格列戈里·A.马尔古利斯	Gregori Aleksandrovic Margulis
尤里·伊万诺维奇·马宁	Yuri Ivanovich Manin
玛格丽特·杜莎·麦克达夫	Margaret Dusa McDuff
罗伯特·麦克弗森	Robert MacPherson
詹姆斯·克拉克·麦克斯韦	James Clerk Maxwell
莉泽·迈特纳	Lise Meitner
詹姆斯·W.迈耶	James W. Mayer
理查德·梅尔罗斯	Richard Melrose
迪恩·蒙哥马利	Deane Montgomery
约翰·威拉德·米尔诺	John Willard Milnor
罗伯特·劳伦斯·米尔斯	Robert Laurence Mills
赫尔曼·闵可夫斯基	Hermann Minkowski
H.M.莫尔斯	Harold Marston Morse
于尔根·K.莫泽	Jürgen K. Moser

N

西尔维娅·纳萨	Sylvia Nasar
约翰·福布斯·纳什	John Forbes Nash, Jr.
彼得·范·尼乌文赫伊岑	Peter van Nieuwenhuizen
埃米·诺特尔	Emmy Noether
约翰·冯·诺依曼	John von Neumann

O

莱昂哈德·欧拉	Leonhard Euler

P

鲁道夫·E.派尔斯	Rudolf Ernst Peierls
弗朗索瓦·庞加莱	François Poincaré
亨利·庞加莱	Henri Poincaré
沃尔夫冈·E.泡利	Wolfgang E. Pauli
格里戈里·佩雷尔曼	Grigori Perelman
奥利弗·彭罗斯	Oliver Penrose
罗杰·彭罗斯	Roger Penrose
马克斯·K.E.L.普朗克	Max Karl Ernst Ludwig Planck

R

康斯坦丝·瑞德	Constance Reid

S

让-皮埃尔·塞尔	Jean-Pierre Serre
威廉·保罗·瑟斯顿	William Paul Thurston
阿图尔·莫里茨·舍恩菲利斯	Arthur Moritz Schönflies
安德烈亚威廉·保罗·瑟斯顿斯·施派泽	Andreas Speiser
刘易斯·施特劳斯	Lewis Strauss
安迪·施特罗明格	Andy Strominger
洛朗·施瓦茨	Laurent Schwartz
朱利安·施温格	Julian Schwinger
约翰·克拉克·斯莱特	John Clarke Slater
斯蒂芬·斯梅尔	Stephen Smale
查尔斯·珀西·斯诺	Charles Percy Snow
埃利亚斯·斯坦	Elias Stein

丹尼尔·斯特鲁克	Daniel Stroock
诺曼·斯廷罗德	Norman Steenrod
理查德·梅尔文·舍恩	Richard Melvin Schoen

T

爱德华·泰勒	Edward Teller
理查德·泰勒	Richard Taylor
汤川秀树	Yukawa Hideki
西蒙·唐纳森	Simon Donaldson
约翰·托尔	John Toll
勒内·托姆	René Thom

W

赫尔曼·外尔	Hermann Weyl
爱德华·威滕	Edward Witten
奥斯瓦尔德·维布伦	Oswald Veblen
尤金·保罗·维格纳	Eugene Paul Wigner
诺贝特·维纳	Norbert Wiener
伊万·马特维耶维奇·维诺格拉多夫	Ivan Matveyevich Vinogradov
海因里希·韦伯	Heinrich Weber
马丁纽斯·J.G.韦尔特曼	Martinus J. G. Veltman
安德烈·韦伊	André Weil
西尔维·韦伊	Sylvie Weil
西蒙娜·韦伊	Simone Weil
卡尔·魏尔施特拉斯	Karl Weierstrass
史蒂文·温伯格	Steven Weinberg
约翰·克莱夫·沃德	John Clive Ward
弗拉基米尔·沃埃沃德斯基	Vladimir Voevodsky

詹姆斯·杜威·沃森	James Dewey Watson
斯坦尼斯瓦夫·乌拉姆	Stanislaw Ulam
卡伦·乌伦贝克	Karen Uhlenbeck
乔治·乌伦贝克	George Uhlenbeck

X

大卫·希尔伯特	David Hilbert
卡尔·曼内·耶奥里·西格巴恩	Karl Manne Georg Siegbahn
凯·M.西格巴恩	Kai M. Siegbahn
卡尔·路德维希·西格尔	Carl Ludwig Siegel
巴里·西蒙	Barry Simon
詹姆斯·哈里斯·西蒙斯	James Harris Simons
（昵称:吉姆·西蒙斯）	（Jim Simons）
奈杰尔·希钦	Nigel Hitchin
伊萨多·M.辛格	Isadore Manuel Singer
埃尔温·薛定谔	Erwin Schrödinger

Y

卡尔·G.J.雅可比	Carl Gustav Jacob Jacobi
姚鸿泽	Horng-Tzer Yau
姚若鹏	Edward York-Peng Yao
易社强	John W. Israel
利奥波德·因费尔德	Leopold Infeld
友沢幸男	Yukio Tomozawa
卡米耶·约当	Camille Jordan
布赖恩·大卫·约瑟夫森	Brian David Josephson

Z

阿尔内·塞尔伯格	Arne Selberg
阿特勒·塞尔伯格	Atle Selberg
奥勒·迈克尔·塞尔伯格	Ole Michael Selberg
亨里克·塞尔伯格	Henrik Selberg
西格蒙德·塞尔伯格	Sigmund Selberg
志村五郎	Gorō Shimura